河 北 省 会 计 学 重 点 发 展 学 科
河北省会计学省级专业学位研究生培养实践基地
河北省会计学专业学位研究生教育综合改革试点单位
河 北 省 会 计 学 本 科 综 合 改 革 试 点 单 位
项目资助

地质勘查单位会计制度改革研究

刘三昌　著

地质出版社
·北　京·

内 容 提 要

本书基于规范不同类型地勘单位会计核算、增强会计信息的可比性及满足地勘单位管理要求等目的，考虑地勘单位管理体制、事业单位分类等改革实际，探索适用于不同类型地勘单位的会计规范。本书论证的核心是地质勘查单位会计要素和财务报告的改革，并简要论证了地质勘查企业和地质事业单位会计规范。

本书可以作为地勘会计人员从事会计实务、地质类院校会计学专业开展地勘会计教育与研究、有关部门修订地勘会计制度的参考读物。

图书在版编目（CIP）数据

地质勘查单位会计制度改革研究/刘三昌著. —北京：地质出版社，2017. 11
ISBN 978 -7 -116 -10606 -2

Ⅰ. ①地… Ⅱ. ①刘… Ⅲ. ①地质勘探 - 单位预算会计 - 会计制度改革 - 研究 - 中国 Ⅳ. ①F812. 2

中国版本图书馆 CIP 数据核字（2017）第 257120 号

责任编辑：柳　青　龚法忠
责任校对：李　玫
出版发行：地质出版社
社址邮编：北京海淀区学院路 31 号，100083
电　　话：（010）66554528（邮购部）；（010）66554632（编辑部）
网　　址：http：//www. gph. com. cn
传　　真：（010）66554686
印　　刷：北京地大彩印有限公司
开　　本：787mm × 1092mm　1/16
印　　张：12. 5
字　　数：305 千字
版　　次：2017 年 11 月北京第 1 版
印　　次：2017 年 11 月北京第 1 次印刷
定　　价：58. 00 元
书　　号：ISBN 978 -7 -116 -10606 -2

前　言

现行《地质勘查单位会计制度》(1996) 自颁布至今已有二十余年，期间未做任何修订。该制度不仅严重滞后于地勘单位属委化、属地化和企业化改革的实践环境，也与目前正在推进的事业单位分类改革不相适应。实务界对现行地勘单位会计制度改革的呼声日趋迫切，本研究成果正是顺应这种需求而推出的。

本书基于规范不同类型地勘单位会计核算、增强会计信息的可比性及满足地勘单位经济管理需求等目的，考虑事业单位分类、地勘单位属委化属地化企业化、财政预算管理体制、会计规范等会计环境的变迁，研究适用于不同类型地勘单位的会计规范。本书认为，我国地勘单位会计制度改革的总体思路是：地质勘查单位（公益二类）执行改良后的地质勘查单位会计制度；地质勘查企业（生产经营类）执行企业会计规范体系，并针对特殊业务执行会计处理规定或具体会计准则；地质事业单位（公益一类）执行事业单位会计制度及预算资金地质项目核算补充规定。鉴于目前多数地勘单位被划定为地质勘查单位，而且地质勘查单位在我国还将存续一个较长时期，因此本书论述的重点是如何对现行地质勘查单位会计制度进行改革，形成改良版的地质勘查单位会计制度。

本书共分四个部分 12 章内容。第一部分第 1 章，通过梳理中华人民共和国成立以来我国颁布的 11 个版本的地勘单位会计制度，厘清地勘单位会计制度改革的主线，即在坚持事业单位会计规范的基础上，融入企业会计的元素且呈逐步扩大的趋势，这是我国地勘会计制度改革的总体趋势。第二部分第 2 章至第 10 章，依据事业单位会计准则、借鉴小企业会计准则的有关规定，全面深入阐述了地质勘查单位会计制度修订的准则依据、会计科目设置及使用说明、财务报告等改革，目的是形成改良版的地质勘查单位会计制度。第三部分第 11 章，主要论及属地化地质勘查企业应该执行小企业会计准则，并针对预算内地质项目会计和所有者权益会计执行会计处理规定；属委化地勘企业、地勘企业集团或上市地勘企业，应该执行企业会计准则，并执行矿业权益具体会计准则。第四部分第12章，指出地质事业单位应当按照事业单位会计制度的规定设置和使用会计科目，在不影响会计处理和编报财务报表的前提下，可以根据实际情况自行增设、减少或合并某些明细科目。

本书旨在分析现行地勘单位会计制度执行过程中存在的问题，指出存在问题的根本原因，探究解决问题的思路，提出适用于不同类型地勘单位的会计规范。本书不仅仅局限于研究具体的会计规范问题，而是将其融入地质经济管理体制和运行机制、地质项目管理、矿业权交易、现行会计规范等环境中考虑，力求做到理论与实务的有效结合。努力使本书成为地勘会计人员从事会计实务和研究的有益读物，为我国地勘行业会计规范的改革起到抛砖引玉的作用。本书的创新之处在于，以地质项目管理为主线，构建地质项目会计、地质成果与矿业权会计，创造性地提出适用于地质勘查企业的矿业权益具体会计准则。

尽管本人潜心于地勘会计的教学与研究、就地勘会计实务经常请教地勘会计前辈和实务界同仁，然而限于本人的学识水平、对地勘会计实务的洞察程度不够和现行地勘会计制度执行力度存在差异等因素，不妥及谬误之处在所难免，诚恳欢迎读者批评指正。

刘三昌

2017年11月

目　录

1 地质勘查单位会计制度改革绪论

1.1 地质勘查单位会计制度改革的背景

现行《地质勘查单位会计制度》（后文简称“地勘会计制度”）制定于1996年，与当时地勘单位所处的会计环境相适应。但时至今日，地勘单位所处的会计环境发生了很大变化，地勘会计制度在许多方面已经滞后于当前的会计环境，不能满足地勘单位会计管理与核算的需要，迫切需要改革。

1.1.1 《矿产资源法》及其配套法规

为了促进矿产资源的合理勘探开采和实现地质成果的有偿使用，我国于1996年对《中华人民共和国矿产资源法》（1986）进行了修订。修订后的《矿产资源法》，在强调矿产资源国家所有的同时，建立了矿业权（探矿权、采矿权）的有偿取得制度。为了促进矿产资源的有偿使用，1998年国务院颁布了《矿产资源勘查区块登记管理办法》、《矿产资源开采登记管理办法》、《探矿权、采矿权转让管理办法》等行政法规，其后我国矿业权价款评估工作、矿业权交易随之出现。

而地勘会计制度制定时，矿业权法规、矿业权市场、矿业权交易还没有出现，现行地勘会计制度关于地勘单位主要经营成果的核算，只表现为“地质成果”，而且仅限于国家地勘工作拨款形成的且进入市场交易的地质成果、自筹资金和黄金等专项资金贷款形成的地质成果，没有涵盖地勘单位出现的矿业权（探矿权、采矿权）业务，不能满足矿业权会计核算的需要。

1.1.2 税收因素

新增的税种、许多税收条例细则的变化、营业税已经全面改征增值税、地勘单位新出现的经营业务等，使得现行地勘会计制度在一些方面不能满足税收核算的需要。主要表现为：①未能涵盖新出现的税种，如个人所得税、契税、土地增值税、耕地占用税、车辆购置税等。②不能满足营业税改征增值税核算的需要，如工程勘查勘探服务和销售自然资源使用权（含探矿权、采矿权）。③资产、负债、收入、费用成本的确认与计量，所得税会计方法的选择等所得税会计问题等均需要明确。④有的税费的会计处理不符合会计实务中的普遍做法，如教育费附加、矿产资源补偿费应该在应交税费科目核算，而不应该在其他应交款科目核算。⑤有的税种虽然继续存在，但暂行条例和实施细则等发生了多次修改，如购入生产用固定资产的增值税进项税额允许抵扣。

1.1.3 《会计法》及相关会计规章制度

地勘会计制度是适用于地质勘查单位的一种行业会计制度。由于当时没有事业单位会计准则和事业单位财务通则，国家又强调地勘单位实施“事业单位企业化管理”模式，财政部依据《企业会计准则》（1993），制定了现行地勘会计制度。然而，《企业会计准则——基本准则》（2006）第三条只规定依据本准则制定具体会计准则，并没有规定基本准则是制定会计制度的依据。因此，现行地勘会计制度制定的准则依据已不复存在。而《事业单位会计准则》（2012）第三条规定事业单位会计制度、行业事业单位会计制度由财政部依据本准则制定。同时，鉴于地勘单位多数被划分为公益一类、公益二类事业单位，财政部会同国土资源部依据《事业单位会计准则》对地勘会计制度进行修订已经迫在眉睫。

1.1.4 地勘单位的管理体制

1999 年地勘单位属地化、属委化改革后，地勘单位分别隶属于国务院国土资源系统、国务院国资委系统、省属地质系统和武警黄金部队。地勘单位隶属系统的不同，单位的企事业属性及开展的地质工作性质也不同，执行的会计制度和报送的报表也应有所不同。如国务院国土资源系统的地勘单位承担的是基础性、公益性、战略性地质工作，属于地质事业单位，应该执行地质事业单位会计制度。

始于 1999 年的地勘单位企业化改革，给国土资源系统之外的地勘单位带来了深刻变化，主要表现是：①地勘单位承担公益性、基础性和战略性的地质工作在不断减少，由矿山企业交付的商业性地质工作的分量和自筹资金开展的地质工作在增加，地勘单位的企业经营性质更加浓厚。②地勘单位的经营活动由单一的地质勘查工作，扩展到矿山采掘、生产加工、勘察设计、建筑施工、商贸运输、旅游、饮食服务、对外合作等多个领域。③地勘单位经营结构规模在不断扩大，地勘单位既可以独资兴办企业，又可以以矿业权、其他资产投资控股、参股其他企业，还可以设置非独立法人的企业。

地勘会计制度必须与地勘单位的属性和地勘单位经营业务相适应，现行地勘会计制度形成于有计划的市场经济时期，与目前适应市场经济时期建立的地勘单位管理体制和地勘单位经营业务严重不符，因此，地勘会计制度亟须修改。

1.1.5 财政预算管理体制

2000 年以来，我国财政预算管理体制进行了一系列重大改革，实行了部门预算、国库集中支付、政府采购、收支两条线等预算管理改革，国家和地方财政对地勘单位的拨款渠道及拨款数额在扩大，所有这些都会对地勘工作拨款的拨款方式、核销方式产生重大影响。因此，地勘会计制度的修订应考虑财政预算管理体制和国库集中支付对货币资金、地勘工作拨款拨付、支用、核销的影响。

1.2 对不同时期地勘会计制度的评析

中华人民共和国成立以来，我国的经济体制经历了计划经济、有计划市场经济和市场经济三个阶段，相应的我国地勘单位管理体制、运行机制和地勘单位会计也受其影响，可以划分为三个阶段。

1.2.1 计划经济体制（1949—1978 年）的地勘会计制度

从中华人民共和国成立初期到十一届三中全会，我国实行计划经济体制。这一时期地勘单位属于全额拨款事业单位，实行隶属于中央主管部门、地区（或专业）局的高度集中计划管理方式，获取国家地质勘探费，承担单一的国家地质勘查工作，地质成果上交国家，后续产业部门无偿使用地质成果。这一时期，我国的地勘会计制度共有七个版本，虽经多次反复修改，但均是以服务于高度集中的计划经济体制为出发点，没有跳出事业单位会计制度体系。但是这一时期的地勘会计制度融入了许多企业会计元素。主要体现为：采用权责发生制会计核算基础，进行成本核算和跨期摊提费用的会计处理；计提固定资产折旧，真实反映固定资产的价值和地勘成本；设置管材、管材摊销科目，正确计算钻探工程成本，真实反映管材摊余价值；计算探矿工程成本（包括钻探、坑探、井探、槽探），不核算地质项目成本；针对地勘工作周期长、跨期多的特点，设置未完地质工作、已完地质工作会计科目，计算未完探矿工程和已完探矿工程的成本。

这一时期的地勘会计制度与高度集中的计划经济体制相适应，既考虑了地勘单位全额拨款的事业单位属性，又充分考虑了地勘单位生产经营的特点，尤其是探矿工程成本的计算，为实现地质项目管理和地质成果的有偿使用提供了必备的基础。这一时期地勘会计制度的不足表现为：受高度集中的计划经济体制的影响，其适用范围仅限于原地质矿产部所属地勘单位，其他系统的地勘单位使用所在部门的会计制度，不同地勘单位之间的会计信息缺乏可比性；仅核算探矿工程成本，不计算其他工作项目的成本，不计算地质项目成本，这不利于地质成果的有偿使用。

1.2.2 有计划市场经济体制（1978—1992 年）的地勘会计制度

从十一届三中全会到中国共产党第十四次全国代表大会，我国实行有计划市场经济体制。1985 年原地质矿产部提出并实施地质工作“三化”（地质成果商品化、地勘单位企业化、地勘队伍社会化），是有计划市场经济在地矿部门管理体制改革的体现。为了增强地勘单位的活力，地勘单位开始推行地质项目管理、开拓地质市场、实行多种经营，地勘单位开始由事业型单位向企业型单位过渡，由生产型向生产经营型转变。这一时期的地勘会计制度有三个版本（即 1981 年、1986 年和 1991 年版），三个版本的地勘会计制度在贯彻“事业单位企业化”模式的基础上，在以下三个方面扩大了企业会计元素：①计算地质项目成本，以地质项目、工作项目为成本计算对象，最终计算地质项目的成本。这有利于提高地质工作的经济效益和社会效益，因为地质项目是否要开展，要进行充分的技术经济论证，围绕地质项目开展哪些工作项目、工作量多少为宜，既要考虑经济效益和社会效益，又要考虑地质工作规律。同时还解决了成本核算与地质成果长期脱钩的问题，有利于地质成果的有偿使用。②将地质成果纳入会计核算范畴，虽然仅限于发生转让的地质成果，但毕竟是地勘会计制度的一个突破。③突出了财务成果的核算，体现为节余与收益及分配的核算，服务于地勘单位的一切经济活动必须以提高经济效益为中心。④1991 年版的地勘会计制度，打破了行业限制，适用于所有系统的地勘单位，有利于地勘行业不同单位会计信息的比较。三个版本的地勘会计制度受当时会计环境的影响，依然带有较强的改良色彩，与地勘单位走向市场、参与竞争、实行多元化经营的客观管理要求不相适应的矛盾更加突出。

1.2.3 市场经济体制（1992 年至今）的地勘会计制度

1992 年召开的中国共产党第十四次全国代表大会确立了建立社会主义市场经济体制

的目标，标志者我国进入市场经济体制时期。1993 年制定的《企业会计准则》和新行业会计制度，则标志着市场经济会计模式的确立。1996 年依据《企业会计准则》制定的地勘单位会计制度，与以前地勘会计制度相比，企业会计的特色更加浓厚。

现行地勘会计制度适应当时地勘单位管理体制和经营机制，在满足国家财政预算管理要求方面，广泛地融入企业会计元素：①现行地勘会计制度制定的依据是 1993 年制定的《企业会计准则》。②通过设置国家基金、地勘发展基金、公益金和未分配节余与收益等科目，建立了国家基金制度，目的是逐步扩大国有资本积累和实现资本保全。③结合地勘单位资金来源渠道，采用预算资金与经营资金“双轨”运行模式，对两种资金的取得、成本计算和成果采用不同的核算与管理。④对预算内地质项目采用完全成本法，对商业性地质项目、多种经营采用制造成本法，对地质项目成本的核算采用以地质项目为基本核算对象，并按地质项目、工作项目和费用项目三个层次核算成本，这种方式有利于地质项目管理和地质成果的有偿使用。⑤增设坏账准备、长期投资科目，以真实反映应收账款的净值和地勘单位对外投资情况。⑥规范了地勘单位与所属单位的财务关系，对独立核算的多种经营企业法人实施监督并享有权益。⑦采取了新的会计要素和会计等式，会计要素包括资产、负债、净资产、收入、支出、节余与收益，会计等式为资产 = 负债 + 净资产，收入 - 支出 = 节余与收益。⑧改革了财务报告体系，简化了对外报送会计报表的种类，建立了财务指标评价体系。地勘单位对外报送会计报表包括资产负债表、节余与收益及分配表、地质项目拨款与支出明细表、其他经费支出明细表和主要指标表，多种经营企业会计报表：资产负债表、损益表、财务状况变动表、利润分配表和主要指标表。

地勘会计制度毫无疑问是适应当时地勘单位管理体制、运营机制和经营管理要求的。然而，随着会计准则制度的不断修订、地勘单位属地化属委化企业化的改革、地勘单位经营业务的拓展等外部环境的变化，现行地勘会计制度明显暴露出不足，主要表现是：①《企业会计准则——基本准则》（2006）第二条规定“基本准则适用于中华人民共和国境内设立的企业”，第三条规定“具体准则的制定应当遵循基本准则”。由于绝大多数地勘单位的事业属性没有改变，没有规定企业会计准则是制定会计制度的依据，所以地勘会计制度制定的准则依据已经不妥。②地勘会计制度规定“本制度适用于中华人民共和国境内的以地质勘查生产活动为主业的国有地质勘查单位”，然而，随着地勘单位属地化属委化企业化改革以及事业单位分类改革的推进，地勘单位的属性也发生了变化，有的属于公益一类事业单位，有的属于公益二类事业单位，还有的属于生产经营性质的企业，因此，地勘会计制度适用于所有地勘单位显然是不合理的。③地勘单位属地化属委化企业化之后，因为地勘单位预算资金拨款渠道的拓展和财政管理体制的改革，现行地勘会计制度中的地勘工作拨款、货币资金等科目的设置已经不能满足会计核算的要求，限额存款科目的设置已经过时。④地勘会计制度规定设置地质成果科目，核算自筹资金地质项目形成的和预算资金地质项目形成的同时授权地勘单位投资、转让或抵押的成果，没有涵盖矿业权的会计处理，没有规定是否对地质成果、矿业权提取跌价准备。⑤“四三三”节余与收益分配政策沿用的是 1982 年的政策，随着各种条件和环境的变化，这种职工在税后参与利润分配的政策已制约了地勘单位的发展，不利于地勘单位企业化改革的稳步推进，有悖于资本保全的原则，也与会计权益理论相违背。⑥股票投资后续计量及投资收益的核算根据是否对被投资单位是否控制而采用权益法和成本法，这一规定与企业会计准则和事业单位会计准则的规定都是矛盾的。⑦地勘会计制度规定仅对应收账款提取坏账准备，是否应该对其他资产计提跌价准备或减值准备，是否应该继续对应收账款提取坏账准备，应该根据地勘单位的企事业属性和会计制度依据的会计准则来确定。⑧地勘会计制度对职工工资及福利的核算通过应付工资、应付福利费科目核算，这一规定与会计实务普遍通过应付职工薪酬科目核算不一致，且应付工资的明细核算与职工薪酬的构成内容相矛盾。⑨现行地勘会计制度对应交税金科目的规定与地勘单位实际缴纳的税种及各税种核算的规定存在不一致的情况。⑩对净资产核算的规定，应视地勘会计制度所依据会计准则的类型进行调整。⑪地勘会计制度中的地勘单位财务报表体系和对外报送多种经营财务报表体系均未包括现金流量表及附注，这不利于管理者的决策管理和其他财务报表使用者对地勘单位财务状况的全面了解。

1.3　地质勘查单位会计制度存在的理论依据

伴随企业会计准则体系的国际趋同、地勘单位属性的多样化、地勘会计实务处理依据的多元化，理论界对地勘单位会计制度的存废和改革的走向看法不一。本书认为，制定适用于地质勘查单位的“地质勘查单位会计制度”有其理论依据和实践意义。

1.3.1　地勘会计制度作为企业会计规范范畴缺乏内在的逻辑联系

现行地勘会计制度是依据1993年的企业财务通则和企业会计准则制定的，属于企业会计规范范畴。然而自1993年以来，顺应市场经济发展和经济全球化的需要，我国加快了会计准则国际趋同的步伐，至2006年形成了不同于20世纪90年代的企业会计规范体系。我国现行企业会计准则体系包括基本准则、具体准则、应用指南和解释，这一准则体系适用于所有大中型企业和上市公司，小微企业则适用《小企业会计准则》(2011)。

就现行企业会计准则体系的分析可以得出以下几点：①地勘会计制度制订的依据《企业会计准则——基本准则》(1993) 已经发生了巨大变化，企业会计准则已经被基本准则、具体准则、应用指南和解释所代替，其中基本准则没有规定会计准则是制订会计制度的依据。②企业会计制度或行业企业会计制度已不复存在，准则体系中的具体准则、应用指南和解释等发挥着类似企业会计制度的作用。③现行的《企业会计准则——基本准则》只有财务会计目标、基本假设、会计要素的定义确认和列报、财务报告等内容，相较于《企业会计准则——基本准则》(1993) 在体系与内容方面要简单得多，没有明确规定各会计要素的构成项目、项目的确认和计量、各会计要素的构成项目，确认及计量则体现在具体准则、应用指南和解释中。由此可以推论，将《企业会计准则——基本准则》(2006) 作为制定地勘单位会计制度的依据已经不再合适。

1.3.2　地勘会计制度作为事业单位会计规范体系，符合逻辑联系且与会计环境相适应

我国《会计法》第八条规定：“国家实行统一的会计制度。国家统一的会计制度由国务院财政部门根据本法制定并公布。国务院有关部门可以依照本法和国家统一的会计制度

制定对会计核算和会计监督有特殊要求的行业实施国家统一的会计制度的具体办法或者补充规定，报国务院财政部门审核批准。”2012 年新修订的《事业单位会计准则》第三条规定：“事业单位会计制度、行业事业单位会计制度（以下统称会计制度）等，由财政部根据本准则制定。”由上述规定可以看出，事业单位会计规范体系包括会计法、事业单位会计准则、事业单位会计制度和行业事业单位会计制度，其中事业单位会计准则是制定事业单位会计制度、行业事业单位会计制度的依据。地勘会计制度属于行业事业单位会计制度，是事业单位会计规范体系的组成部分。地勘会计制度所以能够作为行业事业单位会计制度单独存在，具有以下原因：

（1）地勘单位改革的现状要求制定适用于地质勘查单位的行业会计制度

我国地勘单位管理体制的根本变革始于 1999 年，根据《地质勘查队伍管理体制改革方案》（国办发〔1999〕37 号），我国地勘单位从 1999 年开始了“属地化、属委化、企业化”管理的改革。依据《中共中央　国务院关于分类推进事业单位改革的指导意见》（中发〔2011〕5 号），作为事业单位组成部分的地勘单位，其分类改革必须跟进；《关于从事生产经营活动事业单位改革的指导意见》的通知（厅字〔2016〕38 号），加速了地勘单位分类改革的进程。目前，各省地勘单位分类改革存在进程不一、要求不一、自愿选择的情况。如宁夏地矿局已整体转制为事业单位，内蒙古、陕西地矿局已整体转为企业，贵州地矿局则进行事企分离，事企分离后分别归类为公益一类事业单位和企业。应该说，这种自愿选择的情况可能比较适合各省地勘单位的实际，但与国家对整个地勘队伍的改革要求和目标是不符的。按照中共中央、国务院的系列改革文件的精神，地勘单位分类改革应该是：国土资源系统的地勘单位以承担公益性、战略性、基础性工作为主，应该划分为公益一类事业单位（下文称地质事业单位）；省属地矿系统的地勘单位（下文简称属地化地勘单位）目前承担公益性和商业性地勘工作，应该划分为公益二类事业单位（下文称地质勘查单位），条件成熟时转制为企业；属委化国务院国资委系统的地勘单位（下文简称属委化地勘单位）被称为中央企业所属事业单位，由于其服务于矿山企业和隶属于中央企业，应将其转制为企业。

中国地矿经济学会关于《地勘单位会计制度》执行情况调查问卷显示：①是否进行分类改革和分类结果？64 家进行了分类改革，16 家未进行分类改革；分类中，公益一类 23 家、公益二类 50 家、经营类 1 家。②地勘单位目前执行何种会计准则或制度？公益一类地勘单位中 14 家执行事业单位会计制度，19 家执行现行地勘单位会计制度；公益二类地勘单位中 9 家执行事业单位会计制度，38 家执行地勘单位会计制度，6 家执行企业会计准则；经营类地勘单位中 5 家执行地勘单位会计制度，9 家执行企业会计准则。③现行地勘单位会计制度能否满足公益二类及经营类地勘单位会计核算及财务管理需要？7 家认为能满足要求，47 家认为基本能满足要求，22 家认为不能满足要求。④现行地勘单位会计制度有没有进行修改的必要？66 家认为有必要进行修改；8 家认为没必要进行修改。⑤地勘单位会计制度改革的依据是什么？10 家认为按事业会计准则进行修改，13 家认为按企业会计准则进行，52 家认为在现行制度基础进行补充、调整和完善。⑥地勘单位是否应该制定和执行统一的行业会计制度？61 家认为地勘单位应该制定和执行统一的行业会计制度，5 家认为不应该，12 家认为时情况而定。对上述调查结果分析可知：①公益二类构成我国地勘单位的主体和绝大多数地勘单位执行现行地勘会计制度，说明地勘单位会计制度有存在的必要。②现行地勘会计制度是比较科学但有修改的必要。③应该制定和执行统一的行业会计制度。

（2）地质勘查单位自身的特点要求建立体现事业单位企业化管理模式的行业地勘单位会计制度

地勘单位作为国家投资的专业性经济组织，主要承担国家或省级地质普查勘探，同时面向社会提供专业技术服务和其他服务。地勘单位相对于企业和事业单位具有以下特点：①地勘单位的资金来源有两种渠道，一是与从事预算内地质项目相对应的中央或省级财政预算资金，财政预算资金部分由于其成果的高度不确定性，不能像企业那样，实现资金的周转与循环；二是与从事商业性地勘工作和多种经营相对应的商业性资金，该部分资金能够保持周转与循环并实现增值。资金来源构成方面，主要以财政预算资金为主，因此，地勘单位的事业属性没有发生根本改变。②地质勘查单位从事的地质项目多数是公益性、基础性、战略性项目，商业性地质项目所占比例不高。而公益性、基础性、战略性地质工作具有高度的探索性和风险性、投入和产出没有必然的联系。因此目前地勘单位还不具备工业企业那样资金循环和资金周转。③地勘单位从事的主要活动是地质普查勘探活动，地质普查勘探有其固定的生产程序，即编制地质项目设计及预算、普查勘探作业、提交地质报告阶段。普查勘探作业需要投入必要的工作手段，如地形测绘、地质测量、物探、化探、钻探、坑探等，普查勘探活动必须考虑地质项目是否符合社会发展需求，是否具备社会效益和经济效益，是否符合地质规律。上述特点，决定了地质勘查单位仍旧属于事业单位，但是必须实行企业化管理，如对地质项目进行技术经济论证、加强地质项目成本核算与控制，大力开拓地质市场，推进地质成果的有偿使用。

1.3.3 现阶段行业地勘单位会计制度能够发挥承上启下的历史作用

通过对中华人民共和国成立以来先后颁布的11个地勘单位会计制度评析可以看出，地勘单位会计制度始终保持了“事业单位企业化管理”的模式且呈现逐步强化的态势。这一特色既符合地勘单位的实际情况，又能在地勘单位转换为企业后，实现向企业会计规范体系的顺利过渡。那么，依据事业单位会计准则修订地勘单位会计制度是否意味着“事业单位企业化管理”模式的消失或倒退？将来能否实现向企业会计规范的顺利过渡？本书的回答是，制定行业地勘单位会计制度与已颁布的11个地勘单位会计制度发展的脉络是相同的，且能够顺利实现向企业会计规范的过渡。原因是：①行业地勘会计制度依据的现行事业单位会计准则相对于原来的《事业单位会计准则》（1993），吸纳了很多的企业会计元素，如会计核算目标的提出、权责发生制的适度引入、会计信息质量的提出、资产与负债按流动性划分、固定资产折旧的计提、无形资产价值的摊销、财务报告的改进等。②现行事业单位会计准则、事业单位会计制度在资产、负债、收入、支出、费用成本的确认与计量等方面，与小企业会计准则的规定相一致。③依据现行事业单位会计准则制订行业地勘单位会计制度时，需要充分考虑地勘行业的现状和特点，在预算内地质项目资金的取得、成本的核算和结转方面，按照事业单位会计规范的要求进行处理；对事业单位会计规范未能涵盖的业务，充分借鉴小企业会计准则的规定，对地勘单位会计制度进行修订。

1.3.4 地质勘查单位未来将改制为企业，执行企业会计规范体系

地质勘查单位发展的终极趋势是由事业单位转制为企业，地勘单位最终将执行企业会计准则。这可以从《地质勘查队伍管理体制改革方案》（国办发〔1999〕37 号）、《国务院关于加强地质工作的决定》（国发〔2006〕4 号）、《关于从事生产经营活动事业单位改革的指导意见》（厅字〔2016〕38 号）、《关于做好事业单位政府购买服务改革工作的意见》（〔2016〕53 号）等有关规定中得到证实。

《地质勘查队伍管理体制改革方案》规定：将原地质矿产部所属的地质勘查单位实现属地化管理，逐步实现企业化经营；冶金、有色、轻工、化工、建材等部门所属的地质勘查单位，可以改组为企业或进入企业集团。中国核工业总公司保留一支从事放射性矿产勘查的精干队伍，其余进行属地化、企业化改革。组建中国地质调查局，实施国家基础性、公益性、战略性地质和矿产勘查工作的事业单位。《国务院关于加强地质工作的决定》规定：完善商业性矿产资源勘查机制，促进公益二类地勘单位向企业转制；进一步落实国务院关于地质勘查队伍管理体制改革的方案，按照企事分开的原则，推进国有地质勘查单位改革。《关于从事生产经营活动事业单位改革的指导意见》规定：凡从事生产经营活动的事业单位，到 2020 年将全部转为企业。《关于做好事业单位政府购买服务改革工作的意见》规定：到 2020 年，现有公益二类事业单位承担并且适宜由社会力量提供的服务事项，全部转为通过政府购买服务方式提供，将财政拨款改为政府购买服务，实行合同化管理、依法纳税，意味着公益二类事业单位也将是市场主体，与社会力量平等竞争。

综上所述，我国地勘单位的改革最终趋势是：国土资源系统的地勘单位和各省的地质调查院保留事业单位建制，从事基础性、公益性和战略性地质工作外，其余地勘单位将改制为企业，改制为企业的地勘单位应该执行企业会计规范体系。

1.4 地质勘查单位会计制度改革的总体思路和具体内容

1.4.1 地质勘查单位会计制度改革的总体思路

对于地质勘查单位会计制度改革的主要观点包括：①将现行地勘单位会计制度纳入企业会计准则体系（荣树新，2009）。②将现行地勘单位会计制度转变为事业单位会计制度（邓少元，2008）。③制定体现“事业单位、企业化管理”的改良版的地质勘查单位会计制度（卜文周，刘锡忠，2001）。④依据地勘单位企事业属性定位确定采用的会计核算体系（朱堂华，2012）。

本书认为，地勘单位会计制度的改革必须考虑会计主体的定位，即地勘单位是事业属性还是企业属性，或者是兼具企业、事业属性，因为会计主体的定位决定会计制度的类型。近几年，我国国有地质勘查单位改革的方向已经明确为公益一类、公益二类和企业类，公益一类以承担公益性、战略性、基础性地质工作为主；公益二类承担公益性和商业性地勘工作，以商业性地勘工作为主，充分利用优先采矿权，加快勘探开发一体化，条件成熟时转轨为企业；企业类包括国务院国资委系统所属地勘单位改制为企业，有的省属地

勘单位已经改制或准备改制为企业或企业集团。因此，地质勘查单位会计制度改革的总体思路是：地质事业单位应适应预算管理要求，执行事业单位会计制度及地质项目核算补充规定。地质勘查单位应依据事业单位会计准则，借鉴小企业会计准则的有关规定，对现行地勘会计制度进行修订，形成地勘行业事业单位会计制度（本书称为地质勘查单位会计制度）。对于地质勘查企业，应根据企业规模的大小或是否具备上市资格，选择执行企业会计基本准则、具体准则、应用指南和解释，或选择执行小企业会计准则和补充会计处理规定。

1.4.2　《地质勘查单位会计制度》改革的具体内容

（1）地质事业单位

主要从事公益性、战略性和基础性地质工作，该类地质工作是否能够取得成果、成果收益的大小具有高度不确定性，同时又是国家长远发展不可或缺的、与国计民生密切相关的。因此，从事该类地质工作的地勘单位，其经费来源由国家和（或）省级财政支付，承担国家或省级地质任务，不得开展经营活动，取得收入需上缴国库或财政专户。该类地勘单位不仅我国存在，其他国家也存在，且其性质都属于事业单位。对于该类地勘单位，应该执行事业单位会计制度及地质项目核算补充规定。并且考虑其从事的地质工作，应该对事业单位会计制度中的某些总分类会计科目设置明细科目，以满足地质事业单位会计核算的某些特殊要求。

（2）地质勘查单位

主要从事商业性地质工作，同时承担部分公益性、战略性和基础性地质工作，另外还从事多种经营，依据矿产资源法的优先采矿权可以设立矿山企业，可以将探矿权、采矿权投资控股其他企业或对其他企业实施重大影响。由于其从事的业务类型，该类地勘单位仍旧属于事业性质，不过其所需部分资源需要通过市场配置。国外不存在此类地勘单位，国外除了地质事业单位外，还存在企业性质的地勘单位，一般隶属于大型矿山企业或单独从事地质勘探的企业。我国所以存在此类地勘单位，是因为计划经济时期所形成的具有中国特色的地质队伍。随着地勘单位管理体制的改革，该部分地勘单位将逐步减少，最终将过渡到企业。因为该类地勘单位在地勘单位总体中占绝对多数，而且作为事业单位的性质仍旧会存续一个较长时期，因此有必要依据事业单位会计准则、借鉴小企业会计准则，修订现行的地勘会计制度，形成适用于地勘行业的地勘会计制度。修订地勘会计制度时，一方面要以事业单位财务规则、事业单位会计准则为依据，另一方面要在财务制度、会计制度中扩大企业财务、企业会计元素，以便于地勘单位改制为企业提供财务、会计制度保障。改革的具体内容是：

第一，地勘会计制度制订依据的改革。地质勘查单位会计制度修订的依据需要由《企业会计准则》（1993）改为《事业单位会计准则》（2012）。首先依据事业单位会计准则总括论述地勘单位财务会计目标、会计确认计量基础、会计信息质量要求、会计要素及其确认计量的原则、财务报告构成等。

第二，流动资产会计改革。地勘单位流动资产会计改革，主要是取消现行地勘会计制度中的限额存款科目，按照拨款渠道增设地勘工作拨款明细科目，增设零余额账户用款额度、财政应返还额度等会计科目；依据有关法规，修订地质成果的核算范围和内容，增设探矿权、采矿权、累计折耗等会计科目。

第三，长期资产会计改革。地勘单位长期资产会计改革，主要是适应用财政专项拨款或地质项目拨款购置固定资产、在建工程、无形资产核算的需要，增设非流动资产基金科目，以满足折旧或摊销的要求。另外，对长期股权投资后续计量及投资收益的核算，根据是否对被投资单位实施控制采用权益法和成本法，改为无论是否对被投资单位实施控制一律采用成本法核算。

第四，负债会计的改革。地勘单位负债的改革，主要是将应付工资和应付福利费需要合并，通过应付职工薪酬科目核算；增设应付节余与收益科目，核算依据地勘单位对实现的节余与收益进行分配，所形成的对投资者（含国家）的应付节余与收益，对应缴所得税的计算需要明确规定资产、负债、收入、费用的确认计量，采用应付税款法计算应交所得税。

第五，净资产会计改革。将净资产类科目国家基金、地勘发展基金、公益金、节余与收益分配等科目，转换为国家基金、非流动资产基金、盈余公积、结余、结转、节余、收益、未分配节余与收益等科目。

第六，地质项目会计改革。修订地勘财务制度与地勘会计制度时，应围绕地质项目，将地质项目的可行性论证、地质项目设计、地质项目设计预算、地质项目拨款、地质项目成本的核算与控制、地质项目支出的结转、矿业权的评价与转让、矿业权的有偿使用等，视作一项系统工程，以便提高地质项目的经济效益和社会效益。

第七，收益会计改革。经营收入科目需要分设主营业务收入、多种经营收入和其他业务收入三个科目，相应的经营成本科目也需要分设主营业务成本、多种经营成本和其他业务支出三个科目。取消补贴收入科目，将补贴收入科目合并至营业外收入科目。所得税科目改为所得税费用科目，取消以前年度损益调整科目。

第八，地勘单位财务报告改革。对于地勘单位报表体系应依据事业单位会计准则，结合地勘单位的特点进行修订，如现金对于地勘单位的生产经营至关重要，关系到地勘单位能否正常运营，应增设现金流量表。地勘单位的多种经营企业应取消财务状况变动表，增设现金流量表。

（3）地质勘查企业

主要从事商业性地质工作和其他经营活动，公益性、战略性和基础性地质工作所占比例极少。对于属委化地勘企业、地勘企业集团或具备上市资格的地勘企业，应在执行现有企业会计基本准则、具体准则、应用指南和解释的基础上，考虑地勘单位的特殊业务，制定具体会计准则，如矿业权益会计准则。对于属地化的地勘企业应在执行小企业会计准则的基础上，针对地勘企业的特殊业务，如矿业权、预算资金地质项目制定补充会计处理规定。

2 地质勘查单位会计制度制定依据的改革

2.1 事业单位会计准则（2012）与事业单位会计准则（1997）比较

将《事业单位会计准则》（2012）（下文简称新准则）与《事业单位会计准则（试行）》（1997）（下文简称原准则）比较，目的在于论证事业单位会计准则在向企业会计准则靠拢、国际非盈利组织会计惯例趋同，进而证明新准则可以作为修订地质勘查单位会计制度的依据。

2.1.1 总则

与原准则相比，新准则总则部分的主要变化如下：

第一，新准则第三条："事业单位会计制度、行业事业单位会计制度（以下统称会计制度）等，由财政部根据本准则制定。"该条款系新增条款，包括两层含义：第一，事业单位会计准则是制定事业单位会计制度、行业事业单位会计制度的依据。第二，说明行业事业单位会计制度的制定机构是财政部。

第二，新准则第四条第一款："事业单位会计核算的目标是向会计信息使用者提供与事业单位财务状况、事业成果、预算执行等有关的会计信息，反映事业单位受托责任的履行情况，有助于会计信息使用者进行社会管理、做出经济决策。"根据该规定，事业单位编制的财务报表至少包括：资产负债表、收入支出（费用）表、财政补助收入支出表。该条第二款："事业单位会计信息使用者包括政府及其有关部门、举办（上级）单位、债权人、事业单位自身和其他利益相关者。"该款说明相对于企业会计而言，事业单位会计信息使用者的范围相对有限，如投资者是举办者，不包括大量的股东或潜在的投资者。有限的会计信息使用者决定了事业单位会计提供的信息应侧重于反映受托经济责任信息，而不是决策有用信息。

第三，新准则第九条第二款："行业事业单位会计核算采用权责发生制的，由财政部在相关会计制度中规定。"说明今后依据事业单位会计准则制定的行业事业单位会计制度，可以采用权责发生制会计处理基础。

第四，新准则借鉴企业会计准则的精神，增列会计要素条款。第十条："事业单位会计要素包括资产、负债、净资产、收入、支出或者费用。"事业单位会计要素规定缺少利润要素的原因是：①事业单位不以营利为目的。②利润是收入与费用相抵后的结果，会计交易与事项并不直接引起利润要素的增减变动。

2.1.2 会计信息质量要求

（1）总体变化

与新准则第四条款会计目标的规定相对应，新准则第二部分首次提出了会计信息要求，原准则中的一般原则包括会计信息质量要求和会计确认计量原则两个部分，其中会计信息质量部分形成新准则中的会计信息质量要求，会计确认计量原则中的权责发生制原则在总则和会计要素中有所体现。

相对于原准则“一般原则”中的会计信息质量要求，新准则的总体变化是：第一，新准则单列“会计信息质量要求”一章。其意义是与企业会计准则保持了一致，能够作为制定行业事业单位会计制度的依据；该章名称与其后所反映的内容相符，做到了名副其实；该章名称及内容满足了新准则第四条款的要求。第二，新准则中的会计信息质量要求包括可靠性、全面性、及时性、可比性、相关性和可理解性，《企业会计准则》（2006）中的会计信息质量要求包括可靠性、相关性、可理解性、可比性、实质重于形式、重要性、谨慎性和及时性。两者比较可以看出，新准则六个会计信息质量要求中的可靠性、及时性、可比性、相关性和可理解性的五个要求与《企业会计准则》（2006）一致，不同之处是鉴于事业单位业务相对简单，事业单位不采纳企业会计准则中的“重要性”要求而采用“全面性”要求；由于事业单位不以营利为目的、净资产的所有者是事业单位的主办者，决定了事业单位以完成社会赋予的社会服务为目的，事业单位会计的目标主要是受托责任的履行情况。因此，事业单位会计准则没有提及实质重于形式、谨慎性等原则。

（2）具体条款变化

第一，可靠性。新准则第十二条：“事业单位应当以实际发生的经济业务或者事项为依据进行会计核算，如实反映各项会计要素的情况和结果，保证会计信息真实可靠。”相对于原准则第十条款，新准则的变化是核算的依据以“经济业务或事项”代替“经济业务”，反映的内容以“会计要素”代替“各项收支情况和结果”。这种修订，既与企业会计准则趋同，又与新准则第九条相呼应，体系了逻辑上的一致性。

第二，全面性。新准则第十三条：“事业单位应当将发生的各项经济业务或者事项统一纳入会计核算，确保会计信息能够全面反映事业单位的财务状况、事业成果、预算执行等情况。”相对于原准则第二十条，新准则的变化是保留全面性，取消重要性。取消的原因是全面性和重要性是相辅相成的，一般针对企业。由于企业的业务或事项繁多，为了节省核算成本和提高会计信息的效用，在保持全面性的同时，兼顾重要性，对于次要的事项可以简化处理。而由于事业单位业务或事项相对简单，所以保留全面性，取消重要性。

第三，可比性。新准则第十五条：“事业单位提供的会计信息应当具有可比性。同一事业单位不同时期发生的相同或者相似的经济业务或者事项，应当采用一致的会计政策，不得随意变更。确需变更的，应当将变更的内容、理由和对单位财务状况及事业成果的影响在附注中予以说明。同类事业单位中不同单位发生的相同或者相似的经济业务或者事项，应当采用统一的会计政策，确保同类单位会计信息口径一致，相互可比。”此条款要求会计信息的可比性。这一条款由原准则的第十二、第十三条合并而成。不同之处是不得随意变更会计政策，确需变更的，应当在财务报表附注中予以说明。

第四，相关性。新准则第十六条：“事业单位提供的会计信息应当与事业单位受托责任履行情况的反映、会计信息使用者的管理、决策需要相关，有助于会计信息使用者对事业单位过去、现在或者未来的情况做出评价或者预测。”这一条由原准则第十一条发展而来，相对于原准则条款，新准则的变化是：①将逐项列举的会计报表使用者统一表述为会计信息使用者，避免了挂一漏万情况的出现。②相关性的表述更接近实质，原准则的规定更像是现象的描述，新准则采纳了企业会计准则有关条款的描述，即反映受托责任的履行情况和提供决策有用信息。

经过上述条款的修正，新准则与企业会计准则更加接近，更加适应于地质勘查单位会计信息的质量要求；新准则会计信息质量要求中的“及时性、明晰性”与原准则相同，同样适用于地质勘查单位会计信息的质量要求。

2.1.3　资产

相对于原准则，新准则资产部分的变化如下：

第一，资产的分类。新准则第十九条：“事业单位的资产按照流动性，分为流动资产和非流动资产。流动资产是指预计在1年内（含1年）变现或者耗用的资产。非流动资产是指流动资产以外的资产。”该条款明确了资产按流动性区分为流动资产和非流动资产，并对流动资产和非流动资产给出了定义，这与原准则第二十二条、第二十三条的模糊规定不同。这一变化的意义是，将资产按流动性分类利于强化事业单位的财务风险管理、加强资产管理、加速资金周转和提高资金使用效率。

第二，资产项目。新准则第二十条对流动资产的分类，相对于原准则第二十三条的变化是：①适应国库集中支付核算的需要，货币资金项目增加了零余额账户用款额度，应收及预付款项目增加了财政应返还额度。②对于原准则第二十四条的对外投资按照持有期限与目的的不同，分为短期投资和长期投资，分别在新准则第二十条和二十一条中表述；将对外投资区分为长期投资和短期投资，有利于事业单位加强资金管理、降低投资风险。新准则第二十一条相对于原准则第二十四至二十六条的变化是，增加了在建工程项目，使得事业单位会计信息更加完整，有利于事业单位加强资产管理，防范或降低财务风险。

第三，资产计量。新准则第二十二条将原准则分散在流动资产和非流动资产项目中的计量规定归并为：“事业单位的资产应当按照取得时的实际成本进行计量。除国家另有规定外，事业单位不得自行调整其账面价值。”第二十三条规定：“事业单位对固定资产计提折旧、对无形资产进行摊销的，由财政部在相关财务会计制度中规定。”新准则相对于原准则在资产计量方面发生了很大变化：①将原准则分散在具体条款中的计量规定合并在新准则第二十二条中，突出了资产按实际成本计量和对各项资产不提取减值准备。②事业单位可以对固定资产计提折旧、对无形资产进行摊销。

第四，资产的定义。新准则第十八条：“资产是指事业单位占有或者使用的能以货币计量的经济资源，包括各种财产、债权和其他权利。”新准则对资产的定义与原准则第二十一条基本相同，不同之处是对资产的占有或使用者明确为事业单位。需要说明的是，上述资产定义中，没有“预期会给单位带来经济利益的资源”的描述，原因是事业单位的资产，有的会带来经济利益，有的只是提供服务潜力。

2.1.4　负债

新准则负债部分的变化如下：

第一，负债的分类。新准则第二十五条：“事业单位的负债按照流动性，分为流动负债和非流动负债。流动负债是指预计在1年内（含1年）偿还的负债。非流动负债是指流动负债以外的负债。”该条规定了负债按流动性区分为流动负债和非流动负债，并对流动负债和非流动负债给出了定义。原准则第二十七条只是列举了负债的项目，没有按流动性对负债进行分类。这一变化的意义是，将负债按流动性分类，便于实行“事业单位企业化管理”的事业单位，根据事业单位对长短期资金的需求、长短期偿债的能力和经营效益，合理安排流动负债与非流动负债的规模，及时筹集资金偿还债务，降低事业单位的偿债风险。

第二，负债项目。新准则第二十六条、第二十七条分别对流动负债、非流动负债做了划分并给了定义，其中流动负债包括短期借款、应付及预收款项、应付职工薪酬、应缴款项等，应付及预收款项又包括应付票据、应付账款、其他应付款等应付款项和预收账款。非流动负债包括长期借款、长期应付款等。新准则相对于原准则第二十七条、第二十八条的变化是负债项目的列举更加具体。

第三，负债计量。新准则第二十八条：“事业单位的负债应当按照合同金额或实际发生额进行计量。”该条款的意义是负债或以业务发生时实际应偿还的金额入账，或以未来应付的金额入账，如应付融资租入固定资产款，即以未来期间应付设备款入账，而不是按应付设备款的现值或公允价值入账。这一条与原准则第二十九条的区别是：鉴于可能存在的长期应付款，增加了按照合同金额计量的要求，鉴于事业单位较少发生或有负债业务或即使发生数额也较少，对于事业单位财务状况的影响不大，取消了预计负债的规定。

2.1.5 净资产

相对于原准则，新准则净资产部分的变化如下：

第一，细化了净资产的内容。新准则第三十条第一款：“事业单位的净资产包括事业基金、非流动资产基金、专用基金、财政补助结转结余、非财政补助结转结余等。”原准则中的净资产只包括事业基金、固定基金、专用基金和结余（事业结余与经营结余）。

第二，新准则第三十条第二款：“事业基金是指事业单位拥有的非限定用途的净资产，其来源主要为非财政补助结余扣除结余分配后滚存的金额。”与原准则相比，新准则明确界定事业基金的来源主要为非财政补助结余扣除结余分配后滚存的金额。新准则第三十条第三款：“非流动资产基金是指事业单位非流动资产占用的金额。”将原准则中的固定基金（固定资产占用的资金）扩展到非流动资产基金（非流动资产占用的资金），非流动资产基金是长期投资、固定资产、在建工程、无形资产等非流动资产占用的金额。新准则第三十条第四款：“专用基金是指事业单位按规定提取或者设置的具有专门用途的净资产。”与原准则相比，新准则没有列明专用基金的种类，按照《事业单位财务规则》（2012）第三十三条专用基金包括：修购基金、职工福利基金和其他基金。因此，相对于原准则的变化是，新准则不包括医疗基金，原因是现在几乎所有事业单位都纳入了公费医疗经费开支范围，事业单位一般不再提取医疗基金。另外，因为新准则规定实行固定资产折旧的事业单位不提取修购基金，地勘单位也不应提取修购基金。新准则第三十条第五款、第六款规定，结转结余类净资产与原准则第三十五条相比变化较大，原准则仅包括事业结余和经营结余。新准则包括财政补助结转结余和非财政补助结转结余，其中财政补助结转结余是指事业单位各项财政补助收入与其相关支出相抵后剩余滚存的、须按规定管理和使用的结转和结余资金，非财政补助结转结余是指事业单位除财政补助收支以外的各项收入与各项支出相抵后的余额。其中，非财政补助结转是指事业单位除财政补助收支以外的各专项资金收入与其相关支出相抵后剩余滚存的、须按规定用途使用的结转资金；非财政补助结余是指事业单位除财政补助收支以外的各非专项资金收入与各非专项资金支出相抵后的余额，包括事业结余和经营结余。

第三，新准则第三十一条："事业基金、非流动资产基金、专用基金、财政补助结转结余、非财政补助结转结余等净资产项目应当分项列入资产负债表。"该条款要求在资产负债表内分项列示上述净资产，是新准则增加的条款。

2.1.6 收入

相对于原准则，新准则"收入"部分的变化如下：

第一，收入的定义。新准则第三十二条："收入是指事业单位开展业务及其他活动依法取得的非偿还性资金。"新准则的定义与原准则的不同之处是增加了"开展其他活动取得的非偿还性资金"。

第二，收入的项目。新准则第三十三第一款："事业单位的收入包括财政补助收入、事业收入、上级补助收入、附属单位上缴收入、经营收入和其他收入等。"新准则对收入的定义与原准则的不同是，第三十六条删除了基本建设拨款收入，原因是为了实现事业单位会计信息的全面性，要求事业单位将基建账的相关数据按月并入单位会计大账，即基建并账，基建并账后事业单位基建拨款收入相应在财政补助收入中反映，发生的支出相应地在财政补助支出项目中反映。

第三，收入的确认与计量。第三十四条："事业单位的收入一般应当在收到款项时予以确认，并按照实际收到的金额进行计量。采用权责发生制确认的收入，应当在提供服务或者发出存货，同时收讫价款或者取得索取价款的凭据时予以确认，并按照实际收到的金额或者有关凭据注明的金额进行计量。"事业单位收入的确认与计量规定，考虑了事业单位收入的主要类别和事业单位财务报告会计的目标，对于预算收入一般采用收付实现制原则确认，对于经营收入采用权责发生制确认，对于收入的计量采用实际收到的金额或凭证注明的金额计量。对于经营收入的确认与计量相对于《企业会计准则第 14 号——收入》要简单得多，更符合事业单位的财务报告目标。

上述事业单位收入准则条款，在收入的定义、确认与计量方面的规定，与现行地勘单位会计制度一致，符合地勘单位实际，可以作为制定地勘单位会计制度的依据。但是地勘单位财务制度应根据《事业单位会计准则》，借鉴《小企业会计准则》，结合地勘单位的实际业务构成，合理规范地勘单位收入构成内容。

2.1.7 支出

相对于原准则，新准则支出部分的变化如下：

第一，支出或费用的定义。新准则第三十五条："支出或者费用是指事业单位开展业务及其他活动发生的资金耗费和损失。"新准则的定义与原准则的不同之处是取消了"用于基本建设项目的开支"。原因是事业单位实行基建并账后，事业单位基建拨款支出相应在财政补助支出科目反映。

第二，支出或费用的项目。新准则第三十六条第一款：“事业单位的支出或者费用包括事业支出、对附属单位补助支出、上缴上级支出、经营支出和其他支出等。”基于“支出或费用的定义”，新准则支出或费用项目不包括基本建设支出，原因是事业单位实行基建并账后事业单位基建拨款支出相应在财政补助支出反应。地勘单位财务制度应根据上述构成内容和地勘单位的实际业务构成情况，合理规范地勘单位支出构成内容。

第三，支出或费用的确认与计量。与原准则第四十二条、第四十三条不同，新准则第三十七条明确规定了事业单位开展非独立核算经营活动费用归集与分配的要求，并增加了经营支出与经营收入配比的要求等，为从事非独立核算经营的事业单位制定会计制度，核算经营收入、支出和收益提供了准则依据。第三十八条规定了事业单位支出一般采用收付实现制，经营支出采用权责发生制，无论是收付实现制还是权责发生制，均按照实际支付金额进行计量，这一规定是新增加条款，主要适应事业单位开展经营活动而增设的。

2.1.8 财务会计报告

相对于原准则，新准则财务会计报告部分的变化主要体现在与企业财务报告、国际非盈利组织财务报告管理的趋同，为行业事业单位会计制度的制定提供了理论依据。新准则的主要变化如下：

第一，财务报告的含义及构成。新准则财务报告相对于原准则变化较大，主要是基于事业单位并非单纯的预算单位而是独立的法人实体而考虑的，并不仅仅是为政府部门加强预算管理，而是为满足相关利益团体服务的。新准则第三十九条、第四十条、第四十一条规范了财务会计报告和构成体系，相对于原准则第四十四条的规定，发生了如下变化：①财务会计报告取代会计报表，在保持事业单位财务报表特色的基础上，更加接近企业财务报告、接近国际非营利组织财务报告惯例。②财务报告体系包括的内容更加广泛。原准则会计报表包括主要报表、附注及收支情况说明书，新准则则包括财务报表及其他应披露的相关信息和资料，财务报表又包括会计报表和附注。③会计报表构成的变化，增加了反映预算执行情况的报表，即财政补助收入支出表，顺应基建并账后的实际情况，删除了基建投资表。

第二，资产负债表。新准则第四十二条对资产负债表表内列示不同于原准则第四十五条。新准则要求资产负债表应当按照资产、负债和净资产分类列示，资产和负债应当分别流动资产和非流动资产、流动负债和非流动负债列示。而原准则只要求按会计要素的类别分项列示。这种变化使得资产负债表真正按资产、负债和净资产反映事业单位的财务状况，资产、负债按流动性列示可以真实反映事业单位的偿债能力或面临的财务风险。

第三，收入支出表。新准则第四十三条规定，收入支出表或者收入费用表是反映事业单位在某一会计期间的事业成果及其分配情况的报表。就其定义看，该表包括事业成果及非财政补助结余的分配情况两个部分，反映了事业基金的形成过程。通过该表可以清楚地反映事业单位收支变动情况和净资产变动情况。

第四，财政补助收入支出表。该表为新准则增加的一张报表，它反映“事业单位在某一会计期间财政补助收入、支出、结转及结余情况的报表”。通过该表可以清楚地体现年末财政补助结转结余的形成过程。

2.2 地质勘查单位会计制度制定的准则依据

2.2.1 事业单位会计准则（2012）：修订地勘单位会计制度的主要依据

由于新准则兼顾了行业事业单位会计制度的要求，地质勘查单位所具有的事业属性，决定了新准则多数条款可以作为修订地勘单位会计制度的依据，但也有少数条款不宜作为修订地勘单位会计制度的依据。新准则适宜作为修订地勘单位会计制度的条款如下：

新准则第三条对会计制度制定依据和机构的规定，说明事业单位会计准则可以作为制定地勘单位会计制度的依据，制定地勘单位会计制度的机构应该是财政部。

新准则第四条对事业单位会计核算的目标和会计信息使用者的规定，部分可以作为制定地勘会计制度的依据，部分不使用（见下文）。依据这一条款，地勘单位应当编制资产负债表、节余与收益及分配表和地勘工作拨款与支出明细表，分别反映地勘单位的财务状况、事业成果、预算执行等信息。另外，地勘单位会计信息的使用者相对有限，地勘单位提供的会计信息应侧重于反映受托责任的履行情况，而不是决策有用信息，如资产计量可以只采用历史成本计量、不必计提减值准备、经营收入的确认不要求遵循实质重于形式的原则等。

新准则第九条是行业事业单位会计处理基础的规定。依据这一条款，新修订的地勘单位会计制度中对于经营性收入和经营性支出可以继续采用权责发生制。

新准则第十六条是对“相关性”会计信息质量的要求，要求既反映受托责任的履行情况，又与管理、决策有用观需要相关，但更侧重于前者。这一规定完全适用于修订后的地勘会计制度。与此相对应，新准则会计信息质量要求部分没有提及谨慎性质量要求，因此地勘会计制度不宜采用谨慎性质量要求。

新准则第十九条是关于事业单位资产的分类，第二十条是关于事业单位流动资产的分类，事业单位的流动资产包括货币资金、短期投资、应收及预付款项、存货等。其中短期投资、应收及预付款项内容的划分，适合新修订的地勘会计制度。依据这一条，地勘单位可以设置以下会计科目：短期投资、财政应返还额度、应收票据、应收账款、其他应收款、预付账款等。

新准则第二十一条是关于事业单位非流动资产的分类，事业单位的非流动资产包括长期投资、在建工程、固定资产、无形资产等。该条款基本适合地勘单位会计核算，依据这一条款地勘单位可以设置以下会计科目：长期投资、在建工程、固定资产、无形资产等会计科目。

新准则第二十二条规定，事业单位的资产应当按照取得时的实际成本进行计量。除国家另有规定外，事业单位不得自行调整其账面价值。该条款对资产的计量采用历史成本计量适宜地勘单位流动资产和非流动资产的核算。

新准则第二十三条是对固定资产计提折旧、对无形资产进行摊销的规定。该条款适宜作为地勘单位固定资产折旧、无形资产摊销的准则依据，但具体会计处理仅适用于财政专项拨款或地质项目拨款形成的固定资产和无形资产。

新准则第二十六条是对事业单位流动负债分类的规定。该条对流动负债的分类基本适合地勘单位会计核算。依据这一条款，地勘单位应设置以下流动负债类会计科目：短期借款、应付票据、应付账款、预收账款、应付职工薪酬、应缴税费、其他应付款等。

新准则第二十七条是对事业单位非流动负债分类的规定。这一条适用于地勘单位会计核算。依据这一条款，地勘单位应设置长期借款、长期应付款等会计科目。

新准则第二十八条规定事业单位的负债应当按照合同金额或实际发生额进行计量。这一条款适用于地勘单位对负债的计量。

新准则第三十二条关于“收入是指事业单位开展业务及其他活动依法取得的非偿还性资金”仅适用于规范地勘单位获得的预算资金，不适用于地勘单位经营收入的规定。

新准则第三十四条是对事业单位收入确认与计量的规定。这一条适用于地勘单位会计制度。依据该条款，地勘单位对预算资金一般应当在收到款项时予以确认，并按照实际收到的金额进行计量。对经营收入采用权责发生制确认的收入，应当在提供服务或者发出存货，同时收讫价款或者取得索取价款的凭据时予以确认，并按照实际收到的金额或者有关凭据注明的金额进行计量。

新准则第三十七条对事业单位开展非独立核算经营活动的费用的规定，适用于地勘单位非独立核算经营活动费用的核算。

新准则第三十八条是对事业单位支出确认与计量的规定。这一条适用于地勘单位。地勘单位对预算资金一般应当在支付款项时予以确认，并按照实际支付的金额进行计量。对经营支出采用权责发生制确认，并按照实际发生额进行计量。

新准则第四十一条是对事业单位财务报表构成内容的规定。依据这条规定，结合地勘单位实际情况，地勘单位应当编制资产负债表、节余与收益及分配表和地勘工作拨款与支出明细表。

除上述论述内容外，新准则第一条、第二条、第五条、第六条、第七条、第八条、第十一条、第十二条、第十四条、第十五条、第十七条、第二十四条、第二十五条、第二十九条、第三十五条、第三十九条、第四十条的规定，可以作为修订地勘会计制度的依据。

2.2.2 事业单位会计准则中不宜作为修订地勘单位会计制度的条款

下述条款不适用或不完全适用作为修订地勘单位会计制度，需结合地勘单位经营活动和管理需要，依据小企业会计准则进行补充和完善。

新准则第四条关于事业单位会计核算目标的规定，没有规定事业单位编制现金流量表，这不适应地勘单位的管理要求，因为现金流量对地勘单位的生产经营具有重要意义。需要借鉴小企业会计准则，补充编制现金流量表。

新准则第十条是关于事业单位会计要素的规定。事业单位会计要素包括资产、负债、净资产、收入、支出或者费用，缺少与“节余与收益”相对应的会计要素。需要依据小企业会计准则，保留现行地勘会计制度中的“节余与收益”会计要素。

新准则第十三条是“全面性”的会计信息质量要求。鉴于地勘单位经营业务除预算内地质工作外，还包括商业性地质工作、自筹地质工作和多种经营业务，甚至有的地勘单位还存在多种经营企业，所以地勘单位需要借鉴小企业会计准则，应在“全面性”要求的同时，体现“重要性”的要求，即增加下述规定：“对于重要的业务事项，应当单独反映。”

新准则第十八条关于资产的定义，没有提及“预期会给单位带来经济利益的资源”的描述。因此，新准则资产的定义不完全适用于地勘单位。需要借鉴小企业会计准则，对资产定义为地勘单位占有或者使用的、能以货币计量的、预期会给单位带来经济利益的经济资源。

新准则第二十条的货币资金和存货的构成内容不完全适用于地勘会计制度，需要依据新准则和小企业会计准则，结合地勘单位的生产特点和管理要求，货币资金包括库存现金、银行存款、零余额账户用款额度和其他货币资金等。存货项目的内容需要根据矿权交易市场存在的现实，设置探矿权、采矿权、累计折耗等会计科目，需要根据管材是地勘单位的重要周转材料，设置管材、管材摊销等会计科目。

新准则第二十一条将事业单位的非流动资产分为长期投资、在建工程、固定资产、无形资产等。还不能完全满足地勘单位非流动资产的核算，地勘单位除依据这一条款设置上述会计科目外，还需要依据小企业会计准则取消递延资产科目，设置长期待摊费用科目。

新准则第三十条将事业单位的净资产包括事业基金、非流动资产基金、专用基金、财政补助结转结余、非财政补助结转结余等。该条款并不完全适用于地勘单位净资产的核算，需要依据事业单位会计准则，结合地勘单位实际，重新划分归并设置净资产类项目。应将现行地勘会计制度中的国家基金、地勘发展基金、公益金、未分配节余与收益，相应调整为国家基金、非流动资产基金、盈余公积、结余、节余、结转、收益和未分配节余与收益等。

与新准则第三十条相对应，第三十一条关于净资产项目在资产负债表的列示也应做出调整。

新准则第三十二条关于“收入是指事业单位开展业务及其他活动依法取得的非偿还性资金”，不适用于地勘单位经营收入的规定，应借鉴小企业会计准则的规定，增加对经营收入的定义。

新准则第三十三第一款，将事业单位的收入分为财政补助收入、事业收入、上级补助收入、附属单位上缴收入、经营收入和其他收入等。该条款并不完全适用于地勘单位收入的核算，需要依据事业单位会计准则和小企业会计准则，结合地勘单位实际，重新划分归并设置收入类会计科目如下：地勘工作拨款、经营收入（主营业务收入、多种经营收入、其他业务收入）、投资收益、营业外收入等。

新准则第三十六条第一款，将事业单位的支出或者费用分为事业支出、对附属单位补助支出、上缴上级支出、经营支出和其他支出等。该条款并不完全适用于地勘单位支出的核算，需要依据事业单位会计准则和小企业会计准则，结合地勘单位实际，重新划分归并设置支出类会计科目如下：已完地质工作支出、未完地质工作支出、财政专项支出、地质事业基本支出、经营成本（主营业务成本、多种经营成本、其他业务支出）、经营费用、财务费用、管理费用、地勘生产、间接费用、辅助生产、多种经营成本、多种经营生产、经营税金及附加、所得税费用、营业外支出等。

新准则第四十一条没有规定事业单位需编制现金流量表，符合事业单位资金流动主要是预算资金的拨付和使用的现实。但是地勘单位是生产型事业单位的管理，地勘单位还需要编制现金流量表，帮助报表使用者了解影响地勘单位现金流量的影响因素、评价地勘单位的支付能力、偿债能力，预测未来现金流量。因此，地勘单位还需要编制现金流量表。

2.2.3 小企业会计准则：修订地勘单位会计制度的借鉴依据

由于地勘单位是生产型事业单位，实行事业单位企业化管理模式，决定了事业单位会计准则（2012）的某些条款不适用或不完全适用于作为修订地勘会计制度的条款。对于不适用或不完全适用于作为修订地勘单位会计制度的条款，应该将小企业会计准则的相关条款作为修订地勘单位会计制度的参考依据。

（1）小企业会计准则作为修订地勘单位会计制度借鉴依据的原因

地勘单位就其从业人员、营业收入和资产规模而言，很难将其归类为小微企业。对于事业单位会计准则中不适宜作为修订地勘单位会计制度的条款，要采用小企业会计准则作为修订地勘单位会计制度的参考依据，其原因可归纳为以下五点：①地勘会计制度是依据《企业会计准则——基本准则》（1993）制定的，这一准则明显滞后于会计实践，而《企业会计准则——基本准则》（2006）又不能作为制定地勘会计制度的依据。因此，对于事业单位会计准则中不适宜作为修订地勘单位会计制度的条款，只能依据小企业会计准则。②小企业会计准则形成于2011年，由于其取代了小企业会计制度，相对于《企业会计准则》（1993）更加详细具体，小企业会计准则规定了会计要素的具体项目、定义、内容、确认、计量和报告，近似于企业会计制度，因此，可以作为修订地勘会计制度的依据。③地勘单位与小企业一般不发行股票或债券，两者财务报表的使用者相对有限，财务报告使用者所需财务信息相对单一，财务报告无须满足资本市场的需要，财务报告只需考虑受托责任履行考核和税务部门纳税需要。④小企业会计准则充分考虑了与企业会计准则的衔接，如小企业会计准则第三条规定："执行本准则的小企业，发生的交易或者事项本准则未作规范的，可以参照企业会计准则中的相关规定进行处理。执行本准则的小企业公开发行股票或债券的，应当转为执行企业会计准则；因经营规模或企业性质变化导致不符合本准则第二条规定而成为大中型企业或金融企业的，应当从次年1月1日起转为执行企业会计准则。"目前地勘单位正处在由生产型事业单位向企业的过渡期，因此小企业会计准则适合于作为修订地勘会计制度的依据。⑤小企业会计准则的重要特点是在遵循《企业会计准则——基本准则》的大前提下，简化会计核算、减少职业判断、消除会计与税法的差异等，如资产不提取减值准备、收入确认方面不要求遵循实质重于形式的原则、长期股权投资采用成本法核算等，这些规定多数与现行地勘会计制度的规定接近。采用小企业会计准则作为修订地勘会计制度的依据，可以减少地勘单位会计人员的职业判断。

（2）修订地勘单位会计制度可借鉴的小企业会计准则内容

修订地勘会计制度时，需要借鉴小企业会计准则的内容包括：①采用历史成本计量。资产一般按照成本计量，不计提资产减值，资产实际损失的确定参照企业所得税法中的有关认定标准；对长期债券投资按照成本（购买价款加上相关税费减去实际支付价款中包含的已到付息期但尚未领取的债券利息）入账；对融资租入固定资产的入账价值按照租赁合同约定的付款总额和在签订租赁合同过程中发生的相关税费等确定；各项负债按照其实际发生额入账等。②对于长期债权投资的折价或者溢价的摊销采用直线法进行摊销；对于长期股权投资统一采用成本法核算。③固定资产折旧年限和无形资产摊销期限的确定，考虑税法的规定；取消递延资产科目，设置长期待摊费用科目，对长期待摊费用的核算内容、摊销期限均与企业所得税法及其实施条例的规定完全一致。④采用应付税款法核算所得税。⑤对外币财务报表进行折算时，采用资产负债表日的即期汇率对外币资产负债表、利润表和现金流量表的所有项目进行折算。⑥与现行地勘会计制度相比，财务报表不包括所有者权益变动表，但应包括现金流量表，现金流量表只需要按现金流量的类别编制，不需要将净利润调整为经营活动现金流量。地勘单位设立的独立企业，应与小企业会计准则的规定一致。⑦采用未来适用法对会计政策变更和会计差错更正进行会计处理。

3 地质勘查单位流动资产会计改革

3.1 流动资产会计改革概述

依据新准则第十九条、第二十条，地勘单位的资产按照流动性可以分为流动资产和非流动资产。地勘单位的流动资产包括货币资金、短期投资、应收及预付款项、存货和其他等。

3.1.1 流动资产会计类科目的增设、删减与归并

（1）货币资金

新准则第二十条：货币资金包括库存现金、银行存款、零余额账户用款额度等。依据该条规定，地勘单位货币资金类会计科目的改进如下：将现金科目改为库存现金科目，保留银行存款科目，增设零余额账户用款额度科目、取消限额存款科目。另外，借鉴小企业会计准则，地勘单位需继续延用其他货币资金科目。

（2）短期投资

新准则第二十条：短期投资是指事业单位依法取得的，持有时间不超过 1 年（含 1 年）的投资。依据该条规定，修订后的地勘单位会计制度应继续延用短期投资科目。

（3）应收及预付款项

新准则第二十条：应收及预付款项类会计科目包括财政应返还额度、应收票据、应收账款、其他应收款等。依据该条款，地勘单位应收及预付款项类会计科目的改进如下：保留应收票据、应收账款、预付账款和其他应收款等科目，增设财政应返还额度科目，取消坏账准备科目，将内部往来科目中对内部独立核算单位的应收、暂付款和备用金科目归并至其他应收款科目。小企业会计准则第九条：应收及预付款项包括：应收票据、应收账款、应收股利、应收利息、其他应收款等应收款项和预付账款。借鉴该条款的规定，地勘单位还应将在其他应收款核算的应收股利和应收利息，分列出来单独核算。

（4）存货

新准则第二十条：存货是指事业单位在开展业务活动及其他活动中为耗用而储存的资产，包括材料、燃料、包装物和低值易耗品等。该条款中存货的定义可以作为解释地勘单位存货的依据，但其构成内容和会计科目的设置，还不能作为设置地勘单位存货类会计科目的依据。因为事业单位是为社会提供公益类服务的单位或组织，较少耗用存货，存货在事业单位流动资产中所占比例小、品种类别单一，只需设置存货会计科目即可满足会计核算的需求。因此，地勘单位存货类会计科目的设置还需要借鉴小企业会计准则的相关规定。

新准则第十一条规定：小企业的存货包括原材料、在产品、半成品、产成品、商品、

周转材料、委托加工物资、消耗性生物资产等，《小企业会计准则——会计科目、主要账务处理和财务报表》存货类会计科目包括：材料采购、在途物资、原材料、材料成本差异、库存商品、商品进销差价、委托加工物资、周转材料、消耗性生物资产等。借鉴小企业会计准则规定，考虑到地勘单位存货核算和管理的需求，地勘单位存货类会计科目的改进如下：将器材采购科目改为材料采购（计划成本计价时应用）科目、器材成本差异科目改为材料成本差异科目、委托加工器材科目改为委托加工物资科目，增设在途材料（实际成本计价）科目。

（5）其他

修订后的地勘会计制度应该保留地质成果科目，但核算范围应有所变动，地质成果科目核算内容的变动参见第8章。取消待摊费用科目，其核算内容应该被其他科目取代。取消待摊费用科目的原因是待摊费用摊销期限不超过一年，金额较小，一次进费用与分次摊销，对损益影响不会很大。取消待摊费用科目后，原待摊费用科目反映的内容，在其发生后，根据其用途或流向，借记地勘生产、辅助生产、多种经营生产、间接费用、管理费用等科目，贷记银行存款、材料等科目。

3.1.2　流动资产计量属性的选择

（1）会计计量属性

会计计量是为了将符合确认条件的会计要素登记入账并列示于财务报表而确定其金额的过程，会计计量属性是指会计要素金额的确定基础。FASB 第 5 号财务会计概念公告《企业财务报告的确认和计量》和我国《企业会计准则——基本准则》（2006）都提出了历史成本、重置成本、可实现净值、未来现金流量现值、公允价值等五种计量属性。①历史成本也称实际成本，就是取得或制造某项财产物资时所实际支付的现金或现金等价物。在历史成本计量模式下，资产按照购置时支付的现金或者现金等价物的金额，或者按照购置资产时所付出的对价的公允价值计量。负债按照因承担现时义务而收到的款项或者资产的金额，或者承担现时义务的合同金额，或者按照日常活动中为偿还负债预期需要支付的现金或者现金等价物的金额计量。②重置成本也称现行成本，就是按照当前市场条件，重新取得同样一项资产所需支付的现金或现金等价物。在重置成本计量模式下，资产按照现在购买相同或者相似的资产所需支付的现金或者现金等价物的金额计量，负债按照偿付该项负债所需支付的现金或者现金等价物的金额计量。③可变现净值是指资产按照其正常对外销售所能收到的现金或者现金等价物的金额，扣减该资产至完工时估计将要发生的成本、估计的销售费用以及相关税费后的金额计量。④现值是对未来现金流量以恰当的折现率进行折现后的现值，是考虑货币时间价值因素的一种计量属性。在这种模式下，资产按照预计从其持续使用和最终处置中所产生的未来净现金流入量的折现金额计量，负债按照预计期限内需要偿还的未来净现金流出量的折现金额计量。⑤公允价值是指资产和负债按照在公平交易中，熟悉情况的交易双方自愿进行资产交换或者债务清偿的金额计量。在这种模式下，资产和负债按照市场参与者在计量日发生的有序交易中，出售资产所能收到或者转移负债所需支付的价格计量。

在上述会计计量属性中，一般情况下，历史成本反映资产或者负债过去的价值，重置成本、可变现净值、现值以及公允价值反映资产或者负债的现时成本或者现时价值，是与历史成本相对应的计量属性。当然，这种关系也并不是绝对的。例如，资产或者负债的历史成本有时就是根据交易时有关资产或者负债的公允价值确定的，在非货币性资产交换中，如果交换具有商业实质，且换入、换出资产的公允价值能够可靠计量的，换入资产入账成本的确定应当以换出资产的公允价值为基础，除非有确凿证据表明换入资产的公允价值更加可靠。

（2）会计计量属性的选择

新准则第二十二条规定：事业单位的资产应当按照取得时的实际成本进行计量。除国家另有规定外，事业单位不得自行调整其账面价值。第二十八条规定：事业单位的负债应当按照合同金额或实际发生额进行计量。小企业会计准则第六条规定：小企业的资产应当按照成本计量，不计提资产减值准备。第四十七条规定：各项流动负债应当按照其实际发生额入账。由上述规定可以看出，事业单位会计准则和小企业会计准则对资产、负债的计量均采纳了历史成本计量属性。出现这种情况的原因是：对于执行事业单位会计准则的事业单位和小企业会计准则的小微企业，由于会计信息的使用者主要是现有的投资者、债权人及其他利益相关者，不包括潜在的投资者、债权人及其他利益相关者，其提供的信息主要是满足反映受托责任履行情况的需要。因此，在财务会计目标方面更侧重于“受托责任观”，在会计信息质量需求方面更侧重于可靠性，两者决定了事业单位和小企业资产负债的计量属性方面采用历史成本计量属性，特殊情况下采用历史成本计量属性外的其他计量属性，例如对盘盈的资产需要采用重置成本计量属性。

修订后的地勘会计制度应继续沿用现行做法，对资产、负债的计量应该采用历史成本计量属性，原因是：①事业单位会计准则是制定地勘会计制度的依据，小企业会计准则是制定地勘单位会计制度的借鉴依据，而事业单位会计准则、小企业会计准则均采用历史成本计量属性。②地勘单位属于生产型的事业单位，一般不对外发行股票、债券和基金，会计信息的使用者限于现有的投资者、债权人及其他利益相关者，其提供的信息主要是满足反映受托责任履行情况的需要，在财务会计目标方面更侧重于受托责任观，在会计信息质量需求方面更侧重于可靠性，因此，地勘单位在资产负债的计量属性方面应该采用历史成本计量属性，只有在特殊情况下采用历史成本计量属性外的其他计量属性。

3.2 货币资金会计改革

3.2.1 货币资金类会计科目的变动

（1）将现金科目改为库存现金科目

将现金科目改为库存现金科目的原因是：①新准则第二十条规定：货币资金包括库存现金、银行存款、零余额账户用款额度等。②目前会计实务中，无论企业还是事业单位、大中型企业还是小微企业，都通过库存现金科目核算存放于财会部门，由出纳人员经管的现金。③库存现金科目核算的现金是狭义的现金，与编制现金流量表中的现金及现金等价物（广义的现金）明显区分开来，便于从不同角度理解或管理现金。

（2）增设零余额账户用款额度科目

现行地勘会计制度制定于1996年，地勘单位所需地勘资金主要来自于中央财政预算拨款，实行限额划拨的形式。因此，现行的地勘会计制度只设置了限额存款科目。然而地勘单位属地化管理之后，地勘单位的地勘工作拨款，除承担中央财政资金地质项目资金通过资金划拨的形式外，地勘单位所需地勘工作拨款和专项拨款均来自省级财政资金，省级财政资金的收付实行国库集中收付制度，为了满足国库集中收付制度下，修订后的地勘会计制度应该增设零余额账户用款额度和财政应返还额度会计科目，分别核算地勘单位根据省级财政部门批复的用款计划，支用的零余额账户用款额度和应收财政返还的资金额度。

（3）取消限额存款科目

现行地勘会计制度设置限额存款会计科目，核算地勘单位收到的中央地勘工作拨款限额。地勘单位在拨款限额内支配资金用于地质工作，因此，其实质是一种存款，属于货币资金的范畴。在地勘单位属地化、企业化管理之前，地勘资金主要是列入中央预算的地质勘探费，其次是社会资金和自筹资金。对于列入中央预算的地质勘探费实行限额划拨的方式，由建设银行总行、分行和经办行依据批准的限额申请直拨或转拨给地勘单位。

地勘单位属地化管理后，原先列入中央预算的地质勘探费已全部下划给各省（自治区、直辖市）财政拨付，实行包干使用，除少量安排地质项目支出外，主要用于地勘单位经常性经费支出和离退休人员经费支出。由于中央地质勘探费全部下划至省级财政，与地方财政预算拨款一起，全部由省级财政资金拨付，因此，地勘单位所需预算内资金采用资金划拨或国库集中支付的形式。另外，地勘单位承担的中央地质勘查基金项目，一般也采用资金划拨方式。限额存款科目核算的对象已不复存在，所以，修订后的地勘会计制度应该取消限额存款科目。

（4）延用其他货币资金科目

新准则第二十条关于货币资金的构成内容，没有提及其他货币资金。但是修订后的地质勘查单位会计制度应该继续延用其他货币资金科目。原因是：地勘单位是生产型事业单位，其分支机构分散多地、经常发生材料采购、产品销售等事项，这些事项的发生客观上存在对其他货币资金的需求，因此，地勘单位应该借鉴小企业会计准则的规定，设置其他货币资金科目。

3.2.2 货币资金类会计科目使用说明的变动

（1）库存现金

修订后的地勘单位会计制度对于库存现金科目的使用说明应做如下变动：增加遵守库存现金收支管理的规定、补充完善库存现金收支的会计处理，体现国库集中支付对库存现金收支的影响、库存现金的清查及会计处理等。修订后的地勘单位会计制度关于库存现金会计科目的使用说明如下：

1）本科目核算地勘单位的库存现金。

2）地勘单位应当严格按照国家有关现金管理的规定收支现金，并按照本制度规定核算现金的各项收支业务。

3）库存现金的主要账务处理如下：

第一，从银行及其他金融机构提取现金，按照提取金额，借记本科目，贷记“银行存款”科目；将现金存入银行及其他金融机构，按照存入金额，借记银行存款科目，贷记本科目。

第二，从零余额账户中提取现金，借记本科目，贷记零余额账户用款额度科目。

第三，因支付内部职工出差等原因所需的现金，按照借出金额，借记其他应收款科目，贷记本科目；收到出差人员交回的差旅费剩余款并结算时，按实际收回的现金，借记本科目，按应报销的金额，借记有关科目，按实际借出的现金，贷记其他应收款科目。

第四，因其他原因收到现金，借记本科目，贷记有关科目；支出现金，借记有关科目，贷记本科目。

4）地勘单位应当设置现金日记账，按照业务发生顺序逐笔登记。每日终了，应当计算当日的现金收入合计数、现金支出合计数和结余数，并将结余数与实际库存数核对，做到账款相符。

每日账款核对中发现现金溢余或短缺的，应当及时进行处理。如发现现金溢余，属于应支付给有关人员或单位的部分，借记本科目，贷记其他应付款科目；属于无法查明原因的部分，先借记本科目，贷记“待处理财产损溢——待处理流动资产损溢”科目。如发现现金短缺，属于应由责任人赔偿的部分，借记其他应收款科目，贷记本科目；属于无法查明原因的部分，先借记“待处理财产损溢——待处理流动资产损溢”科目，贷记本科目。

5）地勘单位有外币现金的，应当分别按照人民币、各种外币设置现金日记账进行明细核算。有关外币现金业务的账务处理参见银行存款科目的相关规定。

6）本科目期末借方余额，反映事业单位实际持有的库存现金。

（2）银行存款

修订后的地勘会计制度对于银行存款科目的使用说明主要变动体现在外币业务的会计处理方面。对于外币业务的会计处理应依据下列基本原理进行规范：①在外币统账制和外币分账制记账方法中选择外币统账制，即按照外币统账制的要求设置银行存款日记账，进行明细核算。外币统账制下发生外币业务时，以记账本位币为记账单位，将外币按一定的汇率折算为记账本位币记账；外币分账制下发生外币业务发生时，直接按照原币记账，不需要按一定的汇率折算成记账本位币记账。我国只有银行等少数金融企业采用分账制记账方法，绝大多数企业采用外币统账制记账方法。因此，地勘单位应选择外币统账制进行日常核算。②折算汇率的选择，发生外币业务将外币金额折算为记账本位币金额时，应选择外币业务发生当日的即期汇率（或当期平均汇率），不应选择当期期初汇率。因为在汇率变动起伏比较大时，必然会影响外币折算的结果。③对于外币债权债务的会计处理，应该选择两笔交易观而不是一笔交易观。一笔交易观是将交易的发生和货款的结算视为一项交易，以结算作为该项交易完成的标志。按照这一观点，报表编制日、交易结算日汇率变动所产生的折合成记账本位币的全部差额，均应调整购货成本或销售收入，不作为汇兑损益处理。两笔交易观点是将交易的发生和款项的结算视为两笔业务，以交易的发生作为交易完成的标志。按照这一观点，报表编制日和交易结算日汇率变动所产生的折合成记账本位币的全部差额，作为汇兑损益单独进行账务处理。④两笔交易观下，对于汇兑损益的处理有两种处理方法：一是将汇兑损益作为已实现的损益，列入当期利润表；二是将汇兑损益作为未实现的损益，列入资产负债表。在我国相关会计准则中，选用两笔交易观，对于两笔交易观下产生的汇兑损益，作为已实现的汇兑损益，列入当期利润表。对地勘单位外币业务的会计处理应遵循上述基本原理。⑤借鉴小企业会计准则第七十七条规定，期末按照资产负债表日汇率，对外币货币性项目进行折算，因折算汇率不同产生的汇兑差额，列入当期损益；对于以历史成本计量的外币非货币性项目，仍采用交易发生日的即期汇率进行折算。不改变其记账本位币金额。

修订后的地勘会计制度对于银行存款科目的使用说明除了外币业务会计的变动外，还应做如下主要变动：①修改银行存款的核算范围，明确信用证保证金存款、存出投资款在其他货币资金科目核算，不属于银行存款的核算范围。②明确地勘单位应当严格遵守银行账户管理办法和按照国家有关支付结算办法的规定。③补充完善主要银行存款收支业务的会计处理。

依据上述论述，修订后的地勘会计制度关于银行存款科目的使用说明如下：

1）本科目核算地勘单位存入银行和其他金融机构的各种存款。

地勘单位的外埠存款、银行本票存款、银行汇票存款、信用卡存款、信用证保证金存款和存出投资款等在其他货币资金科目核算，不在本科目核算。

2）地勘单位应当严格遵守《银行账户管理办法》，按照国家有关支付结算办法的规定办理银行存款收支业务，并按照本制度规定核算银行存款的各项收支业务。

3）银行存款的主要账务处理如下：

第一，地勘单位将款项存入银行或其他金融机构，借记本科目，贷记库存现金等有关科目；提取和支出存款时，借记库存现金科目，贷记本科目。

第二，收到承包方预付的工程款，借记本科目，贷记预收账款科目；收到应收账款，借记本科目，贷记应收账款科目。

第三，收到银行存款利息，借记本科目，贷记财务费用科目；支付银行借款利息或银行承兑手续费，借记财务费用、在建工程等科目，贷记本科目。

第四，由银行支付购买材料款，借记材料采购（或材料）、应交税费——应交增值税（进项税额）等科目，贷记本科目。银行收到销售商品或提供劳务的款项，借记本科目，贷记主营业务收入、多种经营收入、应交税费等科目。

4）地勘单位发生外币业务的，应当按照业务发生当日（或当期平均汇率）的即期汇率，将外币金额折算为人民币记账，并登记外币金额和汇率。

第一，以外币购入库存物资、设备等，按照购入当日（或当期的平均汇率）的即期汇率将支付的外币或应支付的外币折算为人民币金额，借记固定资产、材料采购等科目，贷记本科目的外币账户。

第二，以外币收取相关款项等，按照收取款项或收入确认当日的即期汇率（或当期的平均汇率）将收取的外币或应收取的外币折算为人民币金额，借记本科目（外币户），贷记主营业务收入、应收账款（外币户）等科目。

第三，向银行卖出外币时，一方面按银行的买入汇率计算应收取的记账本位币金额，借记本科目（人民币户），另一方面，将卖出的外币按折算汇率（中间汇率）折合成记账本位币金额，贷记本科目（外币户），两者之间的差额，作为汇兑损益，记入财务费用科目。向银行买入外币时，一方面将买入的外币按折算汇率（中间汇率）计算应收取的记账本位币金额，借记本科目（外币户），另一方面，将买入的外币按银行的卖出汇率折合成记账本位币金额，贷记本科目（人民币户），两者之间的差额，作为汇兑损益，记入财务费用科目。

第四，借入外币时，按照借入外币当日的即期汇率（或当期的平均汇率）折算为记账本位币的金额，借记本科目（外币户），贷记短期借款（外币户）或长期借款（外币户）。期末，各种外币账户的外币余额应当按照资产负债表日的即期汇率折合为人民币。按照资产负债表日的即期汇率折合的人民币金额与原账面人民币金额之间的差额，作为汇兑损益计入当期财务费用。

5）地勘单位应当按开户银行、存款种类及币种等，分别设置银行存款日记账，按照业务的发生顺序逐笔登记，每日终了应结出余额。银行存款日记账应定期与银行对账单核对，至少每月核对一次。月度终了，地勘单位银行存款账面余额与银行对账单余额之间如有差额，必须逐笔查明原因并进行处理，按月编制银行存款余额调节表，调节相符。

6）本科目期末借方余额，反映事业单位实际存放在银行或其他金融机构的款项。

（3）其他货币资金

修订后的《地勘单位会计制度》对于其他货币资金科目的使用说明应做如下变动：核算范围应增加信用证保证金存款和存出投资款，简化归并其他货币资金的主要账务处理。修订后的地勘会计制度关于其他货币资金会计科目的使用说明如下：

1）本科目核算地勘单位的外埠存款、银行本票存款、银行汇票存款、信用卡存款、信用证保证金存款、存出投资款和在途货币资金等各种其他货币资金。

2）本科目应按照银行本票存款、银行汇票存款、信用卡存款、信用证保证金存款、存出投资款、外埠存款、在途货币资金等设置明细科目，进行明细核算。

3）其他货币资金的主要账务处理如下：

第一，将款项交存银行或证券公司，取得银行本票、银行汇票、信用卡、信用证保证金、存出投资款，按照取得的银行本票、银行汇票、信用卡、信用证保证金、存出投资款的金额，借记本科目，贷记银行存款科目。使用银行本票、银行汇票、信用卡、信用证保证金、存出投资款发生支付，按照实际支付金额，借记材料采购等科目，贷记本科目。如有余款或退回款项，按照退款金额，借记银行存款科目，贷记本科目。

第二，地勘单位将款项委托当地银行汇往采购地银行开立采购专户时，借记本科目，贷记银行存款科目。收到供应单位发票账单等报销凭证时，借记材料采购等科目，贷记本科目。将多余的款项转回当地银行时，借记银行存款科目，贷记本科目。

第三，地勘单位同所属单位之间和上下级之间的汇解款项，在月终时如有未达的汇入款项，应作为在途货币资金处理。根据汇出单位的通知，借记本科目，贷记有关科目。收到款项时，借记银行存款科目，贷记本科目。

第四，地勘单位应加强对其他货币资金的管理，及时办理结算，对于逾期尚未办理结算的款项，应按规定及时转回，按上述规定进行相应账务处理。

第五，本科目期末借方余额，反映地勘单位实际持有的其他货币资金。

(4) 零余额账户用款额度

国库集中收付制是对财政资金实行集中收缴和支付的制度，其核心是通过建立国库单一账户体系，将所有财政收入通过国库单一账户体系直接缴入国库或财政专户，将所有财政支出通过国库单一账户体系由国库支付给商品或劳务供应者或用款单位的财政资金管理制度。按照这种资金管理方式，财政资金支付都在国库单一账户体系下统一进行，财政预算部门还要在商业银行开设零余额账户，并为预算单位开设零余额账户，通过零余额账户，对政府财政资金采取财政直接支付和财政授权支付两种方式支付给商品和劳务供应商。

国库集中支付制度是国库集中收付制度的重要组成部分。在国库集中支付制度下，财政资金的支付实行财政直接支付和财政授权支付两种方式。财政直接支付制度是按照部门预算和用款计划确定的资金用途和用款进度，根据用款单位申请，由财政部门将资金直接支付给商品、劳务供应者或用款单位。财政授权支付是根据部门预算和用款计划确定的资金用途和用款进度，由预算单位自行开出支付令将资金支付给商品、劳务供应者或用款单位。实行国库集中支付后，直接支付的范围包括工资支出、购买商品或货物支出、工程项目支出，借记应付职工薪酬、地勘生产、管理费用等科目，贷记地勘工作拨款等科目。

除财政直接支付支出以外的全部支出均为财政授权支付的范围。零余额账户用款额度科目是地勘单位适应国库集中支付制度的需要而增设的会计科目。零余额账户用款额度科目用于核算反映财政授权支付的用款额度，按资金性质（预算内、外）设置明细科目。本科目借方登记用款计划所确定的用款额度；本科目贷方登记用款额度使用数；本科目借方余额反映尚未使用的用款额度。修订后的地勘会计制度应增设零余额账户用款额度科目，并就零余额账户用款额度的核算范围、主要账务处理做出规定。修订后的地勘会计制度关于零余额账户用款额度会计科目的使用说明如下：

1）本科目核算实行国库集中支付的地勘单位，根据财政部门批复的用款计划收到的零余额账户用款额度。

2）零余额账户用款额度的主要账务处理如下：

第一，在财政授权支付方式下，收到授权支付到账额度时，根据收到的额度金额，借记本科目，贷记地勘工作拨款等科目。

第二，支用零余额账户用款额度时，按照支付金额，借记地勘生产、地质事业经费支出等科目，贷记本科目。

第三，对于用财政专项拨款购建固定资产、无形资产、在建工程等发生的支出，借记财政专项支出等科目，贷记本科目、地勘工作拨款科目，同时借记固定资产等科目，贷记非流动资产基金科目；对于用地质项目拨款购建专用设备等发生的支出，借记地勘生产（X 地质项目）等科目，贷记本科目、地勘工作拨款科目，同时借记固定资产等科目，贷记非流动资产基金科目。

第四，从零余额账户提取现金时，借记库存现金科目，贷记本科目。

第五，年度终了，依据代理银行提供的对账单中的注销额度，借记财政应返还额度——财政授权支付科目，贷记本科目。本年度财政授权支付预算指标数大于零余额账户用款额度下达数的，根据未下达的用款额度，借记财政应返还额度——财政授权支付科目，贷记地勘工作拨款科目。依据下年初代理银行提供的额度恢复到账通知书中的恢复额度，借记本科目，贷记财政应返还额度——财政授权支付科目。下年度地勘单位收到财政部门批复的上年末未下达零余额账户用款额度时，借记本科目，贷记财政应返还额度——财政授权支付科目。

3）本科目期末借方余额，反映地勘单位尚未支用的零余额账户用款额度。本科目年末应无余额。

3.3 短期投资会计改革

依据新准则第二十条，改进后的地勘会计制度应继续延用短期投资会计科目。但短期投资科目使用说明方面应借鉴小企业会计准则做如下主要变动：①被投资单位已经宣告发放但尚未支取的股利和利息，应借记应收股利、应收利息等科目，因为地勘单位属于生产型事业单位，会经常发生股票、债券、基金的短期投资或长期投资业务，需要从其他应收款科目中单独分列出应收股利、应收利息科目。②地勘单位作为生产型事业单位，短期投资不需要按公允价值计量，不反应公允价值变动损益。修订后的地勘会计制度关于短期投资会计科目的使用说明如下：

1）本科目核算地勘单位购入的能够随时变现、持有时间不超过一年（含 1 年）的投资，包括各种股票、债券和基金等。

地勘单位不得使用财政拨款及结余进行对外投资。

2）本科目应按短期投资种类设置明细账，进行明细核算。

3）地勘单位购入的各种有价证券，按照实际支付的价款，借记本科目，贷记银行存款或其他货币资金——存出投资款科目。如果实际支付的款项中包含已经宣告发放但尚未支取的股利和利息，应当按照实际成本（即实际支付的价款扣除已宣告发放的股利和利息），借记本科目，按照应收取的股利和利息，借记应收股利或应收利息，按照实际支付的价款，贷记银行存款或其他货币资金——存出投资款科目。

地勘单位持有短期投资期间，被投资单位宣告分派现金股利或在债务人应付利息日按照分期付息、一次还本债券投资的票面利率计算的利息收入，应借记应收股利或应收利息科目，贷记投资收益科目。

地勘单位收到取得短期股票或债券时实际支付价款中包含的股利和债券利息，借记银行存款科目，贷记应收股利或应收利息科目。

地勘单位转让、出售短期投资，按照实际收到的金额，借记银行存款科目，按照实际成本，贷记本科目，按其差额，借记或贷记投资收益科目。

4）本科目期末借方余额，反映地勘单位持有的短期投资的实际成本。

3.4 应收及预付款项会计改革

3.4.1 应收及预付款项会计科目的变动

(1) 增设财政应返还额度会计科目

见本章第 2 节货币资金类会计科目的变动。增设零余额账户用款额度部分。

（2）取消坏账准备会计科目

修订后的地勘会计制度应依据新准则的规定，对所有的资产不提取坏账准备、跌价准备或减值准备，资产账户按取得时的实际成本计价。修订后的地勘会计制度对应收账款不再提取坏账准备，相应地应取消坏账准备科目。

（3）增设应收股利、应收利息会计科目

地勘单位要利用闲置资金或沉淀资金购置短期或长期股票、债券或基金，利用矿业权或非流动资产进行股权投资。随着地勘单位长期投资或短期投资业务的增多，有必要将在其他应收款中反映的应收股利（含利润）、应收利息分离出来，增设应收股利、应收利息科目，反映地勘单位的投资收益。

（4）取消内部往来、备用金会计科目，调整其他应收款会计科目

现行地勘会计制度设置内部往来科目，核算地勘单位与所属内部独立核算单位之间，或各内部独立核算单位之间，由于项目（或工程）价款结算、产品和材料销售、提供劳务等业务所发生的各种应收、应付、暂收、暂付往来款项。内部往来核算内容包括应收或暂付内部独立核算单位商品或劳务款和应付或暂收内部独立核算单位的商品或劳务款两个部分。应收或暂付内部独立核算单位的商品或劳务款对于地勘单位来说，是应收内部独立核算单位款，对于独立核算单位来说，是应付内部独立核算单位款，两者虽体现在地勘单位和内部独立核算单位的个别报表上，但在编制地勘单位汇总报表时，两者会相互抵消。因此，在会计科目设置方面，将该部分内容，反映在地勘单位其他应收款——应收下级款科目和内部独立核算单位其他应付款——应付上级款科目比较合适。

现行地勘会计制度设置备用金科目，拨给内部非独立核算单位（职能部门、分队或工区、车间等）和个人备作野外生活必需品储备、差旅费、零星采购或零星开支等使用的款项。就其核算内容分析，备用金是地勘单位暂时借给内部非独立核算单位或个人的款项，内部非独立核算单位或个人使用后要报销，具有暂付性质款项，应该在其他应收款科目核算。因此，修订后的地勘会计制度应取消备用金科目，其核算的内容在其他应收款——备用金（单位）或其他应收款——备用金（个人）科目核算。

3.4.2 应收及预付款项会计科目使用说明的变动

（1）财政应返还额度

财政应返还额度会计科目是地勘单位适应国库集中支付制度的需要而增设的，核算实行国库集中支付的单位年终应收财政下年度返还的资金额度。该科目下设财政直接支付和财政授权支付两个明细科目，分别核算财政直接支付和财政授权支付的年终结余。其中财政应返还额度——财政授权支付科目的借方反映本年已下达授权额度但未用完下年继续使用和本年预算数大于本年已下达授权额度，贷方反映下年恢复或批复应下达未下达额度，贷方余额反映未恢复或未批复授权额度。财政应返还额度——财政直接支付科目的借方反映本年预算数大于支出数的差额，贷方反映下年度实际支出的冲减数，贷方余额反映下年度尚未支付的预算数。修订后的地勘会计制度关于财政应返还额度会计科目的使用说明如下：

1）本科目核算实行国库集中支付的地勘单位应收财政返还的资金额度。

2）本科目应当设置财政直接支付、财政授权支付两个明细科目，进行明细核算。

3）财政应返还额度的主要账务处理如下：

第一，财政直接支付。年度终了，地勘单位根据本年度财政直接支付预算指标数与当年财政直接支付实际支出数的差额，借记本科目（财政直接支付），贷记地勘工作拨款科目。下年度恢复财政直接支付额度后，地勘单位以财政直接支付方式发生实际支出时，借记有关科目，贷记本科目（财政直接支付）。

第二，财政授权支付。年度终了，地勘单位依据代理银行提供的对账单作注销额度的相关账务处理，借记本科目（财政授权支付），贷记零余额账户用款额度科目。地勘单位本年度财政授权支付预算指标数大于零余额账户用款额度下达数的，根据未下达的用款额度，借记本科目（财政授权支付），贷记地勘工作拨款科目。下年初，地勘单位依据代理银行提供的额度恢复到账通知书作恢复额度的相关账务处理，借记零余额账户用款额度科目，贷记本科目（财政授权支付）。地勘单位收到财政部门批复的上年末未下达零余额账户用款额度时，借记零余额账户用款额度科目，贷记本科目（财政授权支付）。

4）本科目期末借方余额，反映地勘单位应收财政返还的资金额度。

（2）应收票据

修订后的地勘会计制度应收票据科目的使用说明主要变动如下：①商业汇票包括商业承兑汇票和银行承兑汇票，两者的区别是承兑人的不同，商业承兑汇票的承兑人是付款人，银行承兑汇票的承兑人是票据签发人的开户行。无论是商业承兑汇票还是银行承兑汇票都有付款人，因此，应收票据的明细核算应改为“本科目应当按照商业汇票的种类和付款人设置明细账，进行明细核算”。②商业汇票按承兑人的不同分为商业承兑汇票和银行承兑汇票，其中商业承兑汇票按是否带息分为带息票据和不带息票据，银行承兑汇票一般是不带息票据，且商业汇票的贴现一般是指银行承兑汇票的贴现。因此，银行承兑汇票的到期值为票据的面值，贴现息 = 票据的面值 × 票据的贴现率 × 贴现期。③地勘单位可以将其持有的应收票据背书转让，以取得材料、商品或劳务，因此，应增加应收票据背书转让及会计处理的规定。修订后的地勘会计制度关于应收票据会计科目的使用说明如下：

1）本科目核算地勘单位因结算商业性地质勘查工作价款、对外销售多种经营产品、材料等而收到的商业汇票，商业汇票包括商业承兑汇票和银行承兑汇票。

2）本科目应当按照商业承兑汇票和银行承兑汇票及其付款人设置明细账，进行明细核算。

3）应收票据的主要账务处理如下：

地勘单位收到商业汇票，应按票面金额，借记本科目，贷记主营业务收入、多种经营收入、应交税费——应交增值税（销项税额）等科目。如为带息票据，期末应按计提的利息，借记应收利息科目，贷记财务费用科目。

商业汇票到期收回，按票面金额，借记银行存款科目，贷记本科目；如为带息票据到期，按收到的本息，借记银行存款科目，按票面金额，贷记本科目，按已计提的利息，贷记应收利息科目，按其差额，贷记财务费用科目。

如果付款人无力支付票款，按照商业汇票的票面金额，借记应收账款科目，贷记本科目；如为带息票据到期，按应收票据的面值和已计提的利息，借记应收账款科目，按应收票据的面值，贷记本科目，按已计提的利息，贷记应收利息科目，按其差额，贷记财务费用科目。

地勘单位将尚未到期的应收票据向银行贴现，如果是不带追索权的，应按实际收到的金额（即扣除贴息后的净额），借记银行存款科目，按贴现息部分，借记财务费用科目，按票据的面值，贷记本科目；如果是带追索权的，应按实际收到的金额，借记银行存款等科目，按贴现息，借记财务费用科目，按票据的面值，贷记短期借款科目。

地勘单位将持有的商业汇票背书转让以取得所需物资，按照应计入取得物资成本的金额，借记材料采购或材料、库存商品等科目，按照商业汇票的票面金额，贷记本科目，如有差额，借记或贷记银行存款等科目。涉及按照税法规定可抵扣的增值税进项税额的，还应当借记应交税费——应交增值税（进项税额）科目。

4）地勘单位应设置应收票据登记簿，逐笔记录每一应收票据的种类、号数和出票日期，票面金额、交易合同和付款人、承兑人、背书人的姓名或单位名称，到期日期和利率，贴现日期、贴现率和贴现净额，以及收款日期和收回金额等资料。应收票据到期收清票款后，应在应收票据登记簿内逐笔注销。

5）本科目期末借方余额，反映事业单位持有的商业汇票票面金额。

（3）应收账款

修订后的地勘会计制度应收账款科目的使用说明主要变动如下：①取消账户结构的说明，改为应收账款的主要账务处理，因为会计科目的使用说明一般不涉及账户结构。②取消坏账准备的提取、转销及转销后又收回的会计处理，增加应收账款与预付账款坏账确认条件的规定，因为地勘单位对应收账款与预付账款不再采用备抵法提取坏账准备，而是采用实际冲销法，在地勘单位实际发生坏账时，冲减应收账款科目。修订后的地勘会计制度关于应收账款科目的使用说明如下：

1）本科目核算地勘单位承担商业性地质勘查工作应收取的结算价款和列入经营收入的其他款项，应收转让地质成果价款，以及销售多种经营产品、材料、提供劳务向购货单位或接受劳务单位收取的款项。地勘单位为购货单位或接受劳务单位代垫的包装费、运杂费，也在本科目核算。地勘单位预收的款项，包括项目（或工程）款、备料款、购货款等，应在预收账款科目核算，不在本科目核算。

2）本科目应分别按发包单位、受让单位和购货单位或接受劳务单位设置明细账。

3）应收账款的主要账务处理如下：

地勘单位发生应收账款时，按应收金额，借记本科目，按实现的营业收入，贷记主营业务收入、多种经营收入、其他业务收入等科目，按专业发票上注明的增值税额，贷记应交税费——应交增值税（销项税额）科目。

地勘单位代购货单位垫付的包转费、运杂费，借记本科目，贷记银行存款等科目；收回代垫费用时，借记银行存款科目，贷记本科目。

收回应收账款时，借记银行存款等科目，贷记本科目。

如果地勘单位应收账款改用商业汇票结算，在收到承兑的商业汇票时，按票面价值，借记应收票据科目，贷记本科目。

4）地勘单位应收账款符合下列条件之一的，减除可收回的金额后确认的无法收回的应收款项，作为坏账损失：

第一，债务人依法宣告破产、关闭、解散、被撤销，或者被依法注销、吊销营业执照，其清算财产不足清偿的。

第二，债务人死亡，或者依法被宣告失踪、死亡，其财产或者遗产不足清偿的。

第三，债务人逾期三年以上未清偿，且有确凿证据证明已无力清偿债务的。

第四，与债务人达成债务重组协议或法院批准破产重整计划后，无法追偿的。

第五，因自然灾害、战争等不可抗力导致无法收回的。

第六，国务院财政、税务主管部门规定的其他条件。

应收账款的坏账损失应当于实际发生时，按照实际发生额，借记营业外支出科目，贷记应收账款科目。

5）本科目期末借方余额，反映地勘单位尚未收回的应收账款的账面余额。

（4）预付账款

修订后的地勘会计制度预付账款科目的使用说明主要变动如下：①核算范围的变化，预付账款的核算范围在现行规定的基础上，增加“预付设备采购款和预付在建工程款”。②预付账款的主要账务处理在现行规定的基础上，增加“预付设备采购款、预付在建工程款和预付账款坏账”的会计处理。对于预付账款坏账的会计处理，采用直接冲销法，即在每年年终时，对预付账款进行检查，符合坏账条件的，按照确认的坏账损失金额冲减预付账款科目。预付账款坏账的确认条件参见应收账款坏账的确认。修订后的地勘会计制度关于预付账款会计科目的使用说明如下：

1）本科目核算地勘单位按照商业性地质勘查工作分包合同规定预付给分包单位的款项，包括预付项目（或工程）款和备料款，预付采购设备款，预付在建工程款，以及按照购货合同规定预付给供应单位的购货款。

2）本科目应按分包单位或供应单位设置明细账，进行明细核算。

3）预付账款的主要账务处理如下：

地勘单位预付分包单位项目（或工程）款和备料款时，借记本科目，贷记银行存款科目；拨付分包单位抵作备料款的材料，借记本科目，贷记材料等科目。地勘单位与分包单位结算已完项目（或工程）价款时，应将已预付的款项扣抵应付价款，借记应付账款科目，贷记本科目。

地勘单位因采购设备等而预付款项时，按照实际预付的金额，借记本科目，贷记银行存款等科目；收到所购设备等时，按照应计入购入资产成本的金额，借记固定资产等科目，按预付的款项，贷记本科目，按退回或补付的款项，借记或贷记银行存款等科目。

地勘单位出包工程按照合同规定预付的工程价款，借记本科目，贷记银行存款等科目。按照工程进度和合同规定结算的工程价款，借记在建工程科目，贷记本科目、银行存款等科目。

地勘单位按规定预付货款时，借记本科目，贷记银行存款科目。所购商品、材料验收入库后，根据发票账单的应付金额，借记材料采购等科目，贷记应付账款科目；同时，应将已预付的货款扣抵应付货款，借记应付账款科目，贷记本科目。

地勘单位应当于每年年度终了，对预付账款进行检查，如果有确凿证据表明预付账款实际发生坏账损失，应当按照可收回的金额，借记银行存款等科目，按照其账面余额，贷记本科目，按照其差额，借记营业外支出科目。

4）本科目期末借方余额，反映地勘单位预付的各种款项的余额。

（5）应收股利

现行地勘会计制度和地勘单位财务制度规定，对长期股权投资的后续计量采用成本法和权益法两种方法，即地勘单位对被投资单位没有实际控制权的，应采用成本法核算；拥有实际控制权的，应采用权益法核算。依据新准则，修订后的地勘会计制度对长期股权投资的后续计量应采用成本法核算，即无论是否对被投资单位实施控制，均在被投资单位选派现金股利时，确认投资收益。修订后的地勘会计制度关于应收股利会计科目的使用说明如下：

1）应收股利是指地勘单位因股权投资而应收取的现金股利，包括应收被投资单位的利润。

2）本科目应按被投资单位设置明细账，进行明细核算。

3）应收股利的主要账务处理如下：

购入股票的价款中包含已宣告但尚未收取得现金股利，按实际支付的购买价款和相关税费扣除已宣告但尚未发放的现金股利后的金额，借记短期投资、长期股权投资科目，按应收的现金股利，借记本科目，按实际支付的购买价款和相关税费，贷记银行存款科目；收到发放的现金股利，借记银行存款，贷记本科目。

在短期投资或长期股权投资持有期间，被投资单位宣告分派现金股利或利润，应当按照本企业应享有的金额，借记本科目，贷记投资收益科目。收到现金股利或利润，借记银行存款科目，贷记本科目。

4）本科目期末借方余额，反映地勘单位尚未收回的现金股利或利润。

（6）应收利息

修订后的地勘会计制度应该增设应收利息科目，并就应收利息的核算范围、主要账务处理做出规定。修订后的地勘会计制度关于应收利息会计科目的使用说明如下：

1）本科目核算地勘单位债券投资应收取的利息。

地勘单位购入的一次还本付息债券投资持有期间的利息收入，在长期债券投资科目核算，不在本科目核算。

2）本科目应按照被投资单位进行明细核算。

3）应收利息的主要账务处理如下：

购入债券，如果实际支付的购买价款中包含已到付息期但尚未领取的债券利息，应当按照实际支付的购买价款和相关税费扣除应收的债券利息后的金额，借记短期投资或长期债券投资科目，按照应收的债券利息，借记本科目，按照实际支付的购买价款和相关税费，贷记银行存款科目。

在长期债券投资持有期间，在债务人应付利息日，按照分期付息、一次还本债券投资的票面利率计算的利息收入，借记本科目，贷记投资收益科目；按照一次还本付息债券投资的票面利率计算的利息收入，借记长期债券投资——应计利息科目，贷记投资收益科目。

实际收到利息，按实际收到的金额，借记银行存款科目，贷记本科目。

4）本科目期末借方余额，反映地勘单位尚未收回的债权投资利息。

（7）其他应收款

由于取消内部往来、备用金会计科目和增设应收股利、应收利息科目，必然会导致其他应收款核算内容的变化。

应收内部独立核算单位的商品或劳务款，在其他应收款——应收内部单位款科目反映，应与内部独立核算单位的其他应付款——应付内部单位款科目记录相互一致，为了确保地勘单位与各内部独立核算单位之间往来款项的记录相一致，应使用内部往来列账通知单（格式、内容由地勘单位自行规定），由经济业务发生单位填制，送交对方及时记账，并由对方核对后，及时将副联退回。每月终了，由规定的一方根据明细账记录抄列内部往来清单，送交对方核对账目；对方应及时核对并将一份清单签回发出单位。如有未达账项或由于差错等原因核对不符的，应在签回的清单上详细注明。发出单位对于对方指出的差错项目，应及时查明并作调整分录。

备用金按其管理方式的不同可以划分为定额备用金和非定额备用金，分别适用于经常使用定额备用金的单位或个人与不经常使用定额备用金的单位或个人。非定额备用金是使用人根据需要预借，随借随还；定额备用金是按部门或单位核定一定数额的备用金，交给该部门或单位指定人员管理，报账时按报销金额予以补充，年度终了退回。实行定额备用金制度的单位，领用单位支用备用金后，应根据各种费用凭证编制费用明细表，定期向财会部门报销，领回所支用的备用金。财会部门根据费用明细表将支用数直接记入有关成本、费用科目，并给领用单位补足备用金。

地勘单位取得长期或短期股票、债券和基金实际支付的价款中所包含的股利、利息，长期或短期股票、债券和基金持有期间所获取的股利、利息，均在应收股利和应收利息科目中反映，修订后的地勘会计制度的其他应收款科目不再核算应收股利和应收利息。

修订后的地勘会计制度其他应收款的使用说明应该体现上述变化，其他应收款会计科目的使用说明如下：

1）本科目核算地勘单位除财政应返还额度、应收票据、应收账款、预付账款、应收股利和应收利息等应收款项以外的其他各种应收、暂付款项。

其他应收款包括应收内部独立核算单位的商品或劳务款，应收内部非独立核算单位（职能部门、分队或工区、车间等）和个人的备用金，其他应收外部单位或个人的款项，如应收的各种赔款罚款、应收出租包装物租金、应向职工收取的各种垫付款项、存出保证金、租入包装物支付的押金、其他各种应收、暂付款项等。

地勘单位与内部独立核算单位之间有关生产资金的下拨、上交，应在对内部单位投资和接受上级投资科目核算，不在本科目核算。

2）本科目应按内部独立核算单位、备用金领用单位和领用人及不同的债务人设置明细账，进行明细核算。

3）其他应收款的主要账务处理如下：

地勘单位发生应收内部独立核算单位的商品或劳务款时，借记其他应收款——应收下级款科目，贷记银行存款、辅助生产、材料等科目。内部独立核算单位接收地勘单位的商品或劳务时，借记银行存款、辅助生产、材料等科目，贷记其他应付款——应付上级款科目。

地勘单位拨付内部非独立核算单位和个人备用金时，借记其他应收款——备用金（单位或个人）科目，贷记银行存款、库存现金等科目。内部非独立核算单位和个人报销时，借记地勘生产、管理费用、库存现金（退还多余现金）等科目，贷记其他应收款——备用金（单位或个人）、库存现金等科目。

对于使用定额备用金的内部非独立核算单位或个人，拨付备用金时，借记其他应收款——备用金（单位或个人）科目，贷记银行存款、库存现金。月末报销时，按实际支出数不足定额备用金，借记地勘生产、管理费用等科目，贷记银行存款、库存现金等科目。

地勘单位发生的应收各种赔款罚款时，借记本科目，贷记营业外收入科目；收回时，借记银行存款科目，贷记本科目。

地勘单位发生的应向职工收取的各种垫付款项时，借记本科目，贷记银行存款科目；扣款时，借记应付职工薪酬科目，贷记本科目。

地勘单位发生的应收出租包装物租金时，借记本科目，贷记其他业务收入科目；收回时，借记银行存款科目，贷记本科目。

地勘单位发生的其他应收外部单位或个人的款项，如存出保证金、其他各种应收、暂付款项等，借记本科目，贷记银行存款科目；收回时，借记银行存款科目，贷记本科目。

地勘单位应当于每年年度终了，对其他应收款进行检查，如果有确凿证据表明其他应收款实际发生坏账损失，应当按照可收回的金额，借记银行存款等科目，按照其账面余额，贷记本科目，按照其差额，借记营业外支出科目。

4）本科目期末借方余额，反映地勘单位尚未收回的其他应收款项。

3.5　存货会计改革

3.5.1　存货类会计科目的变动

（1）将器材采购、器材成本差异、委托加工器材等科目分别改为材料采购、材料成本差异、委托加工材料等科目

现行地勘会计制度将地勘行业视同国民经济的先行性、基础性行业，其工作成果是矿山企业设计的依据，而国有建设单位的成果也是企业生产活动运行的前提。地勘单位与国有建设单位由于不生产产品，不存在产品销售，两者都使用国家财政预算拨款且使用后核销支出。因此，地勘单位与国有建设单位会计一样，均采用了器材采购、器材成本差异、委托加工器材等科目。然而在地勘单位进行的属地化、属委化、企业化改革，已经改变了地勘单位生产资金的内容和来源渠道，地勘单位开展的商业性地勘工作、矿业权市场的日趋发展、多种经营范围的日益扩大等，使得地勘单位的企业属性愈加突出。因此，修订后的地勘会计制度应该借鉴小企业会计准则的相关规定，将器材采购、器材成本差异、委托加工器材等科目分别改为材料采购、材料成本差异、委托加工材料等科目。

（2）增设在途材料科目

由于现行地勘会计制度没有设置在途材料科目，采用实际成本计价的地勘单位，在货款已经支付或开出承兑商业汇票，但货物尚在运输途中或虽已抵达单位但尚未验收入库的情况下，只能通过器材采购科目核算。这种现行地勘会计制度设置的器材采购科目，不仅适用于计划成本计价的地勘单位，而且适用于实际成本计价的地勘单位。这种情况与企业开展的存货核算的惯例不相吻合，与一般会计处理惯例不符。因此，修订后的地勘会计制度应该增设在途材料科目，核算实际成本计价情况下，货款已经结算但货物尚在运输途中的外购材料的核算。

（3）保留材料、管材、管材摊销、产成品等科目

由于地质普查勘探过程中耗用的主要材料并不构成地勘活动成果（地质报告）的实体，如钻探工程领用的钻杆、套管等。而一般企业领用的原料及主要材料构成产品的实体，如卷烟企业生产卷烟所耗用的烟叶或烟丝等。因此，现行地勘会计制度采用材料科目体现了地勘单位特点，比较合适，应予保留。

地勘单位为钻探、坑探等工程中所储备或耗用的管材，如钻杆、套管、岩心管等，是地质普查勘探中专用的材料之一，具有使用寿命较长、价值高、使用量大等特点，既不同于材料，也不同于固定资产，在核算和管理方法上也有别于一般企业，是地勘单位会计核算中独有的。因此，现行地勘会计制度采用管材科目和体现管材价值转移的“管材摊销”科目需要保留。

现行地勘会计制度设置的产成品科目，核算地勘单位的辅助生产部门、多种经营单位已入库的各种产成品、地勘生产过程中回收入库的矿产品等，是为了满足地勘单位多种经营的需要而设置的会计科目，需要予以保留。

3.5.2 存货会计科目使用说明的变动

（1）材料采购

修订后的地勘会计制度器材采购科目的使用说明主要变动如下：①会计科目名称的变化，计划成本计价方法下，器材采购科目改为材料采购科目。②核算范围的变化，由于本科目只适用于计划成本方法下材料、管材取得和入库的核算，因此，核算范围方面应明确仅核算计划成本下材料的日常核算。③按照会计制度设计原理，应简化现行制度中的采购成本的内容，并将其体现在主要账务处理中。④删除账户结构的内容，因为它与会计制度设计的原理不符。修订后的地勘会计制度关于材料采购会计科目的使用说明如下：

1）本科目核算地勘单位采用计划成本进行材料和管材日常核算时，购入材料和管材的采购成本。采用实际成本进行材料和管材日常核算的，购入材料和管材的采购成本，在在途材料科目核算。委托外单位加工材料、管材的加工成本，在委托加工材料科目核算。

2）本科目应按材料、管材种类设置明细账，进行明细核算。

3）材料采购的主要账务处理如下：

第一，地勘单位外购材料和管材，应当按照发票账单所列购买价款、运输费、装卸费、保险费以及在外购材料过程发生的其他直接费用，借记本科目，贷记银行存款、零余额账户用款额度、地勘工作拨款、预付账款、应付账款等科目。

材料已经收到、但尚未办理结算手续的，可暂不作会计分录；待办理结算手续后，再根据所付金额或发票账单的应付金额，借记本科目，贷记银行存款等科目。

购入材料、管材在途中的短缺和损耗，应查明原因及时处理。合理损耗（定额内损耗）计入有关材料、管材的采购成本；能够确定应由供应单位、运输单位、保险公司或其他过失人负责赔偿的损失，应根据有关索赔凭证，借记应付账款、其他应收款科目，贷记本科目；因遭受意外灾害发生的损失和留待查明原因的损失，应先转入待处理财产损溢科目，查明原因并按规定程序报经批准后，再作相应的账务处理。

第二，月末，应将仓库转来的外购收料凭证，分别下列不同情况进行处理：

对于收到发票账单的收料凭证（包括本月付款或开出、承兑商业汇票的上月收料凭证），应按照计划成本，借记材料、管材——在库或管材——在用等科目，贷记本科目；将实际成本大于计划成本的差异，借记材料成本差异——材料或材料成本差异——管材科目，贷记本科目；实际成本小于计划成本的差异做相反的会计分录。其中旧管材的实际成本与计划成本的差额转入管材摊销科目。

对于尚未收到发票账单的收料凭证，应按照计划成本暂估入账，借记材料、管材等科目，贷记应付账款——暂估应付账款科目，下月初用红字做同样的会计分录予以冲回，下月收到发票账单等结算凭证时，按照正常程序进行账务处理。

采用计划成本进行日常核算的地勘单位，计划单位成本除有特殊情况可随时调整外，在年度内一般不作变动。

4）本科目期末借方余额，反映已付款或已开出承兑商业汇票但尚未到达或尚未验收入库的在途材料、管材的实际成本。

（2）在途材料

为了开展实际成本计价下材料和管材的日常核算、核算尚未到达或尚未验收入库的各种物资的实际采购成本，修订后的地勘会计制度应增设在途材料科目，在途材料科目的使用说明如下：

1）本科目核算地勘单位采用实际成本进行材料和管材的日常核算时，尚未到达或尚未验收入库的各种物资的实际采购成本。

2）本科目应按照应按材料、管材种类设置明细账，进行明细核算。

3）在途材料的主要账务处理如下：

第一，地勘单位外购材料、管材等，应当按照发票账单所列购买价款、运输费、装卸费、保险费，以及在外购材料过程发生的其他直接费用，借记本科目，贷记银行存款、零余额账户用款额度、地勘工作拨款、预付账款、应付账款等科目。

材料已经收到、但尚未办理结算手续的，可暂不作会计分录；待办理结算手续后，再根据所付金额或发票账单的应付金额，借记材料或管材科目，贷记本科目。

购入材料、管材在途中的短缺和损耗，应查明原因及时处理。合理损耗（定额内损耗）计入有关材料、管材的采购成本；能够确定应由供应单位、运输单位、保险公司或其他过失人负责赔偿的损失，应根据有关索赔凭证，借记应付账款、其他应收款科目，贷记本科目；因遭受意外灾害发生的损失和留待查明原因的损失，应先转入待处理财产损溢科目，查明原因并按规定程序报经批准后，再作相应的账务处理。

第二，月末，应将仓库转来的外购材料或管材的收料凭证，按照材料或管材并分别下列不同情况进行汇总：

对于收到发票账单的收料凭证（包括本月付款或开出承兑商业汇票的上月收料凭证），应当按照汇总金额，借记材料、管材等科目，贷记本科目。

对于尚未收到发票账单的收料凭证，应分别材料或商品，并按照估计金额暂估入账，借记材料、管材等科目，贷记应付账款——暂估应付账款科目，下月初用红字做同样的会计分录予以冲回，以便下月收到发票账单等结算凭证时，按照正常程序进行账务处理。

4）本科目期末借方余额，反映地勘单位已经收到发票账单、但材料或商品尚未到达或尚未验收入库的在途材料、管材等的采购成本。

（3）材料

修订后的地勘会计制度材料科目的使用说明主要变动如下：①核算范围的变化，地勘单位可能存在的为建筑安装工程购入的工程物资，应单设工程物资科目。因此，材料科目的核算范围应明确将其排除在外。②删除账户结构说明内容，因为一般会计制度中不包含账户结构的说明。③增加主要账务处理，应分别实际成本计价、计划成本计价说明，对于发出材料的计价方法，现行地勘会计制度规定可以采用先进先出法、加权平均法、移动平均法、个别计价法、后进先出法等方法确定其实际成本。修订后的地勘会计制度应借鉴小企业会计准则的规定删除移动平均法和后进先出法。地勘单位一般是在月末计算发出材料的实际成本，按照移动平均法计算实际成本，固然结果相对准确，但是会计核算工作量大且对当月有关项目的成本影响不大，所以应取消移动平均法。后进先出法一般不符合材料的流动顺序且不利于保持材料的质量。另外，在物价剧烈上涨的情况下，采用后进先出法可以正确计算利润，但是物价剧烈上涨的情况很少发生，所以应取消后进先出法。④增加材料清查及其会计处理内容。⑤删除材料分类、账户结构的规定，因为一般会计制度中不包含材料分类、账户结构的说明。修订后的地勘会计制度关于材料科目的使用说明如下：

1）本科目核算地勘单位各种库存材料的计划成本或实际成本。

地勘单位库存的管材，在管材科目核算，不在本科目核算。

地勘单位购入的工程用材料，在工程物资科目核算，不在本科目核算。

2）本科目应按材料的类别、品种、规格和保管地点设置明细账，进行明细核算。

3）材料的主要账务处理如下：

第一，地勘单位采用实际成本计价情况下，因外购、自制、委托外单位加工完成、捐赠等原因导致材料验收入库时，应按实际成本，借记本科目，贷记银行存款、零余额账户用款额度、地勘工作拨款、在途材料、辅助生产、委托加工材料、应付账款等科目。

材料在发出时，应当根据实际情况采用先进先出法、加权平均法或者个别计价法确定发出存货的实际成本，按照材料的用途或领用部门，借记地勘生产、辅助生产、多种经营生产、管理费用等科目，贷记本科目。材料计价方法一经确定，不能随意变更，如有变更，应在年度财务报告中加以说明。

第二，地勘单位采用计划成本计价情况下，因外购、自制、委托外单位加工完成、盘盈、捐赠等原因导致材料验收入库时，应按计划成本，借记本科目，按实际成本，贷记银行存款、零余额账户用款额度、地勘工作拨款、材料采购、辅助生产、委托加工材料、应付账款等科目，按计划成本与实际成本的差额；借记材料成本差异——材料科目（实际成本大于计划成本）或贷记材料成本差异——材料科目（实际成本小于计划成本）。

日常领用、发出原材料时，应按照计划成本，按照材料的用途或领用部门，借记地勘生产、辅助生产、多种经营生产、管理费用等科目，贷记本科目。月末，按照发出各种原材料的计划成本计算应负担的成本差异，借记地勘生产、辅助生产、多种经营生产、管理费用等科目，贷记材料成本差异科目；实际成本小于计划成本的差异做相反的会计分录。

4）地勘单位的材料应当定期进行清查盘点，每年至少盘点一次。清查盘点，发现盘盈、盘亏、毁损的材料，按照实际成本（或估计价值），借记或贷记本科目，贷记或借记待处理财产损溢——待处理流动资产损溢科目。盘盈材料经批准后，借记待处理财产损溢——待处理流动资产损溢科目，贷记营业外收入科目；盘亏、毁损的材料，查明原因并报经批准后，按照应收保险公司和个人款，借记其他应收款，按照实际盘亏毁损材料的成本扣除应收保险公司和个人款，借记营业外支出等科目，贷记待处理财产损溢——待处理流动资产损溢科目。

5）本科目期末借方余额，反映地勘单位库存材料的实际成本或计划成本。

（4）管材

管材按其使用状态可分为在库和在用管材，在库管材是指验收入库后尚未投入使用的各种新管材，在用管材是指在生产单位周转使用或在仓库（或管材管理部门）备用和修理中的各种旧管材。为了进行管材的核算，需要设置管材科目，该科目下设在库管材和在用管材明细科目。在库管材明细科目借方核算外购、自制和委托加工完成、发包单位转账转入以及盘盈等原因增加的管材计划成本或实际成本；贷方核算发出加工、对外销售、盘亏等原因减少的管材计划成本或实际成本；在用管材明细科目借方核算领用的管材，贷方核算报废、毁损的管材；管材科目的期末借方余额反映在库管材和在用管材的计划成本或实际成本。

修订后的地勘会计制度对管材科目的使用说明主要变动如下：①删除管材——在库管材、管材——在用管材账户结构说明，通过主要账务处理体现账户结构。②单列管材的主要账务处理，分计划成本计价和实际成本计价说明管材入库、领用和在用管材修理的会计处理。③实际成本计价情况下，领用管材时按先进先出法、加权平均法和个别计价法计算发出管材的成本，删除移动平均法和后进先出法。修订后的地勘会计制度对“管材”科目的使用说明如下：

1）本科目核算地勘单位库存和在用的各种地质勘查专用管材（包括钻杆、套管、金属水管、油管和风管等）的计划成本或实际成本。

地勘单位的管材按其使用状态可分为两类：①在库管材，指验收入库后尚未投入使用的各种管材。②在用管材，指在生产单位周转使用的管材。

2）本科目应设置在库管材、在用管材两个明细科目，并分别按管材品名、规格设置明细账。

为了便于掌握和监督使用单位占用各种管材的增减变动情况，计算、分配管材摊销费用，还应按使用单位设置在用管材管理卡片，根据有关凭证逐项登记管材的领用、退库、报废和使用单位之间转移等情况，并应与在用管材明细账保持一致。

3）管材的主要账务处理如下：

第一，采用计划成本进行管材日常核算的地勘单位，因外购、自制、委托外单位加工完成、捐赠等原因导致管材验收入库时，应按计划成本，借记本科目（在库），贷记银行存款、在途材料、辅助生产、委托加工材料、应付账款等科目，按管材的成本差异，借记或贷记材料成本差异——管材科目。

领用在库新管材时，按计划成本，借记本科目（在用），贷记本科目（在库），按其应分摊的借方管材成本差异，借记地勘生产科目，贷记材料成本差异——管材科目。如果为贷方管材成本差异，则用红字，借记地勘生产科目，贷记材料成本差异——管材科目。

第二，采用实际成本进行管材日常核算的地勘单位，因外购、自制、委托外单位加工完成、捐赠等原因导致管材验收入库时，应按实际成本，借记本科目（在库），贷记银行存款、在途材料、辅助生产、委托加工材料、应付账款等科目。

领用在库新管材时，可采用先进先出法、加权平均法和个别计价法等方法计价，按计算的实际成本，借记本科目（在用），贷记本科目（在库）。

第三，在用管材的领用、退回、送修以及在使用单位之间转移时，可只在“在用管材管理卡片”上作辅助登记，不作账务处理。

第四，在库管材进行丝扣加工的费用，直接计入在库管材成本。在用管材的修理费用，直接计入使用单位生产成本。在用管材在修理中发生的合理损耗，可视同正常使用磨损报废处理。

4）在用管材在使用中发生报废时，应查明原因，分清责任，对可回收的报废管材，要清点入库并估算其残值。

因正常使用磨损至不能修复而报废的，按入库残料价值，借记材料科目；按已提摊销额（计划成本或实际成本扣减入库残料价值）借记管材摊销科目；按计划成本或实际成本，贷记本科目（在用）。

因孔内事故不能起出或其他责任事故而报废的，按已提摊销额，借记管材摊销科目；按应收过失人的赔偿款，借记其他应收款科目；按入库残料价值，借记材料科目；按应补提摊销额计入使用单位成本，借记地勘生产科目；按计划成本或实际成本，贷记本科目（在用）。

5）本科目期末借方余额，反映地勘单位在库管材和在用管材的实际成本或计划成本。

（5）管材摊销

管材所具有的使用寿命较长、价值高、使用量大的特点，决定了地勘单位对所使用管材的成本，需要按其价值转移的程度分期计入勘探工程成本，下入钻井内不再起出的管材除外。为了反映管材成本的转移，需要设置管材摊销科目，该科目是管材——在用管材科目的备抵科目，“管材——在用管材”科目的借方期末余额与管材摊销科目的贷方期末余额相抵之后的金额反映在用管材的净值。

管材摊销方法包括：一次摊销法，即在管材领用时，一次计入生产成本，该方法一般应限于下入钻井内不再起出的管材（如石油钻井用于固井的套管等）。定额摊销法是根据实际完成工作量、开动台班和规定的摊销定额，计算本期摊销额，一般应限于钻杆。分期摊销法是根据各种管材的预计使用期限，分期摊入生产成本。在定额摊销法下，由于管材在不同地质条件下使用，其实际磨损程度变化较大，因而按定额摊销法计算的摊销额可能与实际磨损程度不一致。因此，在年终清查管材时，应对在用管材的磨损程度进行鉴定，并与账面数进行核对。如出入较大时，应进行调整，调整增加的摊销额，借记地勘生产等科目，贷记本科目；调整减少的摊销额，用红字作相同分录，予以冲减。

修订后的地勘会计制度对管材摊销科目的使用说明主要变动如下：①删除管材——在库管材、管材——在用管材账户结构说明，通过主要账务处理体现账户结构。②单列管材的主要账务处理，分计划成本计价和实际成本计价说明管材入库、领用和在用管材修理的会计处理。③实际成本计价情况下，领用管材时按先进先出法、加权平均法和个别计价法计算发出管材的成本，删除移动平均法和后进先出法。修订后的地勘会计制度对管材摊销科目的使用说明如下：

1）本科目核算地勘单位在用管材的累计耗损价值。

2）本科目可不设置明细科目。为便于查阅各种在用管材的已提摊销额情况，可在“在用管材明细账”设置已提摊销额专栏，逐月根据管材摊销计算分配表进行登记，综合反映各种在用管材的计划成本或实际成本、已提摊销额和摊余价值情况。

3）管材摊销的主要账务处理如下：

采用一次摊销的管材，应根据领用在库管材的实际成本，借记地勘生产等科目，贷记管材——在库管材科目；领用在用管材，应按其账面摊余净值确定其应摊销额，借记地勘生产等科目，贷记本科目；同时，按计划成本或实际成本，借记本科目，贷记管材——在用管材科目。

采用其他摊销方法的管材，应在月终计算、分摊本期管材摊销额时，借记地勘生产等科目，贷记本科目。

4）年终清查管材时，应对在用管材的磨损程度进行鉴定，并与账面数进行核对。如出入较大时，应进行调整，调整增加的摊销额，借记有关成本费用科目，贷记本科目；调整减少的摊销额，用红字编制相同分录，冲减有关成本费用。

5）本科目期末贷方余额，反映地勘单位在用管材的累计摊销额。

（6）材料成本差异

修订后的地勘会计制度首先应将器材成本差异科目改为材料成本差异科目。其次对材料成本差异科目使用说明做以下变动：①删除材料成本差异率的计算公式，因为它属于会计基础知识部分，不应体现在会计制度中。②删除账户结构的内容，只保留期末余额反映内容的说明。修订后的地勘会计制度材料成本差异科目的使用说明如下：

1）本科目核算地勘单位各种材料和在库管材的实际成本与计划成本的差异。

地勘单位应制定材料、管材价格目录，列出各种材料、管材的名称、规格、编号和计划单位成本。计划单位成本除有特殊原因可及时调整外，在年度内一般不作变动。

2）本科目可以分别材料、管材——在库等，按照类别或品种进行明细核算。

3）材料成本差异的主要账务处理如下：

第一，购入、自制及委托加工完成材料的成本差异，按实际成本大于计划成本的差额，借记本科目，贷记材料采购、辅助生产和委托加工材料等科目；实际成本小于计划成本的差异做相反的会计分录。

因调整计划成本所发生的差额，应自材料科目转入本科目。调整减少计划成本的数额，记入本科目的借方；调整增加计划成本的数额，记入本科目的贷方。

第二，地勘单位每月月末应计算发出材料负担的成本差异，可按当月材料成本差异率计算，也可按上月差异率计算。计算、分配成本差异的方法一经确定，不得随意变更。如有变更，应在年度财务报告中加以说明。

领用、发出或报废的各种材料应负担的成本差异，当实际成本大于计划成本的差异，按照分配的成本差异，借记地勘生产、间接费用、辅助生产、多种经营生产等科目，贷记本科目。实际成本小于计划成本的差异做相反的会计分录。

4）在库管材的实际成本与计划成本的差异，可比照上述材料成本差异核算方法处理。

5）本科目的期末借方余额反映各种库存材料、在库管材实际成本大于计划成本的差异，贷方余额反映实际成本小于计划成本的差异。

（7）委托加工材料

修订后的地勘会计制度首先应将委托加工器材科目改为委托加工材料科目。其次对委托加工材料科目使用说明做以下变动：①删除委托加工材料、管材的成本构成内容，该部分内容应该体现在委托加工材料主要账务处理部分。②删除账户结构的内容，只保留期末余额反映内容的说明。③增加委托加工材料主要账务处理部分，规范材料和管材发出、加工和收回的会计处理。修订后的地勘会计制度委托加工材料科目的使用说明如下：

1）本科目核算地勘单位委托外单位加工的各种材料、管材的实际成本。

2）本科目应按加工合同和受托加工单位设置明细账，进行明细核算。

3）委托加工材料的主要账务处理如下：

地勘单位发往外单位委托加工时，应按照发出的材料、管材实际成本，借记本科目，贷记材料、管材等科目，采用计划成本核算的同时结转应负担的成本差异。

加工过程中，支付加工费和运杂费时，借记本科目，贷记银行存款等科目。

加工完成验收入库的器材和退回剩余的原材料，应按加工回收材料的实际成本或计划成本和剩余材料的实际成本或计划成本，借记材料、管材等科目，贷记本科目。采用计划成本核算的，还应结转器材成本差异。

4）本科目的期末借方余额反映委托加工但尚未完成或尚未验收入库的材料、管材的实际成本以及发生的运杂费及加工费。

（8）产成品

现行地勘会计制度适应地勘单位“一业为主，多种经营”的需要，设置了多种经营生产、产成品和多种经营成本等科目。修订后的地勘会计制度产成品科目的使用说明主要变动如下：①删除产成品账户结构，只保留期末余额反映内容的说明。②归并整理相关条款，形成产成品的主要账务处理，有关产成品销售内容，在多种经营收入和多种经营成本科目中说明。修订后的地勘会计制度产成品科目的使用说明如下：

1）本科目核算地勘单位及所属内部独立核算单位库存的各种产成品（包括回收的矿产品，下同）的实际成本。

地勘单位及所属内部独立核算单位接受外单位来料加工制造的代制品和为外单位加工修理的代修品，在制造修理完成，验收入库后，视同产成品，一并在本科目核算。制造或修理完成后，直接发交委托单位的代制品和代修品，可由辅助生产、多种经营生产科目直接转入多种经营成本科目，不通过本科目核算。

2）本科目应按产成品种类、名称、规格和存放地点设置明细账。

3）产成品的主要账务处理如下：

生产完成验收入库的产成品，按照其实际成本，借记本科目，贷记多种经营生产、辅助生产等科目。

对外销售产成品，结转销售产品的成本，借记多种经营成本科目，贷记本科目。

地勘单位自用的产成品，如税法规定需要缴纳税金的，应视同产品销售处理；不需要缴纳税金的，按其实际成本，借记在建工程等科目，贷记本科目。

采用赊销、分期收款结算方式销售产品，在产成品发出或办妥赊销、分期收款销售合同（手续）后，按赊销或分期收款的产成品实际成本，借记分期收款发出商品科目，贷记本科目。

地勘单位及所属内部独立核算单位生产的产成品的入库和出库，平时只记数量不记金额，月末计算入库及出库产成品的实际成本。

4）期末借方余额，反映库存产成品的实际成本。

4 地质勘查单位长期资产会计改革

4.1 长期资产会计改革概述

依据新准则第十九条、第二十一条，地勘单位的资产按照流动性可以分为流动资产和长期资产。地勘单位的长期资产包括长期投资、在建工程、固定资产、无形资产等。借鉴小企业会计准则第十六条，地勘单位的长期资产除上述内容外，还应包括长期待摊费用等。

4.1.1 长期资产会计类科目的分析、删减与增设

（1）长期投资

现行地勘会计制度设置长期投资会计科目，与新准则相同。然而，考虑到地勘单位生产型事业单位的属性和地勘单位终极企业走向，需要借鉴小企业会计准则，将长期投资科目分设长期股权投资和长期债券投资两个总分类会计科目，同时在长期股权投资科目下设股票投资和其他投资两个明细科目。

（2）以对内部单位投资科目代替拨付所属资金科目

现行地勘会计制度设置了拨付所属资金科目和上级拨入资金科目，拨付所属资金实质是地勘单位对内部独立核算单位的长期投资，上级拨入资金实质是内部独立核算单位接受地勘单位的投资。为了与外部长期股权投资相区分，同时也为了体现其实质，拨付所属资金和上级拨入资金科目应该分别被对内部单位投资科目和接受上级投资科目取代。

（3）增设工程物资科目

对于外购的专门用于各项工程的物资，现行地勘会计制度规定在在建工程——工程物资明细科目中核算。这样就出现领用工程物资时，借记在建工程——××工程科目，贷记在建工程——工程物资科目的不合理现象。鉴于小企业会计准则已单独设置工程物资科目，修订后地勘会计制度应单独设置工程物资科目，核算外购的用于各项工程的材料、尚未安装的设备以及为生产准备的工器具等物资。

（4）增设研发支出科目

研发支出是地勘单位用于无形资产研究开发方面的支出，一般体现为自行开发专利权发生的支出；其中开发阶段发生的符合资本化条件的支出，是形成无形资产的基础。为了综合反映专利权研发过程中发生的支出，应借鉴小企业会计准则的做法，增设研发支出科目。

（5）增设累计摊销科目

对于无形资产价值的转移，现行地勘会计制度规定在无形资产科目的贷方反映，即无形资产摊销时，借记管理费用科目，贷记无形资产科目。鉴于事业单位会计制度设置了累

计摊销科目，修订后的地勘会计制度应增设累计摊销科目，核算无形资产使用过程中转移的价值。

（6）以长期待摊费用科目代替递延资产科目

现行地勘会计制度设置递延资产科目，是依据当时的企业会计制度设置的。而现在会计实务中一般不再采用递延资产科目，递延资产科目核算的内容体现在长期待摊费用科目。借鉴小企业会计准则的做法，修订后的地勘会计制度应取消递延资产科目，递延资产科目核算的内部独立核算单位开办费在管理费用科目中核算，其他内容在新增设的长期待摊费用科目中核算。

4.1.2 长期资产计量属性的选择

依据新准则第二十二条，借鉴小企业会计准则第六条，地勘单位的资产应当按照成本计量，不计提资产减值准备。因此，修订后的地勘会计制度应该明确，地勘单位的非流动资产应当按照取得时的实际成本进行计量；除国家另有规定外，不得自行调整其账面价值。

地勘单位对非流动资产计量属性采用实际成本计量的原因，参见第3章论述。

4.2 长期投资会计改革

4.2.1 长期投资会计科目的变动

现行地勘会计制度设置长期投资会计科目，下设股票投资、债券投资、其他投资和应计利息四个明细科目。上述明细科目中的股票投资和其他投资，属于股权投资性质，即通过权益性投资达到影响或控制被投资单位，并从被投资单位获取股利或利润的目的；债券投资和应计利息科目则属于债券投资的性质。因此，长期投资会计科目核算的内容包括长期股权投资和长期债券投资。鉴于股权投资和债券投资科目核算内容的复杂性，为了加强对股权投资和债券投资的管理，应该借鉴小企业会计准则的做法，将长期投资科目分设为长期股权投资和长期债券投资两个科目。

4.2.2 长期股权投资会计科目使用说明的变动

修订后的地勘会计制度应单独设置长期股权投资会计科目，依据《事业单位会计准则》的规定，借鉴小企业会计准则的做法，“长期股权投资”科目在核算范围、明细科目的设置、初始计量和后续计量、主要会计处理等方面均应有所变化。

长期股权投资是指地勘单位准备长期持有的权益性投资，按照投资的形式可以划分为股票投资和其他投资。股票投资反映地勘单位以股票形式实现的投资；其他投资是除股票和债券形式以外的投资，是地勘单位对多种经营企业、联营企业和合营企业的投资。修订后的地勘会计制度应根据上述内容对长期股权投资的核算范围和明细账的设置做相应调整。

长期股权投资按取得投资的手段可以分为货币性资产投资、非货币性资产（如固定资产、无形资产、矿业权）交换取得的投资，修订后的地勘会计制度应按取得投资的手段规范长期股权投资的初始计量。长期股权投资的后续计量可供选择的方法有成本法和权益法，现行地勘单位财务制度规定，当地勘单位对被投资单位拥有实际控制权时，采用权益法核算；没有实际控制权时，采用成本法核算。《事业单位会计准则》规定，对长期股权投资的后续计量，采用成本法核算。因此，修订后的地勘会计制度应该依据新准则的规定，采用成本法、取消权益法。采用成本法核算的原因是：①对于被投资单位实现的净利润、其他综合收益和其他权益变动，即或是控制、共同控制或重大影响，由于被投资单位是独立的法人企业，地勘单位也不能实现完全的支配，只有被投资单位选派的现金股利，地勘单位才拥有实质支配权。②采用成本法核算投资收益，符合税法上收入实现的原则，与税法的要求一致。

现行地勘会计制度对以地质成果进行的长期股权投资做了专门规定，虽然符合地勘单位以地质成果投资的现实要求，但还存在以下不足：①利用地质成果投资不太科学，地质成果是地勘单位通过地质活动获取的地质资料和探明的矿产资源，但实务中用于投资的地质成果，一般限于探明的经济可采储量的地质成果。②地勘单位的采矿权包括用自筹资金形成的采矿权，财政预算拨款投资形成的采矿权，而现行制度仅对自有地质成果做了规范，没有对财政预算拨款投资形成的地质成果进行规范。因此，修订后的地勘会计制度应用采矿权取代地质成果，不仅要对自有采矿权进行的投资做出规范，而且要对国有采矿权进行的投资做出规范。

现行地勘会计制度对长期股权投资不提取减值准备，这与新准则的要求是一致的。但是，修订后的地勘会计制度应该依据新准则规定，确定地勘单位长期股权投资实际发生损失的条件及发生损失后的会计处理。

依据上述论述，修订后的地勘会计制度关于长期股权投资会计科目的使用说明如下：

1）本科目核算地勘单位不准备在1年内（不含1年）变现的长期权益性投资，包括股票投资和其他投资，其中其他投资是地勘单位对多种经营企业、联营企业和合营企业的投资。

2）本科目应按股票投资、其他投资和被投资单位设置明细账，进行明细核算。

3）股票投资和其他投资应按投资时实际取得成本入账，股票投资和其他投资的后续计量须采用成本法核算。

本科目的主要账务处理如下：

1）股票投资。地勘单位以支付现金取得的长期股权投资，如果实际支付的购买价款中包含已宣告但尚未发放的现金股利，应当按照实际支付的购买价款和相关税费扣除已宣告但尚未发放的现金股利后的金额，借记本科目（股票投资），按照应收的现金股利，借记应收股利科目，按照实际支付的购买价款和相关税费，贷记银行存款科目。

2）其他投资。地勘单位通过支付货币性资产、非货币性资产（采矿权除外）交换取得的对多种经营企业、合营企业和联营企业的长期股权投资，应当按照实际支付的款项或非货币性资产的评估价值与相关税费之和，借记本科目（其他投资），按照累计提取的折旧，借记累计折旧科目，按照无形资产累计摊销额，借记累计摊销科目；按照按实际支付的金额或换出非货币性资产的账面价值，贷记银行存款、固定资产、无形资产等科目，按照支付的相关税费，贷记应交税费等科目，按照评估确认的价值与账面价值的差额，贷记营业外收入或借记营业外支出等科目。

地勘单位以自筹资金形成的采矿权进行投资时，应按评估确认的价值或协议价，借记本科目（采矿权投资），按账面价值，贷记采矿权科目，按评估确认的价值或协议价与账面价值的差额，借记营业外支出或贷记营业外收入科目。地勘单位经授权批准以预算内资金形成的采矿权进行投资时，按评估确认的价值或协议价（不低于矿业权评估机构的评估值），借记本科目（采矿权投资），贷记采矿权科目。

3）地勘单位收到购买股票时已入账的应收股利，应借记银行存款科目，贷记应收股利科目；在长期股票投资持有期间，被投资单位宣告分派的现金股利，应当按照应分得的金额，借记银行存款或应收股利科目，贷记投资收益科目。

向多种经营企业、合营企业或联营企业的投资，被投资单位宣告分派利润，应当按照应分得的金额，借记银行存款或应收股利科目，贷记投资收益科目。

4）地勘单位对外转让股票，应按实际收到的金额，借记银行存款等科目，按该项投资的账面金额，贷记本科目（股票投资），按应收股利，贷记应收股利科目，按借贷方差额，借记或贷记投资收益科目。转让中发生的各项附加费用，应抵减转让收入。

收回向多种经营企业、合营企业或联营企业的投资，借记固定资产（净值）、无形资产（净值）、银行存款、采矿权（净值）等科目，按应收股利，贷记应收股利科目，按投资的账面余额，贷记本科目（其他投资），按收回数与账面数的差额，借记或贷记投资收益科目。

收回向多种经营企业、合营企业或联营企业的采矿权投资时，按实际收回数，借记银行存款等科目，按账面数，贷记本科目（其他投资），按收回数与账面数的差额，借记或贷记投资收益科目。

5）当被投资单位符合下列条件之一时，按长期股权投资的账面余额减除可收回的金额后确认的无法收回的长期股权投资，作为长期股权投资损失：被投资单位依法宣告破产、关闭、解散、被撤销，或者被依法注销、吊销营业执照的；被投资单位财务状况严重恶化，累计发生巨额亏损，已连续停止经营3年以上，且无重新恢复经营改组计划的；对被投资单位不具有控制权，投资期限届满或者投资期限已超过10年，且被投资单位因连续3年经营亏损导致资不抵债的；被投资单位财务状况严重恶化，累计发生巨额亏损，已完成清算或清算期超过3年以上的等。

地勘单位确认实际发生的长期股权投资损失，应当按照可收回的金额，借记银行存款等科目，按照其账面余额，贷记本科目，按照其差额，借记营业外支出科目。

本科目期末借方余额，反映地勘单位持有的长期股权投资的成本。

4.2.3 长期债券投资会计科目使用说明的变动

修订后的地勘会计制度应单独设置长期债券投资会计科目，依据新准则的规定，长期债券投资科目在核算范围、明细科目的设置、债券投资的初始计量和后续计量、主要会计处理等均应有所变化。

现行地勘会计制度关于长期债券投资科目的核算范围和明细科目的设置体现在长期投资科目中，由于长期债券投资科目需要从长期投资科目中分离出来，单独设置，所以需要重新界定长期债券投资的核算范围。长期债券投资的核算范围应界定为“本科目核算地勘单位准备长期持有（1 年以上，不含 1 年）的债券投资”。现行制度中明细科目的设置不能满足核算的需要，为了明确反映债券本金、溢折价的形成及分摊、投资收益等，需要重新设置明细科目，长期债券投资科目需要按照债券种类和被投资单位，分别面值、溢折价、应计利息进行明细核算。

长期债券投资——面值科目反映购入债券的票面价值即本金。

长期债券投资——溢折价科目反映取得债券实际支付的价款扣除已到付息期但尚未支付的利息、未到期债权利息和债券面值后的差额。发生债券溢折价的原因是债券设定的票面利率与实际利率不一致。当票面利率大于实际利率时，投资单位获取的票面利息会大于实际利息，投资方实际支付的价款必然要大于票面价值。因此，债券溢价是投资方为以后期间多获取的利息收入需要预先付出的代价，计算的债券投资收益应是债券的票面利息扣除分摊的溢价。当票面利率小于实际利率时，投资单位获取的票面利息会小于实际利息，投资方实际支付的价款必然要小于票面价值。因此，债券折价是投资方为以后期间少获取的利息收入需要预先获得的补偿，计算的债券投资收益应是债券的票面利息加上分摊的折价。债券溢折价的分摊方法有直线法和实际利率法，现行地勘会计制度与小企业会计准则的规定一致，采用直线法分摊溢价。因此，修订后的地勘单位会计制度应延用直线法分摊溢折价。

长期债券投资按照付息的方式分为到期一次还本付息和分期付息、一次还本两种形式。到期一次还本付息情况下，应在债务人应付利息日，按债券面值和票面利率计算的票面利息，记入长期债券投资——应计利息科目的借方。分期付息、一次还本情况下，应在债务人应付利息日，按债券面值和票面利率计算的票面利息，记入应收利息科目的借方。

长期债券投资利息计算日，应是债务人应付利息日，而不是现行地勘会计制度规定的会计期间终了。现行地勘会计制度对长期债券投资不提取减值准备，这与新准则的要求是一致的。但是，修订后的地勘会计制度应该依据事业单位会计准则规定，确定地勘单位长期债券投资实际发生损失的条件及发生损失后的会计处理。

依据上述论述，修订后的地勘会计制度关于长期债券投资会计科目的使用说明如下：

1）本科目核算地勘单位准备长期持有（1 年以上，不含 1 年）的债券投资。

2）本科目应按照债券种类和被投资单位，分别按面值、溢折价、应计利息进行明细核算。

3）长期债券投资的主要账务处理如下：

第一，地勘单位购入债券作为长期投资，应当按照债券票面价值，借记本科目（面值），按照实际支付的购买价款和相关税费，贷记银行存款科目，按照其差额，借记或贷记本科目（溢折价）。

如果实际支付的购买价款中包含已到付息期但尚未领取的债券利息，应当按照债券票面价值，借记本科目（面值）；按照应收的债券利息，借记应收利息科目；按照实际支付的购买价款和相关税费，贷记银行存款科目；按照其差额，借记或贷记本科目（溢折价）。

第二，在长期债券投资持有期间，在债务人应付利息日，按照分期付息、一次还本的长期债券投资票面利率计算的利息收入，借记应收利息科目；按照应分摊的债券溢折价，借记或贷记本科目（溢折价）；按照票面利息与分摊的折价之和（或票面利息与分摊的溢价之差）贷记投资收益科目。按照一次还本付息的长期债券投资票面利率计算的利息收入，借记本科目（应计利息）；按照应分摊的债券溢折价，借记或贷记本科目（折溢价）；按照票面利息与分摊的折价之和（或票面利息与分摊的溢价之差），贷记投资收益科目。

长期债券投资溢折价应于债务人应付利息日，在债券持有期间内，按债券的持有期间分期等额摊销。

第三，长期债券投资到期，收回长期债券投资，应当按照收回的债券本金或本息，借记银行存款等科目，按照其账面余额，贷记本科目（面值、溢折价、应计利息），按照应收未收的利息收入，贷记应收利息科目。

处置长期债券投资，应当按照处置收入，借记银行存款等科目；按照其账面余额，贷记本科目（面值、溢折价、应计利息）；按照应收未收的利息收入，贷记应收利息科目；按照其差额，贷记或借记投资收益科目。

第四，当地勘单位持有的长期债券投资符合下列条件之一时，按账面价值减除可收回的金额的差额作为长期债券投资损失：被投资方死亡，或者依法被宣告失踪、死亡，其财产或者遗产不足清偿的；被投资方逾期3年以上未清偿，且有确凿证据证明已无力清偿债务的；与被投资方达成债务重组协议或法院批准破产重整计划后，无法追偿的；被投资方因自然灾害、战争等不可抗力导致无法收回的；国务院财政、税务主管部门规定的其他条件。对于实际发生的长期债券投资损失，应当按照可收回的金额，借记银行存款等科目，按照其账面余额，贷记本科目（面值、溢折价、应计利息），应收利息（分期付息情况下尚未收取的利息），按照其差额，借记营业外支出科目。

4）本科目期末借方余额，反映地勘单位持有的分期付息、一次还本债券投资的成本和到期一次还本付息债券投资的本息。

4.3 固定资产会计改革

4.3.1 固定资产类会计科目的变动

与小企业会计准则相比，现行地勘会计制度没有单独设置工程物资科目，外购的专门用于各项工程的物资，在“在建工程——工程物资”明细科目中核算。这种情况是不合理的，原因是：①工程物资与在建工程的含义不同，不能将两个含义不同的资产在同一个会计科目在建工程中反映。在建工程是指固定资产的新建、改建、扩建，或技术改造、设备更新和大修理工程等尚未完工的工程支出。而工程物资是指为在建工程而准备的各种物资，如为工程准备的材料、尚未交付安装的设备、为工程准备的工具及器具等。②如果将工程物资在在建工程科目反映，一是在建工程科目借方期末余额不能真实反映在建工程的成本，因为对于在建工程未领用的工程物资不应计入在建工程的成本，但是工程物资作为明细科目包含在在建工程科目中；二是领用工程物资时，会出现借记在建工程——××工程科目，贷记在建工程——工程物资科目的不合理现象。基于此，借鉴小企业会计准则的相关规定，修订后的地勘会计制度应单独设置工程物资科目，核算外购的用于各项工程的材料、尚未安装的设备以及为生产准备的工器具等物资。

4.3.2 固定资产类会计科目使用说明的变动

（1）固定资产会计科目使用说明的变动

现行制度关于“固定资产”会计科目的核算范围存在以下问题：①对于固定资产的含义体现在现行地勘单位财务制度中，有使用期限和单位价值标准两个条件，而小企业会计准则没有单位价值标准的要求。②经营租入固定资产由于其所有权和控制权均不属于地勘单位，因此，经营租入固定资产不包括在核算范围内应予体现。修订后的地勘会计制度中的固定资产科目的核算范围除继续明确规定核算固定资产的原价外，还应界定固定资产的定义，取消单位价值标准的要求，增加经营租入固定资产不在固定资产科目核算范围的规定。

现行地勘会计制度专门规定了固定资产入账价值的确定，修订后的地勘会计制度应借鉴事业单位会计制度、小企业会计准则的做法，将固定资产入账价值的确定与固定资产增加的会计处理融为一体，说明不同途径增加的固定资产入账价值构成及会计处理。删除固定资产无偿调入入账价值的确定及会计处理，因为在市场经济体制下，地勘单位作为独立经营的市场法人，一般不存在无偿调入或调出的情况。

以固定资产进行投资，应区别多种经营企业和其他企业，对独立核算的多种经营企业投资的会计处理应不同于其他法人企业。因为地勘单位兴办的多种经营企业，虽然具有独立法人资格，但其财务隶属关系并没有改变，仍然隶属于地勘单位，其经营成果仍是地勘单位整体经营业绩的一部分，在财务管理上还要接受主办单位的监督。因此，地勘单位投给多种经营企业的固定资产，一般情况下，应该按固定资产原账面价值作为长期股权投资科目的入账价值。而地勘单位以固定资产对其他企业投资，按评估价值或协议价值，作为长期股权投资科目的入账价值。

依据上述论述，修订后的地勘单位会计制度关于固定资产会计科目的使用说明如下：

1）本科目核算地勘单位固定资产的原价。

固定资产，是指地勘单位拥有或控制的，使用寿命超过1年的房屋及建筑物、机器、仪器、运输工具、设备、器具、工具、用具等有形资产。

地勘单位应当根据固定资产的定义，结合本单位的具体情况，制定适合本单位的固定资产目录、分类方法、每类或每项固定资产的折旧年限和折旧方法，作为固定资产的核算依据。

地勘单位以经营租赁租入的固定资产，应另设备查簿进行登记，不在本科目核算。

2）本科目应按照固定资产类别和项目进行明细核算。

地勘单位应根据实际情况设置固定资产明细账和固定资产卡片，固定资产明细账可按固定资产类别设户，按保管、使用单位设专栏，只进行价值核算。固定资产卡片应按单项固定资产设置，按类别和保管、使用单位顺序排列保管，并与明细账保持一致。

3）固定资产增加的主要账务处理。

购入的不需要安装的固定资产，按照实际支付的购买价款、相关税费（不包括按照税法规定可抵扣的增值税进项税额）、运输费、装卸费、保险费等，借记本科目，贷记银行存款等科目。购入需要安装的固定资产，先记入在建工程科目，安装完毕交付使用时再转入本科目。

地勘单位经批准用财政专项拨款购入不需要安装的固定资产，应当按照其实际成本，借记本科目，贷记非流动资产基金（固定资产）科目；同时，按照实际支付金额，借记财政专项支出（固定资产）科目，贷记地勘工作拨款（财政专项拨款）、零余额账户用款额度、银行存款等科目。

地勘单位经批准用地质项目拨款购入设备，应当按照其实际成本，借记本科目，贷记非流动资产基金（固定资产）科目；同时，按照实际支付金额，借记“地勘生产——××项目”科目，贷记地勘工作拨款（地质项目拨款）、零余额账户用款额度、银行存款等科目。

自行建造的固定资产，其成本为建造该项资产达到预定可使用状态前所发生的全部必要支出，包括工程物资成本、人工成本、交纳的相关税费、应予资本化的借款费用和应分摊的间接费用等。工程完工交付使用时，按自行建造过程中发生的实际支出，借记本科目，贷记在建工程科目。

融资租入的固定资产，在租赁期开始日，按照租赁合同约定的付款总额和在签订租赁合同过程中发生的相关税费等，借记本科目或在建工程科目，贷记长期应付款等科目。

将固定资产转入改建、扩建时，按固定资产的账面价值（原值减去折旧后的差额），借记在建工程科目，按固定资产已计提折旧，借记累计折旧科目，按固定资产的账面余额，贷记本科目；按改扩建过程中发生的全部支出，借记在建工程科目，贷记材料、工程物资、银行存款等科目；按改扩建过程中发生的收入，借记材料、银行存款等科目，贷记在建工程科目；工程完工交付使用时，借记本科目，贷记在建工程科目。

接受捐赠的固定资产，如果捐赠方提供了有关凭据，按有关凭据注明的金额加上相关税费、运输费等，借记本科目，按有关凭据注明的金额，贷记非流动资产基金科目，按支付的相关税费、运输费等，贷记银行存款科目。没有相关凭据的，其成本比照同类或类似固定资产的市场价格加上相关税费、运输费等，借记本科目，按同类或类似固定资产的市场价格，贷记非流动资产基金科目，按支付的相关税费、运输费等，贷记银行存款科目。

盘盈的固定资产，按同类或类似固定资产的市场价格，减去按固定资产的新旧程度估计的价值损耗后的金额，借记本科目，按估计折旧，贷记待处理财产损溢科目。

4）固定资产减少的主要账务处理。

因出售、报废、毁损等原因处置固定资产，应当按照该项固定资产账面价值，借记固定资产清理科目，按照其已计提的累计折旧，借记累计折旧科目，按照其原价，贷记本科目。

地勘单位以固定资产对独立核算的多种经营企业投资，应按固定资产的账面价值（原值减去累计折旧后的差额），借记长期股权投资（其他投资）科目，按该项固定资产已提取的折旧额，借记累计折旧科目，按该项固定资产的原值，贷记本科目。地勘单位以固定资产对其他企业投资，按评估价值或协议价值，借记长期股权投资——其他投资科目，按提取的折旧，借记累计折旧科目，按固定资产的原值，贷记本科目，按评估价值或协议价值与固定资产价值的差额，贷记营业外收入科目或借记营业外支出科目。

盘亏的固定资产，按照该项固定资产的账面价值，借记“待处理财产损溢——待处理非流动资产损溢”科目，按照已计提的折旧，借记累计折旧科目，按照其原价，贷记本科目。

5）本科目期末借方余额，反映地勘单位固定资产的原价。

（2）累计折旧会计科目使用说明的变动

现行地勘会计制度规定累计折旧科目只需进行总分类核算，无须进行明细核算。需要查明某项固定资产的已提折旧时，可以根据固定资产卡片上所记载的该项固定资产原价、折旧率和实际使用年数等资料进行计算。对于财政部门、审计、税务机关、主管部门、管理部门检查折旧的提取是否正确，需要检查固定资产卡片上的记录，然后计算是否正确，很显然比较烦琐麻烦，不能满足管理和监督的需要。因此，修订后的地勘会计制度应规定“按照所对应固定资产的类别、项目等进行明细核算。”

现行地勘会计制度仅涉及部分固定资产的折旧范围，包括提足折旧和提前报废的固定资产，不再补提折旧。对于固定资产折旧范围的全面规定、使用年限、应计提折旧额、预计净残值和折旧方法均未涉及。因此，修订后的地勘会计制度应对折旧范围、折旧方法、使用年限、预计净残值等做出规定，还应对融资租入、改建扩建等特殊情况增加的固定资产折旧的提取做出规定，对于地勘单位固定资产折旧应借鉴小企业会计准则的做法，尽量与企业所得税法的要求一致。

现行地勘会计制度对固定资产减少所导致的累计折旧的会计处理以及累计折旧的期末余额未做出规定。因此，修订后的地勘会计制度应该对固定资产减少情况下累计折旧的会计处理以及累计折旧科目的期末余额做出补充规定。

依据上述论述，修订后的地勘会计制度关于累计折旧会计科目的使用说明如下：

1）本科目核算地勘单位固定资产的累计折旧。

2）本科目应当按照所对应固定资产的类别、项目等进行明细核算。

3）累计折旧的主要账务处理如下：

地勘单位应对所有固定资产计提折旧，但已提足折旧继续使用的固定资产、单独计价入账的土地除外。

地勘单位应根据税法的规定，确定固定资产的应计提折旧额、预计净残值、折旧方法和使用年限。折旧方法一般采用年限平均法和工作量法，确需采用其他折旧方法的，应按规定报经审批，并在会计报表附注中予以说明。折旧方法、使用寿命和预计净残值一经确定，不得随意变更，如需变更，应当在会计报表附注中予以说明。

计提融资租入固定资产折旧时，应当采用与自有固定资产相一致的折旧政策。能够合理确定租赁期届满时将会取得租入固定资产所有权的，应当在租入固定资产尚可使用年限内计提折旧；无法合理确定租赁期届满时能够取得租入固定资产所有权的，应当在租赁期与租入固定资产尚可使用年限两者中较短的期间内计提折旧。

固定资产因改建、扩建或修缮等原因而延长其使用年限的，应当按照重新确定的固定资产的成本以及重新确定的折旧年限，重新计算折旧额。

地勘单位一般应当按月计提固定资产折旧。当月增加的固定资产，当月不提折旧，从下月起计提折旧；当月减少的固定资产，当月照提折旧，从下月起不提折旧。固定资产提足折旧后，无论能否继续使用，均不再计提折旧；提前报废的固定资产，也不再补提折旧。

地勘单位按月计提固定资产折旧时，按固定资产的服务对象，借记地勘生产、辅助生产、多种经营生产、间接费用、管理费用等科目，贷记本科目。对于用财政专项拨款和地质项目拨款购入的固定资产，应按提取的折旧额，借记非流动资产基金科目，贷记累计折旧科目。

因出售、报废、毁损、对外投资等原因处置固定资产，应当按照该项固定资产账面价值，借记固定资产清理科目，按照其已计提的累计折旧，借记本科目，按照其原价，贷记固定资产科目。

4）本科目期末贷方余额，反映地勘单位固定资产的累计折旧额。

（3）在建工程会计科目使用说明的变动

在建工程是指正在建设尚未竣工投入使用的建设项目。在建工程按其营建方式的不同分为自营和出包两种方式，自营在建工程指自行购买工程用料、自行施工并进行管理的工程；出包在建工程是指通过签订合同，由其他工程队或单位承包建造的工程。在建工程按其建设时间和建设内容分为设备安装工程、自行建造工程、更新改造工程和改建扩建工程。设备安装工程是指地勘单位购入的或融资租入的需要安装的设备进行安装的工程；自行建造工程是指地勘单位利用自身力量，通过自营建造或出包给他人建造的工程；更新改造工程是指以改进固定资产质量为目的，对原有固定资产进行的改良、改善、换新、修理或重安装工程；改建扩建工程是指以增加固定资产数量为目的，对原有固定资产进行的新增、扩建工程。

现行地勘单位会计制度在建工程的核算范围包括自行建造固定资产工程、固定资产改建扩建工程、固定资产修理工程、购入或无偿调入需要安装设备的安装工程等。依据小企业会计准则，将在建工程划分为设备安装工程、自行建造工程、更新改造工程和改建扩建工程等。其中更新改造工程可以分为改进原有质量的改良（质量显著提高且支出金额大）和改善（因质量提高不显著且支出比较小）工程，恢复原有质量的换新（部分换新和整体单元换新）和修理（恢复损坏部分的功能）工程，发挥资产潜力的重要安装工程。改建扩建工程是增加固定资产数量的工程，包括新增工程和扩建工程。对于改善、部分换新工程支出和日常修理支出应按照固定资产的服务对象，计入有关费用成本科目，不应列为在建工程。对于固定资产的大修理支出应该计入长期待摊费用科目，因此，现行制度中的修理工程应从核算范围中剔除。另外，由于为在建工程购入储备的工程物资专设工程物资科目，工程物资也应排除在在建工程科目核算范围之外。

在建工程科目应按照在建工程的类型和项目设置明细账，进行明细核算。

在建工程科目的主要账务处理应按设备安装工程、自行建造工程、更新改造工程或改建扩建工程的顺序进行规范。借鉴小企业会计准则的规定，在建工程在竣工决算前发生的借款利息，在应付利息日应当根据借款合同利率计算确定的利息费用并进行会计处理。

依据上述论述，修订后的地勘会计制度关于在建工程会计科目的使用说明如下：

1）本科目核算地勘单位正在建设尚未竣工投入使用的各项建设工程，包括设备安装工程、自行建造工程、更新改造工程或改建扩建工程的成本。但更新改造工程中的改善、部分换新工程和修理支出应予费用化，不在本科目核算。

购入不需要安装的固定资产，应在固定资产科目核算，不在本科目核算。

外购的专门用于各项工程的物资，应在工程物资科目核算，不在本科目核算。

已提足折旧的固定资产的改建支出和经营租入固定资产的改建支出，在长期待摊费用科目核算，不在本科目核算。

2）本科目应按照在建工程项目进行明细核算。

3）在建工程的主要账务处理如下：

第一，设备安装工程。

购入需要安装的固定资产，应当按照实际支付的购买价款、相关税费（不包括按照税法规定可抵扣的增值税进项税额）、运输费、装卸费、保险费等，借记本科目（设备安装工程——××工程，以下略），贷记银行存款等科目。地勘单位经批准用财政拨款或地质项目拨款购入需要安装的固定资产，应当按照其实际成本，借记在建工程科目，贷记非流动资产基金——在建工程科目；同时，按照实际支付的金额，借记财政专项支出——在建工程科目或地勘生产科目，贷记地勘工作拨款（财政专项拨款或地质项目拨款）、零余额账户用款额度、银行存款等科目。

融资租入需要安装的固定资产，在租赁期开始日，按照租赁合同约定的付款总额和在签订租赁合同过程中发生的相关税费等，借记本科目，贷记长期应付款科目。

发生安装费用时，按实际发生的支出，借记本科目，贷记银行存款、工程物资、应付职工薪酬等科目。

固定资产安装完成，借记固定资产科目，贷记本科目。

第二，自行建造工程。

自营方式下，建造工程领用工程物资，借记本科目（自行建造工程——××工程，以下略），贷记工程物资科目；在建工程应负担的职工薪酬，借记本科目，贷记应付职工薪酬科目；在建工程使用所属内部独立核算单位的产品，按规定以售价结算的，借记本科目，贷记多种经营收入等科目，同时，按照税法规定应交纳的增值税额，借记本科目，贷记“应交税费——应交增值税（销项税额）”科目；辅助生产等部门为各项工程提供的水、电、设备安装、修理和运输等劳务，应按月根据实际成本，借记本科目，贷记辅助生产等科目；在建工程发生的其他支出，借记本科目，贷记银行存款等科目。

在建工程在竣工决算前发生的借款利息，在应付利息日应当根据借款合同利率计算确定的利息费用，借记本科目，贷记应付利息科目。办理竣工决算后发生的利息费用，在应付利息日，借记财务费用科目，贷记应付利息等科目。

在建工程在试运转过程中发生的支出，借记本科目，贷记银行存款等科目；形成的产品或者副产品对外销售，按所取得的收入扣除税金后的差额，借记银行存款科目，贷记本科目，按收取的增值税税额，贷记应交税费——应交增值税（进项税额）科目。

出包给外单位施工的工程，按合同规定预付的工程款，借记预付账款科目，贷记银行存款科目；工程完工与承包单位进行工程价款结算，按应付的工程款，借记本科目，贷记应付账款科目；结转预付的工程款，借记应付账款科目，贷记预付账款科目；补付的工程款，借记应付账款科目，贷记银行存款科目。

自营建造工程在办理竣工决算时，出包建造工程在完工收到承包单位提供的账单时，借记固定资产科目，贷记本科目。

第三，更新改造工程和改建扩建工程。

对固定资产进行更新改造或改建扩建时，应当按照该项固定资产账面价值，借记本科目，按照其已计提的累计折旧，借记累计折旧科目，按照其原价，贷记固定资产科目。对于更新改造或改扩建过程中拆除的部分，按照该部分的账面价值，借记材料、银行存款、营业外支出——处置非流动资产损益科目，贷记本科目（替换部分的账面价值）。在改扩建过程中发生的相关支出，借记本科目，贷记相关科目。改扩建完成办理竣工决算，借记固定资产科目，贷记本科目。

4）本科目期末借方余额，反映尚未完工或虽已完工交付使用但尚未办理竣工决算的工程实际成本。

（4）工程物资会计科目的使用说明

工程物资科目由原来在建工程的明细科目升格为总分类科目，核算外购的用于各项工程的材料、尚未安装的设备，以及为生产准备的工器具等物资。对于购入的用于设备等动产的工程物资，按税法规定进项税额可以抵扣，不记入工程物资科目。修订后的地勘单位会计制度关于工程物资科目的使用说明如下：

1）本科目核算地勘单位为在建工程准备的各种物资的成本。包括：工程用材料、尚未安装的设备，以及为生产准备的工器具等。

2）本科目应当设置专用材料、专用设备、工具器具等明细科目，进行明细核算。

3）工程物资的主要账务处理如下：

购入为工程准备的物资，应当按照实际支付的买价、运输费、保险费等相关税费（不含可抵扣的增值税进项税额），作为实际成本，借记本科目，贷记银行存款、应付账款等科目。

工程领用工程物资，借记在建工程科目，贷记本科目。工程完工后将领出的剩余物资退库时做相反的会计分录。

工程完工，将为生产准备的工具及器具交付生产使用时，应按实际成本，借记材料科目，贷记本科目（为生产准备的工具及器具）。

工程完工后剩余的工程物资，如转作本单位存货的，按原材料的实际成本或计划成本，借记材料科目，按转入存货的剩余工程物资的账面余额，贷记本科目；如工程完工后剩余的工程物资对外出售的，应确认收入，借记银行存款等科目，贷记其他业务收入科目，结转相应的成本，借记其他业务支出科目，贷记工程物资科目。

盘盈、盘亏、报废、毁损的工程物资，减去保险公司、过失人赔偿部分，工程项目尚未完工的，计入或冲减所建工程项目的成本；工程已经完工的，计入营业外收支。

4）本科目期末借方余额，反映地勘单位为在建工程准备的各种物资的成本。

（5）固定资产清理会计科目使用说明的变动

依据新准则的规定，固定资产清理科目规范的主要变化如下：①应补充规范固定资产处置过程中发生的相关税费的会计处理，如销售残料交纳的增值税、销售动产交纳的增值税，销售不动产交纳的增值税等。②增加处置财政专项拨款或地质项目拨款形成固定资产处置净损失的会计处理，依据《事业单位会计制度》，应该冲减非流动资产基金科目。依据上述论述，修订后的地勘单位会计制度关于固定资产清理科目的使用说明如下：

1）本科目核算地勘单位因出售、报废、毁损等原因转入清理的固定资产净值，以及发生的清理费用和清理收入。

2）本科目应按被清理的固定资产设置明细账，进行明细核算。

3）固定资产清理科目的主要账务处理如下：

出售、报废和毁损的固定资产转入清理时，应按固定资产净值，借记本科目；按已提折旧，借记累计折旧科目；按固定资产原价，贷记固定资产科目；对于财政专项拨款或地质项目拨款形成的固定资产处置时，除上述会计处理外，还应按固定资产的净值，借记非流动资产基金科目，贷记本科目。

清理过程中发生的费用，借记本科目，贷记银行存款等科目；收回出售固定资产的价款、残料价值和变价收入等，借记银行存款、材料等科目，贷记本科目；应由保险公司或过失人赔偿的损失，借记其他应收款、银行存款等科目，贷记本科目。处置固定资产过程中计算应交纳的税费，按照应交纳的税费，借记本科目，贷记应交税费——应交增值税（销项税额）科目。

固定资产清理后的净收益，借记本科目，贷记营业外收入——处理固定资产收益科目。固定资产清理后的净损失，区别情况处理：属于自然灾害等非常原因造成的损失，报经批准后，用于国家预算内地勘工作的固定资产，借记营业外支出科目，贷记本科目；用于其他经营的固定资产，借记营业外支出——非常损失科目，贷记本科目；属于正常的处理损失，借记营业外支出——处理固定资产损失科目，贷记本科目。对于处置财政拨款或地质项目拨款形成的固定资产清理的净收益，借记本科目，贷记应缴国库款科目。

4）本科目期末借方余额，反映地勘单位尚未清理完毕的固定资产清理净损失；本科目期末贷方余额，反映地勘单位尚未清理完毕的固定资产清理净收益。

4.4 无形资产会计改革

4.4.1 无形资产类会计科目的变动

（1）增设研发支出科目

现行地勘会计制度制定时，无形资产在地勘单位发挥作用的有限性和对无形资产会计研究的局限性，决定了现行制度并没有对地勘单位自行研发无形资产做出专门规定。只是在无形资产会计科目中做出了如下规定：地勘单位购入或自行开发并按法律程序申请取得的各种无形资产，应按实际支出，借记本科目，贷记银行存款等科目。上述规定虽涉及自行开发无形资产的入账价值，但很明显与现行会计惯例不符，不能满足无形资产研发核算的要求。因此，修订后的地勘会计制度应该增设研发支出科目，全面核算无形资产研发过程中发生的所有支出，包括资本化支出和费用化支出，准确反映自行研发无形资产价值的形成过程。

（2）增设累计摊销科目

现行地勘会计制度规定设置无形资产科目，反映不同种类无形资产的取得、价值摊销及转让。这种设置存在的问题是：一是无形资产科目贷方发生额既反映价值的摊销，又反映无形资产有偿转让的摊余成本，贷方反映的内容不一致；二是无形资产科目的借方余额不能反映无形资产取得时的成本；三是与固定资产和累计折旧性质一样，累计摊销科目是无形资产科目的备抵调整科目，两者余额相抵后的差额，反映无形资产的净值。如果设置累计摊销科目，无形资产科目单独反映无形资产取得、转让和结存的实际成本，累计摊销科目反映无形资产累计摊销的提取、注销和现有无形资产的累计额摊销额。因此，依据《事业单位会计制度》，修订后的地勘会计制度应增设累计摊销科目，核算无形资产使用过程中转移的价值。

4.4.2 无形资产类会计科目使用说明的变动

（1）研发支出会计科目的使用说明

自行研发无形资产支出的会计处理，学术界争论的焦点主要集中在研发支出的费用化或资本化以及资本化的程度。主要有费用化、资本化、有条件的资本化、最终结果确定法以及追溯资本化5种观点。费用化观点认为，研究与开发费用应于发生当时全部作为期间费用，计入当期损益。资本化观点认为，研究与开发费用应于发生时全部资本化，等到开发成功取得收益时再进行摊销。有条件资本化观点认为，应将研究与开发费用分开，所有研究费用在发生时作为费用处理；对于开发费用，只要满足某些条件，具有开发成功的可能性，就应作为资本化处理。最终结果确定法观点认为，在研究与开发费用发生时先归集到一个专门的账户中，然后根据研究与开发的最终结果来决定采用何种处理方法。当研究开发活动成功并确定能给企业带来收益时，将归集的研究开发费用资本化；否则，作为费用来冲销当期损益。追溯资本化观点认为，先将发生的研究与开发支出全部费用化处理，待研究与开发项目成功后，再将已费用化处理的支出追溯调整为资产。我国企业会计准则采取了有条件资本化的观点。

有条件资本化观点将企业内部研究开发项目的支出，区分为研究阶段支出与开发阶段支出。研究是指为获得并理解新的科学或技术知识而进行的独创性的有计划调查，该阶段的特点是项目研发建立在有计划的调查基础上且项目已经过批准，研究是否会形成无形资产等均具有较大的不确定性。开发是指在开始商品生产或使用前，将研究成果转化为一种新产品或工艺的系列活动，该阶段的特点是开发是建立在研究阶段基础上，形成成果的可能性大。无法区分研究阶段支出和开发阶段支出，应当将其发生的研发支出全部费用化。

有条件资本化观点对于研发支出的处理，应遵循以下确认与计量的原则：研究阶段的支出全部费用化；开发阶段的支出应判断是否符合资本化条件，不符合资本化条件的支出应费用化处理，符合资本化条件的支出与发生的申请费用应予资本化处理。开发阶段发生的支出需要在同时满足下列条件才能资本化：①完成该无形资产以使其能够使用或出售在技术上具有可行性。②具有完成该无形资产并使用或出售的意图。③无形资产能够为企业带来未来经济利益。④有足够的技术、财务资源和其他资源支持，以完成该无形资产的开发，并有能力使用或出售该无形资产。⑤归属于该无形资产开发阶段的支出能够可靠地计量。

依据上述论述，修订后的地勘单位会计制度关于研发支出科目的使用说明如下：

1）本科目核算地勘单位进行研究与开发无形资产过程中发生的各项支出。

2）本科目应当按照研究开发项目，分别费用化支出与资本化支出进行明细核算。

3）研发支出的主要账务处理：

自行开发无形资产发生的研发支出，不满足资本化条件的，借记本科目（费用化支出）；满足资本化条件的，借记本科目（资本化支出），贷记材料、银行存款、应付职工薪酬等科目。

以其他方式取得的正在进行中的研究开发项目，应按确定的金额，借记本科目（资本化支出），贷记银行存款等科目。以后发生的研发支出，应当比照自行开发无形资产发生的研发支出进行处理。

研究开发项目达到预定用途形成无形资产的，应按本科目（资本化支出）的余额，借记无形资产科目，贷记本科目（资本化支出）。

期末，应将本科目归集的费用化支出金额转入管理费用科目，借记管理费用科目，贷记本科目（费用化支出）。

4）本科目期末借方余额，反映地勘单位正在进行中的研究开发项目中满足资本化条件的支出。

（2）无形资产会计科目使用说明的变动

修订后的地勘单位会计制度对无形资产科目的使用说明应在下述方面有所变化：①核算范围的变化。由于增设累计摊销科目，该科目核算的是无形资产的成本，而不是无形资产的价值。②主要账务处理方面的变化。由于增设累计摊销科目，所以无形资产价值转移时，不应贷记无形资产科目，而应贷记累计摊销科目；无形资产取得的会计处理不应仅涉及一般无形资产的外购和自行研发，应该补充说明自行研发的会计处理。无形资产减少的会计处理只规范了投资和转让两种情况，除此之外，还应包括报废和出租的会计处理。③取消无形资产摊销的会计处理规定。由于单独设置累计摊销科目，无形资产科目期末余额应是现有无形资产的成本而不是无形资产的价值。

依据上述论述，修订后的地勘单位会计制度关于无形资产科目的使用说明如下：

1）本科目核算地勘单位的专利权、非专利技术、商标权、著作权、土地使用权等各种无形资产的成本。

本科目的核算不包括采矿权取得、摊销、投资和处置的核算。

2）本科目应当按照无形资产的类别、项目等设置明细账，进行明细核算。

3）本科目的主要账务处理如下：

地勘单位外购无形资产，应当按照实际支付的购买价款、相关税费（不含增值税）和相关的其他支出，借记本科目，贷记银行存款等科目。经批准用财政专项拨款外购无形资产，按照实际支付的金额（不含增值税），借记财政专项支出——无形资产科目，贷记财政专项拨款、零余额账户用款额度、银行存款等科目；同时按确定的无形资产成本，借记本科目，贷记非流动资产基金科目。

自行开发建造厂房等建筑物，外购土地及建筑物支付的价款应当在建筑物与土地使用权之间按照合理的方法进行分配。其中，属于土地使用权的部分，借记本科目，贷记银行存款等科目。

开发项目达到预定用途形成无形资产的，按照应予资本化的支出，借记本科目，贷记研发支出——资本化支出、银行存款等科目。因出售、报废、对外投资等原因处置无形资产，应当按照取得的出售无形资产的价款等处置收入，借记银行存款等科目，按照其已计提的累计摊销，借记累计摊销科目，按照应支付的相关税费及其他费用，贷记应交税费——应交增值税（销项税额）、银行存款等科目，按照其成本，贷记本科目，按照其差额，贷记“营业外收入——非流动资产处置净收益”科目或借记“营业外支出——非流动资产处置净损失”科目。处置财政专项拨款形成的无形资产，按照无形资产的账面价值，借记待处理财产损溢科目，按照已提取的摊销额，借记累计摊销科目，按照无形资产的账面价值，贷记无形资产科目；经批准后按照无形资产的账面价值，借记“非流动资产基金——无形资产”科目，贷记待处理财产损溢科目。

地勘单位对外出租无形资产，按收到的租金，借记银行存款等科目，贷记其他业务收入科目。

4）本科目期末借方余额，反映地勘单位无形资产的成本。

（3）累计摊销会计科目的使用说明

累计摊销系修订后的地勘单位会计制度应增设的科目，关于累计摊销科目的使用说明如下：

1）本科目核算地勘单位对无形资产计提的累计摊销。

2）本科目应按照无形资产项目设置明细账，进行明细核算。

3）累计摊销科目的主要账务处理如下：

地勘单位应当在其分摊年限内，采用年限平均法对无形资产取得时的成本进行等额摊销，无形资产应按以下原则确定摊销年限：法律规定了有效年限的，按照法律规定的有效年限作为摊销年限；法律没有规定有效年限的，按照相关合同或单位申请书中的受益年限作为摊销年限；法律没有规定有效年限、相关合同或单位申请书也没有规定受益年限的，按照不少于10年的期限摊销；采矿权分摊年限应按照设计采矿年限确定。

地勘单位应当自无形资产取得当月起，按月计提无形资产摊销，按照每月应计提的摊销金额，借记管理费用、间接费用等科目，贷记本科目。对于财政专项拨款形成的无形资产，按照每月计提的摊销金额，借记“非流动资产基金——无形资产”科目，贷记本科目。

地勘单位出售无形资产，按实际取得的转让收入，借记银行存款科目；按该项无形资产已计提的累计摊销额，借记本科目；按无形资产的账面余额，贷记无形资产科目；按应支付的相关税费，贷记银行存款、应交税费等科目；按其差额，贷记营业外收入科目或借记营业外支出科目。处置财政专项拨款形成的无形资产，按照无形资产的账面价值，借记待处理财产损溢科目；按照已提取的摊销额，借记本科目；按照无形资产的账面价值，贷记无形资产科目。

地勘单位报废无形资产，按该项无形资产已计提的累计摊销额，借记本科目；按无形资产的账面余额，贷记无形资产科目；按无形资产的账面价值，贷记营业外支出科目。

地勘单位以无形资产对外投资等时，应当按无形资产的评估价值或协议价，借记“长期股权投资——其他投资”科目；按已计提的累计摊销，借记本科目；按评估价或协议价与累计摊销额的差额，贷记营业外收入科目或借记营业外支出科目。

4）本科目期末贷方余额，反映地勘单位提取的无形资产的累计摊销额。

4.5 其他长期资产会计改革

4.5.1 其他长期资产会计科目的变动

（1）以对内部单位投资科目替代拨付所属资金科目

实务中拨付所属资金科目、内部往来、长期投资——其他投资科目核算的范围虽然比较清晰，但是没有清楚反映实质，就字义分析容易发生误解。因此，需要根据三者核算的范围，以对内部单位投资、其他应收款、长期股权投资——其他投资等科目，分别替代拨付所属资金、内部往来、长期投资等科目，分别核算地勘单位对内部独立核算单位的投资、地勘单位与内部独立核算单位之间应收应付款项、地勘单位对具有法人资格的单位进行的长期投资。

（2）以长期待摊费用科目代替递延资产科目

现行地勘会计制度设置的递延资产科目与待摊费用科目相对应，两者均是已经支付但不能于发生时一次计入当期损益的各项费用；不同之处是两者分摊的期限，递延资产的分摊期限在1年以上（不含1年），待摊费用的分摊期限在1年以内（含1年）。根据上章论述，待摊费用科目已经取消，其所反映的费用支出在发生时，一次性计入当期费用。递延资产科目所反映的内容实质是摊销期限在1年以上的费用支出，现行地勘单位会计制度中递延资产科目反映的内容绝大多数项目与小企业会计准则中的长期待摊费用科目反映的内容相同。因此，依据《小企业会计准则》和会计实务中的普遍做法，修订后的地勘单位会计制度应该用长期待摊费用科目代替递延资产科目。

4.5.2 其他长期资产会计科目使用说明的变动

（1）对内部单位投资科目的使用说明

现行地勘单位会计制度对拨付所属资金科目的使用说明就下述事项做了规定：拨付所属资金的核算范围、明细科目的设置、主要会计处理等。修订后的地勘会计制度以对内部单位投资科目替代拨付所属资金科目，对内部单位投资科目使用说明与拨付所属资金科目基本相同。对内部单位投资科目使用说明如下：

1）本科目核算地勘单位拨付所属内部独立核算单位的生产资金。

地勘单位与所属内部独立核算单位之间因购销或其他业务而发生的债权债务和收付款项等，应在其他应收款科目核算，不在本科目和接受上级投资科目核算。

2）本科目应按各内部独立核算单位分别设置明细账，进行明细核算。

3）对内部单位投资科目的主要账务处理。

地勘单位拨出的固定资产，按账面净值，借记本科目，按已提折旧，借记累计折旧科目，按账面原值贷记固定资产科目；拨出的流动资产，按账面价值或实拨数，借记本科目，贷记材料、管材、材料成本差异、银行存款等科目。

收到所属内部独立核算单位上缴的固定资产、流动资产时，作相反分录。

4）本科目的核算内容，应与所属单位使用的上级拨入资金科目的核算内容相一致。

5）本科目期末借方余额，反映地勘单位对内部独立核算单位投入的生产资金余额。

（2）长期待摊费用科目的使用说明

修订后的地勘单位会计制度以长期待摊费用科目替代递延资产科目，相对于递延资产科目，长期待摊费用科目使用说明主要变动体现为核算范围的变化。长期待摊费用核算范围的变化体现在：①明确其分摊期限在1年以上（不含1年）。②核算内容方面的变化。删除“内部独立核算多种经营单位筹建期间的开办费”，该部分费用于发生时记入当期的管理费用。增加“已提足折旧固定资产的改建支出”，因为该项固定资产预计的使用年限已到，应计提折旧额已全部提取，因为一般情况下不能调整固定资产的使用寿命，但是发生的改建支出确实延长了固定资产的使用寿命，同时该部分支出会使以后期间的生产受益。“租入固定资产的改良工程支出”应改为“经营租入固定资产的改良工程支出”，这样修改的原因是经营租入的固定资产所有权和控制权均不属于地勘单位，发生的改良工程支出没有可依附的资产，不能计入固定资产的成本；而融资租入固定资产其控制权属于地勘单位，其发生的改良工程支出有可依附的资产，应该计入固定资产的成本。固定资产的大修理支出应明确要同时符合下列条件方可列入长期待摊费用：修理支出达到取得固定资产时的计税基础的50%以上；修理后固定资产的使用寿命延长2年。另外，长期待摊费用分摊的变化还体现在对不同性质的长期待摊费用的摊销期限应做出明确说明。

修订后的地勘单位会计制度对长期待摊费用科目的使用说明如下：

1）本科目核算地勘单位已经发生但应由本期和以后各期负担的分摊期限在1年以上（不含1年）的各项费用，包括已提足折旧固定资产的改建支出、经营租入固定资产的改建支出、固定资产的大修理支出和其他长期待摊费用等。

2）本科目应按支出的项目设置明细账，进行明细核算。

3）本科目的主要账务处理如下：

地勘单位发生的各项长期待摊费用，借记本科目，贷记“银行存款”“材料”等科目。

按月采用年限平均法摊销长期待摊费用，已提足折旧的固定资产的改建支出，按照固定资产预计尚可使用年限分期摊销；经营租入固定资产的改建支出，按照合同约定的剩余租赁期限分期摊销；固定资产大修理支出，按照固定资产尚可使用年限分期摊销；其他长期待摊费用，自支出发生月份的次月起分期摊销，摊销年限不得少于3年。

按照长期待摊费用的受益对象，借记地勘生产、多种经营生产、管理费用、间接费用、辅助生产、管理费用等科目，贷记本科目。

4）本科目期末借方余额，反映地勘单位尚未摊销完毕的长期待摊费用。

（3）待处理财产损溢科目使用说明的变动

修订后的地勘单位会计制度待处理财产损溢科目主要变化如下：①核算范围应说明核算的是盘盈盘亏或毁损物资的价值，因为盘盈应当按重置完全价值，盘亏应按账面价值进行处理；核算范围应增加材料、管材等运输途中损耗的处理，以与后面的账务处理内容相一致。②账务处理应按流动资产、固定资产和材料管材运输途中的损耗3个部分进行规范，每一部分又包括盘盈盘亏发生时和批准后的会计处理。流动资产部分应增加库存现金盘盈盘亏的会计处理。③借鉴小企业会计准则的做法，对于固定资产盘盈盘亏的处理，一般列为营业外收入或营业外支出科目。④增加财政专项拨款或地质项目拨款形成的固定资产、无形资产处置净损益的会计处理。⑤本科目期末余额的说明中，应在原来说明的基础上增加“年度终了报经批准处理后，本科目一般应无余额”。这是因为该科目的净余额，一般列为资产负债表中的流动资产类下的待处理流动资产净损失（净收益以“-”号表示），或列为资产负债表中的非流动资产类下的待处理固定资产净损失（净收益以“-”号表示），很明显是将其作为资产来看待，但是其反映的内容显然不属于资产的范畴，因为它并不能给地勘单位带来经济利益。如果年末仍旧有余额，会虚增地勘单位的资产或利润。修订后的地勘会计制度对待处理财产损溢科目的使用说明如下：

1）本科目核算地勘单位在清查财产过程中查明的各种财产物资的盘盈、盘亏和毁损的价值。

采购物资在运输途中因自然灾害等发生的损失或尚待查明的损耗，也通过本科目核算。

2）本科目应设置待处理固定资产损溢和待处理流动资产损溢两个明细科目。

3）待处理财产损溢科目的主要账务处理如下：

盘盈的各种材料、管材、库存产品、现金等，应当按照同类或类似存货的市场价格或评估价值，借记材料、管材（在库或在用）、产成品、库存现金等科目，贷记本科目（待处理流动资产损溢）。盘亏、毁损的各种材料、管材、库存产品、现金等，应当按照其账面价值，借记本科目（待处理流动资产损溢），按累计提取的摊销额，借记管材摊销等科目，按盘亏资产的账面余额，贷记材料、管材、材料成本差异、产成品、库存现金等科目。涉及增值税进项税额的，还应进行相应的账务处理。

盘盈的固定资产，按照同类或类似固定资产的市场价格或评估价值扣除按照该项固定资产新旧程度估计的折旧后的余额，借记固定资产科目，贷记本科目（待处理非流动资产损溢）。盘亏的固定资产，按照该项固定资产的账面价值，借记本科目（待处理非流动资产损溢），按照已计提的累计折旧，借记累计折旧科目，按照其原价，贷记固定资产科目。

处置财政专项拨款或地质项目拨款形成的固定资产、无形资产时，处置过程中发生的清理支出，借记本科目（待处理非流动财产损溢），贷记银行存款等科目；产生的清理收入，借记银行存款科目，贷记本科目（待处理非流动财产损溢）。清理结束后，应按发生的清理净收益，借记本科目（待处理非流动财产损溢），贷记应缴国库款科目，发生清理净损失时，做相反会计分录。

材料、管材在运输途中发生的短缺和损耗，属于自然灾害或意外事故等非常原因或尚未查明原因的存货短缺，按实际发生的短缺或损耗，借记本科目（待处理非流动资产损溢），贷记在途材料、材料采购等科目。

盘亏、毁损、报废的各种材料、管材、库存产品、现金等，按照管理权限经批准后处理时，按照残料价值，借记材料、管材、产成品、库存现金等科目，按照可收回的保险赔偿或过失人赔偿，借记其他应收款科目，按照本科目余额，贷记本科目（待处理流动资产损溢、待处理非流动资产损溢）；按照其借方差额，借记营业外支出科目。盘盈的各种材料、管材、库存产品、现金等，按照管理权限经批准后处理时，按照本科目余额，借记本科目（待处理流动资产损溢、待处理非流动资产损溢），贷记营业外收入科目。

材料、管材在运输途中发生的短缺和损耗，按照管理权限经批准后处理时，对于造成的损失，属于合理的损耗，应计入材料、管材的采购成本；属于应由供应单位、运输机构、保险公司或其他过失人负责赔偿的损失，借记其他应收款科目，贷记本科目；属于自然灾害等非常原因造成的损失，应报经批准后，将扣除残料价值、过失人和保险公司赔款后的净损失区别情况处理：用于国家预算内地勘工作的，借记地勘生产（××项目）科目，贷记本科目；用于其他经营的，借记“营业外支出——非常损失”科目，贷记本科目。

4）本科目月末如为借方余额，反映尚未处理的各种财产物资的净损失；如为贷方余额，反映尚未处理的各种财产物资的净溢余。年度终了报经批准处理后，本科目一般应无余额。

5 地质勘查单位负债会计改革

5.1 负债会计改革概述

依据新准则第二十六条，地勘单位的负债按照流动性可以分为流动负债和长期负债。地勘单位的流动负债应该包括短期借款、应付账款、应付票据、预收账款、应付职工薪酬、应交税费、应缴国库款、应付利息、应付节余与收益和其他应付款等。依据新准则第二十七条，地勘单位的长期负债应该包括长期借款、长期应付款，取消专项应付款。

5.1.1 流动负债会计类科目的合并、分拆、删减与增设

（1）将应付工资和应付福利费科目合并为应付职工薪酬科目

事业单位会计制度设置应付职工薪酬科目，核算应付给职工的各种形式的报酬及其他相关支出。修订后的地勘会计制度应该将现行地勘单位会计制度的应付工资和应付福利费科目，合并设置为应付职工薪酬科目。

（2）应交税金科目修改为应交税费科目

现行地勘单位会计制度设置应交税金科目，核算地勘单位向税务部门交纳的各种税金，而教育费附加、矿产资源补偿费则在其他应交款科目核算。鉴于事业单位会计制度设置应缴税费科目，小企业会计准则设置应交税费科目，且将教育费附加、矿产资源补偿费在应交税费科目核算。修订后的地勘单位会计制度应将应交税金科目修改为应交税费科目，将在其他应交款科目核算的教育费附加、矿产资源补偿费，改在应交税费科目核算。

（3）增设应缴国库款科目

为了反映地勘单位处置财政拨款和地质项目拨款形成的固定资产、无形资产和在建工程过程中发生的净收入，即清理收入与清理支出相抵后的差额，应增设应缴国库款科目。

（4）增设应付利息科目

现行地勘会计制度将地勘单位发生的短期借款利息和长期借款利息，分别通过预提费用和长期借款科目。鉴于《小企业会计准则》设置应付利息科目，反映由于向银行或其他金融机构举债而发生的利息。修订后的地勘单位会计制度应增设应付利息科目。

（5）增设应付节余与收益科目

现行地勘单位会计制度规定，地勘单位的应交上级节余与收益，在其他应交款科目核算。地勘单位主管部门所需经费来自地质事业经费拨款，不应在财政拨款之外再收取部分节余与收益；但依据《中央企业国有资本收益收取管理暂行办法》（财企〔2007〕309号），财政部门可以按地勘单位实现的节余与收益的一定比例收取，即参与节余与收益的分配。因此，修订后的地勘单位会计制度应增设应付节余与收益科目，反映地勘单位应交给国家的投资所得。

（6）取消其他应交款科目

现行地勘会计制度设置其他应交款科目，核算地勘单位除应交税金以外的其他应上交的款项，如应交上级款、应交矿产资源补偿费、教育费附加等。借鉴小企业会计准则的规定，修订后的地勘单位会计制度应该取消其他应交款科目。其他应交款科目核算的应交矿产资源补偿费和教育费附加，在应交税费科目核算。

（7）取消预提费用科目

借鉴小企业会计准则的规定，修订后的地勘单位会计制度应该取消预提费用科目，对于短期借款的利息支出，应于应付利息日计算利息费用，通过应付利息科目核算；预提费用科目核算的其他内容，应于费用实际发生时，计入相关的费用成本科目，不再预提。

5.1.2 长期负债会计类科目的调整

（1）取消住房周转金科目

现行地勘单位会计制度设置住房周转金科目是为了配合住房制度改革而设置的。财政部已于2000年9月6日发布了《关于企业住房制度改革中有关财务处理问题的通知》（财企〔2000〕295号文），又以财会〔2001〕5号发布了《企业住房制度改革中有关会计处理问题的规定》。根据这两个文件，取消住房周转金管理制度，现有住房周转金余额作调整期初未分配利润处理。如果是住房周转金贷方余额，直接转增期初未分配利润，增加所有者权益；如果是住房周转金借方余额，冲转期初未分配利润，造成期初未分配利润出现负数的，经注册会计师和会计师事务所鉴证后，报经主管财政机关批准，可依次冲销公益金、盈余公积和资本公积等科目。依据这两个文件规定，修订后的地勘单位会计制度应该取消住房周转金科目。地勘单位住房周转金科目的贷方余额直接结转至增设的期初未分配节余与收益科目。如果住房周转金科目存在借方余额，应结转至期初未分配节余与收益科目；造成期初未分配节余与收益科目出现负数的，可依次冲销地勘发展基金、公益金等科目。

（2）取消专项应付款科目

现行地勘单位会计制度设置专项应付款科目，核算国家和上级主管机构拨给地勘单位的各种专项拨款，一般形成固定资产，该类拨款无须偿还。该类业务的核算类似于用财政专项拨款或地质项目拨款形成的固定资产、在建工程和无形资产的核算。通过财政专项拨款、地质项目拨款科目核算。所以修订后的地勘单位会计制度应取消专项应付款科目。

5.1.3 负债的计量

新准则第二十八条规定：事业单位的负债应当按照合同金额或实际发生额进行计量。小企业会计准则第四十七条规定：各项流动负债应当按照其实际发生额入账。第五十二条规定：非流动负债应当按照其实际发生额入账。因此，地勘单位负债的计量应该采用按其实际发生额计量，这也与现行地勘会计制度对负债计量的规定相符。

流动负债一般金额小、期限不长，其未来支付的金额与流动负债的折现值差额不大；另外，除短期借款和应付票据（并非全部计息）外，其他流动负债都不计息，流动负债的名义利息和实际利息相差不大。按照实质重于形式的原则和重要性原则，为了便于实务操作，对流动负债的计量按实际发生额即未来应付金额计量。非流动负债也按其实际发生额即未来应付金额计量，也就是说地勘单位发生的非流动负债，不需要考虑货币的时间价值和市价因素，只需按实际发生金额计量；非流动负债一旦入账，在其存续期内不允许按其市价或公允价值进行调整。如因融资租入设备发生的长期应付款，应该按照租赁合同确定的未来应付的最低租赁付款额入账。

5.2 流动负债会计改革

5.2.1 短期借款会计科目使用说明的变动

对短期借款科目的使用说明主要变动如下：①账务处理的变动，增加商业汇票贴现与商业汇票到期无力偿付引起的短期借款的处理；②短期借款利息账务处理的变动，由于取消预提费用科目，短期借款于应付利息日计提的利息，应当通过应付利息科目核算。修订后的地勘单位会计制度关于短期借款科目的使用说明如下：

1）本科目核算地勘单位向银行或其他金融机构等借入的期限在 1 年内的各种借款。

2）本科目应按照借款种类、贷款人和币种进行明细核算。

3）短期借款的主要账务处理如下：

地勘单位借入的各种短期借款，借记银行存款科目，贷记本科目；偿还借款，做相反的会计分录。

银行承兑汇票到期，地勘单位无力支付票款的，按照银行承兑汇票的票面金额，借记应付票据科目，贷记本科目。

持未到期的商业汇票向银行贴现，应当按照实际收到的金额（即减去贴现息后的净额），借记银行存款科目，按照贴现息，借记财务费用科目，按照商业汇票的票面金额，贷记应收票据科目（银行无追索权）或本科目（银行有追索权）。

在应付利息日，应当按照短期借款合同利率计算确定的利息费用，借记财务费用科目，贷记应付利息科目。

4）本科目期末贷方余额，反映地勘单位尚未偿还的短期借款本金。

5.2.2 应付及预收款科目使用说明的变动

（1）应付票据会计科目使用说明的变动

对应付票据科目的使用说明变动如下：①增加明细账设置的说明。②主要账务处理的变动，增加银行承兑汇票到期，地勘单位无力付款的处理。修订后的地勘单位会计制度关于应付票据科目的使用说明如下：

1）本科目核算地勘单位对外发生债务时所开出、承兑的商业汇票，包括银行承兑汇票和商业承兑汇票。

2）本科目应按照债权人设置明细账，进行明细核算。

3）本科目的主要账务处理如下：

地勘单位开出、承兑汇票或以承兑汇票抵付货款时，借记材料采购、在途材料、应付账款等科目，贷记本科目。涉及增值税进项税额的，还应进行相应的账务处理。

支付银行承兑汇票的手续费时，借记财务费用科目，贷记银行存款科目。收到银行支付本息通知时，借记本科目和财务费用科目，贷记银行存款科目。

银行承兑汇票到期，地勘单位无力支付票款的，按照银行承兑汇票的票面金额，借记本科目，贷记短期借款科目。

4）地勘单位应设置应付票据备查簿，详细登记每一应付票据的种类、号数、签发日期、到期日、票面金额、合同交易号、收款人姓名或单位名称，以及付款日期和金额等详细资料。应付票据到期付清时，应在备查簿内逐笔注销。

5）本科目期末贷方余额，反映地勘单位开出、承兑的尚未到期的商业汇票的票面金额。

（2）应付账款会计科目使用说明的变动

对应付账款科目的使用说明主要变动如下：①核算范围的变动，删除预付账款核算内容的规定。②主要账务处理的变动，区分实际成本计价和计划成本计价下，采购材料和管材时应付账款的会计处理；增加确实无须偿付应付账款的会计处理，对于无需偿付的应付账款，应列入营业外收入科目。修订后的地勘单位会计制度关于应付账款科目的使用说明如下：

1）本科目核算地勘单位因购买材料、管材和接受劳务供应等而应付给供应单位的款项，以及因分包地质勘查工程应付给分包单位的工程价款。

2）本科目应按供应单位和分包单位设置明细账。

3）本科目的主要账务处理如下：

第一，计划成本计价下，购入材料、管材时，按照实际发生的采购价款（不含可抵扣的增值税），借记材料采购、材料、管材等科目，贷记本科目。

实际成本计价下，购入材料、管材，但尚未验收入库时，按照实际发生的采购价款（不含可抵扣的增值税），借记在途材料等科目，贷记本科目；购入材料、管材，已经验收入库时，按照实际发生的采购价款（不含可抵扣的增值税），借记材料、管材等科目，贷记本科目。

已经预付购货定金或部分货款的，应同时将预付的定金或货款，借记本科目，贷记预付账款科目。补付的货款，借记本科目，贷记银行存款科目。

采购材料、管材已验收入库，但发票账单未到，货款尚未支付的，一般应在月份终了，根据有关凭证按计划成本暂估入账，借记材料、管材等科目，贷记本科目；下月初用红字作同样分录，予以冲回。收到发票账单时，借记材料采购、应交税费——应交增值税（进项税额）科目，贷记本科目或银行存款等科目。

地勘单位接受供应单位提供劳务而发生的应付款项，应根据供应单位的发票账单，借记有关成本费用科目，贷记本科目；支付款项时，借记本科目，贷记银行存款等科目。

第二，地勘单位根据分包单位提出的“工程价款结算账单”结算应付的已完工程价款时，借记地勘生产科目，贷记本科目。按合同规定以预付的工程款和备料款抵减应付工程款时，借记本科目，贷记预付账款科目。补付给分包单位的工程价款，借记本科目，贷记银行存款科目。

第三，地勘单位开出、承兑商业汇票抵作应付账款时，借记本科目，贷记应付票据科目。

第四，确实无法偿付的应付账款，借记本科目，贷记营业外收入科目。

4）本科目期末贷方余额，反映地勘单位尚未支付的应付账款。

（3）预收账款会计科目使用说明的变动

对预收账款科目的使用说明变动如下：为了清晰地反映地勘单位与对方单位预收款项的形成和结算，预收账款科目的借方反映地勘单位与对方单位应结算款项，贷方反映预收对方单位的款项。预收账款科目的主要账务处理应做相应变动。修订后的地勘单位会计制度关于预收账款科目的使用说明如下：

1）本科目核算地勘单位承包社会地勘工作，按照合同规定预收发包单位的款项，包括预收的项目款或工程款和备料款，以及按照购销合同规定预收购货单位的购货款。

2）本科目应按发包单位和购货单位设置明细账。

3）本科目的主要账务处理如下：

第一，按规定预收的项目款、工程款和备料款，借记银行存款科目，贷记本科目；收到发包单位拨入抵作备料款的材料，借记材料采购等科目，贷记本科目。

地勘单位与发包单位结算已完项目或已完工程价款时，按应结算的已完项目和工程总价款，借记本科目，贷记多种经营收入、应交税费——应交增值税（进项税额）科目。

第二，按合同规定预收销货款，借记银行存款科目，贷记本科目；结算销货款时，按应收取的全部货款，借记本科目，贷记多种经营收入、应交税费——应交增值税（销项税额）科目。

第三，收到补付的货款时，按收取的补付款，借记银行存款科目，贷记本科目。

4）本科目期末贷方余额，反映地勘单位预收的款项；期末如为借方余额，反映地勘单位尚未转销的款项。

5.2.3 应付职工薪酬科目使用说明的变动

应付职工薪酬科目是由现行地勘单位会计制度中的应付工资和应付福利费科目合并而来，应付职工薪酬科目使用说明的主要变动如下：①核算范围的变化，本科目核算地勘单位应支付给职工的各种薪酬，由于现在地勘单位工资总额构成内容较现行制度制定时发生了重大变化，自然核算范围也相应有所拓展。②地勘单位职工薪酬的构成内容包括：基本工资（离退休费）、绩效工资、津贴补贴、社会保险费（养老保险、医疗保险、失业保险、工伤保险、生育保险）、住房公积金、个人所得税等，地勘单位应按职工工作的部门设置明细账，按照上述职工薪酬的构成内容设置多栏式明细账，进行明细核算。③职工薪酬的计量，工资（薪级工资、岗位工资和绩效工资）和津贴补贴按国家规定的发放标准计量，社会保险费（养老保险、医疗保险、失业保险、工伤保险、生育保险）和住房公积金按规定的计提基数和比例计算交纳并计量；职工福利费不再提取，需要据实列支，但计算所得税时，扣除的职工福利费用不得超过工资津贴总额的14%；工会经费和职工教育经费分别按工资津贴总额的2%和1.5%的比例提取并计量。④社会保险费和住房公积金无论是个人交和单位交部分，均通过本科目核算。⑤代扣个人缴纳的社会保险费、住房公积金及个人所得税时，需要通过本科目核算。修订后的地勘单位会计制度关于应付职工薪酬科目的使用说明如下：

1）本科目核算地勘单位按有关规定应付给职工的各种薪酬。包括基本工资、绩效工资、国家统一规定的津贴补贴、社会保险费、住房公积金等。

2）本科目应按照职工工作的部门设置明细账，按照工资、津贴补贴、社会保险费、住房公积金、工会经费、职工教育经费、个人所得税等设专栏进行明细核算。

3）本科目的主要账务处理如下：

月份终了，计算本月应付职工薪酬，将本月职工薪酬按职工提供服务的受益对象进行分配，借记地勘生产、多种经营生产、在建工程、辅助生产、管理费用、间接费用、经营费用、地质事业经费支出等科目，贷记本科目。

向职工支付工资和津贴补贴时，按照实际支付给职工的工资，借记本科目，贷记银行存款、地勘工作拨款、零余额账户用款额度等科目；代扣个人缴纳的社会保险费、住房公积金、个人所得税、工会经费和职工教育经费时，借记本科目，贷记其他应付款、应交税费等科目；按照国家有关规定缴纳社会保险费、住房公积金、个人所得税时，借记本科目、其他应付款科目，贷记银行存款、地勘工作拨款、零余额账户用款额度等科目。

4）本科目期末贷方余额，反映地勘单位应付未付的职工薪酬。

5.2.4 应交税费科目使用说明的变动

应交税费科目由现行地勘单位会计制度中的应交税金、其他应交款科目的部分内容合并而来。应交税费科目核算范围的变化主要体现在以下6个方面：①由于应交税费科目代替应交税金科目，所以应交税费科目核算的范围，除原应交税金科目核算的内容外，还应包括其他应交款核算的教育费附加、应交矿产资源补偿费等。②现行地勘单位会计制度的核算还包括固定资产投资方向调节税，我国已于2000年1月1日起停止征收，因此，应取消这一税种。③取消营业税及相关账务处理，这是因为我国从2016年5月1日起，全面实行营业税改征增值税，营业税已经永久退出历史舞台。④现行地勘单位会计制度的核算不包括土地增值税，核算范围方面应增加土地增值税的核算。⑤增加个人所得税的核算。⑥因为契税、耕地占用税、车船购置税和印花税一般不存在预计应交的情况，应增加契税、耕地占用税、车船购置税和印花税等不在应交税费的核算范围的规定。

应交税费明细科目设置的变化体现以下3个方面：①由于会计科目的变动，应交税费明细科目的设置应调整为“本科目应按照应交的税费项目设置明细账，进行明细核算”。②借鉴企业的做法，一般纳税人在应交税费科目下设置应交增值税、未交增值税、预缴增值税、待抵扣进项税额等明细科目进行核算，应交税费——应交增值税明细科目下设进项税额、销项税额抵减、已交税金、转出未交增值税、减免税款、销项税额、出口退税、进项税额转出、转出多交增值税等专栏。③增加应交土地增值税、应交矿产资源补偿费、应交教育费附加、个人所得税等明细科目。

应交税费账务处理的变动。①应交增值税的变化体现在：不予抵扣进项税额的情况修改为“一般纳税人购进货物、加工修理修配劳务、服务、无形资产或不动产，用于简易计税项目、免征增值税项目、集体福利或个人消费”；进项税额不予抵扣，计入所购货物的成本；购入可以抵扣增值税货物、劳务，因发生非正常损失或改变用途，进项税额不予抵扣，应当将进项税额转出；对于即征即退、先征后退、先征后返还等计算的增值税返还，由原在补贴收入科目核算调整为营业外收入科目；出口货物的退税处理，应考虑地勘单位是否实行“免、抵、退”办法，分别实行“免、抵、退”办法的单位和未实行“免、抵、退”办法的单位进行规范。②应交消费税的变化体现在：地勘单位接受其他单位委托加工应税消费品的会计处理，在现行制度规定的基础上增加“除外”要求，即受托加工或翻新改制金银首饰除外；增加地勘单位进口应税消费品应缴消费税的账务处理；增加缴纳消费税的账务处理。③删除应缴营业税的账务处理。④应交资源税的变化体现在：增加缴纳资源税的账务处理。⑤矿产资源补偿费是对开采矿产资源的单位（采矿权人）征收的一种具有专门用途的补偿性费用。计算公式为：矿产资源补偿费金额 = 矿产品销售收入 × 补偿费费率 × 开采回收率系数。其中：开采回收率系数 = 核定开采回采率/实际开采回采率。在现行制度中的会计处理为，借记管理费用科目，贷记其他应交款科目，借鉴小企业会计的做法，其会计处理的变化是借记经营税金及附加科目，贷记应交税费（应交矿产资源补偿费）。⑥增加应交土地增值税、教育费附加、个人所得税的账务处理。⑦现行地勘单位会计制度没有明确地勘单位所得税会计处理的方法，修订后的地勘单位会计制度应该明确地勘单位采用的所得税会计处理方法。不同所得税会计处理方法区别的标志是是否确认暂时性差异（会计税前利润与应纳税所得额之间差异），按照对暂时性差异处理的不同形成了不同的所得税会计处理方法，包括应付税款法和纳税影响会计法。应付税款法是不确认暂时性差异对所得税费用的影响金额，按应缴纳的所得税确认为当期所得税费用的一种方法。纳税影响会计法是考虑暂时性差异对本期所得税费用影响的方法，纳税影响会计法下当期的所得税费用包括应缴纳的所得税和递延所得税（暂时性差异对所得税的影响）两部分，按照所得税税率变动时是否调整递延所得税项目，纳税影响会计法又区分为递延法（调整递延所得税项目）与债务法（不调整递延所得税项目）。债务法按暂时性差异对未来所得税影响的目的不同，区分为资产负债表债务法和利润表债务法。由于资产负债表法下计算确认的递延所得税资产和递延所得税负债更符合资产负债的定义，会计实务中一般采用资产负债表债务法。小企业会计准则第七十一条规定：“小企业应当按照企业所得税法规定计算的当期应纳税额，确认所得税费用。”由此看出，小企业会计准则采用的所得税会计处理方法是应付税款法。小企业采用所得税会计处理方法的理由是为了简化会计处理、缩小会计与税法的差异。借鉴小企业会计准则的做法，修订后的地勘单位会计制度也应采用应付税款法计算应缴纳的所得税。

依据上述论述，修订后的地勘单位会计制度关于应交税费科目的使用说明如下：

1）本科目核算地勘单位从事商业性地勘工作、转让自有地质成果和多种经营收入按规定应交纳的各种税金，如增值税、消费税、资源税、土地增值税、城镇土地使用税、房产税、车船使用税、应交矿产资源补偿费、城市维护建设税、教育费附加、个人所得税、企业所得税等。

地勘单位交纳的契税、耕地占用税、车船购置税和印花税等不需预计应交的税金，不在本科目核算。

2）本科目应按照应交的税费项目进行明细核算。

属于增值税一般纳税人的地勘单位，一般纳税人在应交税费科目下设置应交增值税、未交增值税、预缴增值税、待抵扣进项税额等明细科目进行核算，应交税费——应交增值税明细科目下设进项税额、销项税额抵减、已交税金、转出未交增值税、减免税款、销项税额、出口退税、进项税额转出、转出多交增值税等专栏。

3）本科目的主要账务处理如下：

第一，增值税。

地勘单位（一般纳税人）购进货物（包括进口货物）或接受应税劳务支付的准予抵扣的增值税，借记本科目（应交增值税——进项税额），贷记应付账款、银行存款等科目。购入免税产品，按照购入应税产品的买价和税法规定的税率计算的增值税进项税额，借记本科目（应交增值税——进项税额），贷记应付账款、银行存款等科目。

地勘单位（一般纳税人）购入货物、加工修理修配劳务、服务、无形资产或不动产，用于简易计税项目、免征增值税项目、集体福利或个人消费等，按照购入货物或劳务的增值税等，借记材料采购、在途材料、固定资产等科目，贷记应付账款、银行存款等科目。

购进货物或应税劳务改变用途用于非应税、免税、集体福利和个人消费，非正常损失的购进货物或应税劳务，非正常损失的在产品、产成品所耗用的购进货物或应税劳务等。按照应转出的进项税额，借记应付职工薪酬、待处理财产损溢等科目，贷记本科目（应交增值税——进项税额转出）。

销售商品或提供劳务，按照应收取的增值税销项税额，借记应收账款、银行存款等科目，按照税法规定应交纳的增值税销项税额，贷记本科目（应交增值税——销项税额）；将自产产品用于福利发放、职工个人消费等，应按应交的增值税，借记应付职工薪酬等科目，贷记本科目（应交增值税——销项税额）。

地勘单位发生的即征即退、先征后退、先征后返还等方式销售货物，计提应收的增值税返还时，借记其他应收款科目，贷记营业外收入——政府补助收入科目。

实行“免、抵、退”管理办法的地勘单位出口产品时，按照税法规定计算的当期出口产品不予免征、抵扣和退税的增值税额，借记多种经营成本科目，贷记本科目（应交增值税——进项税额转出）；按照税法规定计算的当期应予抵扣的增值税额，借记本科目（应交增值税——出口抵减内销产品应纳税额），贷记本科目（应交增值税——出口退税）；出口产品按照税法规定应予退回的增值税款，借记其他应收款科目，贷记本科目（应交增值税——出口退税）。

未实行“免、抵、退”管理办法的地勘单位，出口产品实现销售收入时，应当按照应收的金额，借记应收账款等科目；按照税法规定应收的出口退税，借记其他应收款科目；按照税法规定不予退回的增值税额，借记多种经营成本科目；按照确认的销售收入，贷记多种经营收入科目；按照税法规定应交纳的增值税额，贷记本科目（应交增值税——销项税额）。

交纳的增值税，借记本科目（应交增值税——已交税金），贷记银行存款科目。

第二，消费税。

地勘单位对外销售应税消费品或以应税消费品换取生产资料和消费资料以及抵偿债务、支付代购手续费等，其应交纳的消费税，借记经营税金及附加科目，贷记本科目（应交消费税）。

地勘单位以应税消费品对外投资或用于在建工程、非生产机构等，其应交纳的消费税，计入有关项目成本，借记在建工程、管理费用等科目，贷记本科目（应交消费税）。

地勘单位接受其他单位委托加工应税消费品，按规定由受托方代扣代交的消费税（除受托加工或翻新改制金银首饰按照税法规定由受托方交纳消费税外），地勘单位（受托方）按照应交税款金额，借记应收账款、银行存款等科目，贷记本科目（应交消费税）。

地勘单位委托其他单位加工应税消费品，加工物资收回后直接用于销售的，应将代收代缴的消费税计入委托加工物资的成本，借记库存商品等科目，贷记应付账款、银行存款等科目；加工物资收回后用于连续生产，按照税法规定准予抵扣的，按照代收代缴的消费税，借记本科目（应交消费税），贷记应付账款、银行存款等科目。

地勘单位进口应税消费品应交纳的消费税，计入该项进口消费品成本，借记材料采购或在途材料、产成品、固定资产等科目，贷记银行存款等科目。

出口应税消费品，属于直接出口或通过外贸企业出口的，不计算应交消费税；属于委托外贸企业代理出口的，应计算应交消费税，按应交消费税税额，借记应收账款科目，贷记本科目（应交消费税）。收到外贸企业退回消费税时，借记银行存款科目，贷记应收账款科目。发生退关、退货而补交已退的消费税时，作相反分录。

交纳消费税时，借记本科目（应交消费税），贷记银行存款科目。

第三，资源税。

地勘单位销售应税矿产品应交纳的资源税，借记经营税金及附加科目，贷记本科目（应交资源税）。自产自用的应税矿产品应交的资源税，借记多种经营生产等科目，贷记本科目（应交资源税）。

地勘单位购进未税矿产品，按照实际支付的价款，借记材料采购或在途材料等科目，贷记银行存款等科目，按照代扣代缴的资源税，借记材料采购或在途材料等科目，贷记本科目（应交资源税）。

交纳资源税时，借记本科目（应交资源税），贷记银行存款科目。

第四，土地增值税。

地勘单位转让土地使用权应交纳的土地增值税，土地使用权与地上建筑物及其附着物一并在固定资产科目核算的，借记固定资产清理科目，贷记本科目（应交土地增值税）。

土地使用权在无形资产科目核算的，按照实际收到的金额，借记银行存款科目；按照应交纳的土地增值税，贷记本科目（应交土地增值税）；按照已计提的累计摊销，借记累计摊销科目；按照其成本，贷记无形资产科目；按照其差额，贷记“营业外收入——非流动资产处置净收益”科目或借记“营业外支出——非流动资产处置净损失”科目。

缴纳的土地增值税，借记本科目（应交土地增值税），贷记银行存款科目。

第五，房产税、城镇土地使用税、车船使用税、矿产资源补偿费。

地勘单位按规定计算应缴的房产税、城镇土地使用税、车船使用税、矿产资源补偿费，借记经营税金及附加科目，贷记本科目（应缴房产税、应缴城镇土地使用税、应缴车船使用税、应缴矿产资源补偿费）。

地勘单位缴纳房产税、城镇土地使用税、车船税、矿产资源补偿费时，借记本科目（应缴城镇土地使用税、应缴房产税、应缴车船税、应缴矿产资源补偿费），贷记银行存款科目（应缴房产税、应缴城镇土地使用税、应缴车船使用税、应缴矿产资源补偿费）。

第六，应缴城市维护建设税和教育费附加的主要账务处理。

地勘单位按照税法规定应缴的城市维护建设税、教育费附加，借记经营税金及附加科目，贷记本科目（应缴城市维护建设税、应缴教育费附加）。

地勘单位缴纳的城市维护建设税和教育费附加，借记本科目（应缴城市维护建设税、应缴教育费附加），贷记银行存款科目。

第七，个人所得税和企业所得税。

地勘单位代扣代缴的个人所得税，于代扣代缴时，借记应付职工薪酬科目，贷记本科目（应缴个人所得税）；实际缴纳时，借记本科目（应缴个人所得税）。

地勘单位发生企业所得税纳税义务的，按规定计算应缴的所得税，借记所得税费用科目，贷记本科目（应缴企业所得税）；实际缴纳时，借记本科目（应缴企业所得税），贷记银行存款科目。

第八，地勘单位按照规定实行企业所得税、增值税、消费税等先征后返的，应当在实际收到返还的企业所得税、增值税（不含出口退税）、消费税等时，借记银行存款科目，贷记营业外收入科目。

4）本科目期末贷方余额，反映地勘单位尚未缴纳的税费；期末如为借方余额，反映地勘单位多缴或尚未抵扣的税费。

5.2.5 其他流动负债科目使用说明的变动

（1）应付利息会计科目使用说明的变动

修订后的地勘单位会计制度应增设应付利息会计科目，应付利息会计科目的使用说明如下：

1）本科目核算地勘单位按照合同约定应支付的利息费用。

2）本科目应按照贷款人设置明细账，进行明细核算。

3）应付利息的主要账务处理。

在应付利息日，地勘单位应当按照合同利率计算确定的利息费用，借记财务费用、在建工程等科目，贷记本科目。

实际支付的利息，借记本科目，贷记银行存款等科目。

4）本科目期末贷方余额，反映小企业应付未付的利息费用。

（2）应付节余与收益会计科目使用说明的变动

现行地勘单位会计制度设置“其他应交款——应交上级节余与收益”科目，核算地勘单位应向上级主管部门上缴的节余与收益，属于节余与收益分配的内容。但在会计实务中不同地勘单位执行不统一，有的不上缴、有的上缴管理费、有的上缴安全生产经费。本书认为，这种做法于理不通。地勘单位的上级主管部门所需经费来源于地方财政，不应再向地勘单位收取任何费用。财政部门应参照《中央企业国有资本收益收取管理暂行办法》（国发〔2007〕26号）等，对地勘单位使用国有资产获取的节余和经营收益按照一定比例上缴财政部门，作为对使用国有资本的回报。对此，修订后的地勘单位会计制度应取消“其他应交款——应交上级节余与收益”科目，增设应付节余与收益会计科目。修订后的地勘单位会计制度关于应付节余与收益会计科目的使用说明如下：

1）本科目核算地勘单位按规定应向财政部门支付的节余与收益。

2）本科目不设明细账，不进行明细核算。

3）应付节余与收益的主要账务处理如下：

地勘单位根据规定计算应缴国家的节余与收益时，借记节余与收益分配科目，贷记本科目。

向国家实际支付节余与收益时，借记本科目，贷记银行存款等科目。

4）本科目期末贷方余额，反映地勘单位应付未付的节余与收益。

（3）应缴国库款会计科目的使用说明

为了反映地勘单位处置财政专项拨款或地质项目拨款形成的固定资产、无形资产和在建工程过程中发生的净收入，即清理收入与清理支出相抵后的差额，增设应缴国库款科目。修订后的地勘单位会计制度关于应缴国库款会计科目的使用说明如下：

1）本科目核算地勘单位按规定应缴入国库的各种款项（应缴税费除外）。

2）本科目不设明细账，不进行明细核算。

3）应缴国库款的主要账务处理如下：

处置财政拨款形成的固定资产、无形资产过程中发生的清理支出，借记“待处理财产损溢——固定资产”科目或借记“待处理财产损溢——无形资产”科目，贷记银行存款等科目。

处置财政拨款形成的固定资产、无形资产过程中发生的清理收入，借记银行存款科目，贷记“待处理财产损溢——固定资产”科目或借记“待处理财产损溢——无形资产”科目。

清理结束后，应按发生的清理净收益，借记“待处理财产损溢——固定资产”科目或借记“待处理财产损溢——无形资产”科目，贷记本科目。

向国家财政上缴款项时，借记本科目，贷记银行存款等科目。

4）本科目期末贷方余额，反映地勘单位应缴入国库但未缴入国库的款项。

（4）其他应付款会计科目使用说明的变动

修订后的地勘单位会计制度其他应付款会计科目使用说明的变动主要是核算范围的变动，其他应付款科目核算除应付票据、应付账款、预收账款、应付职工薪酬、应缴税费、应付利息、应付节余与收益等以外的其他各种应付、暂收单位或个人的款项及矿区使用费。修订后的地勘单位会计制度关于其他应付款会计科目的使用说明如下：

1）本科目核算地勘单位除应付票据、应付账款、预收账款、应付职工薪酬、应缴税费、应付利息、应缴国库款、应付节余与收益等以外的其他各种应付、暂收单位或个人的款项，如应付租入固定资产和包装物的租金、存入保证金、暂收押金等。

2）本科目应按应付和暂收款项的类别和单位或个人设置明细账。

3）本科目的主要账务处理如下：

地勘单位发生的各项其他应付、暂收款项和探矿权采矿权使用费，借记银行存款、管理费用等科目，贷记本科目；支付的其他各种应付、暂收款项时，借记本科目，贷记银行存款等科目。

4）本科目期末贷方余额，反映地勘单位应付未付的其他应付款项。

5.3 长期负债会计改革

5.3.1 长期借款会计科目使用说明的变动

对长期借款科目的使用说明主要变动如下：①核算范围的变动，相对于现行地勘单位会计制度，核算范围的变动应明确该科目核算的是借款，可以是银行，也可以是其他金融机构如小额贷款公司；还需明确该科目反映的是借款本金，因借款产生的利息或其他费用不在本科目核算。②明细账的设置应修改为“按照借款种类、贷款人和币种进行明细核算”。③主要账务处理方面的变动体现在：一是借款费用计提的时间是借款合同约定的应付利息日，不是资产负债表日，也不是实际支付利息日；二是在规范借款费用会计处理时，应明确长期借款费用资本化的条件。

借款费用是指地勘单位因借款而发生的利息及其他相关成本，包括借款利息、辅助费用等。借款费用资本化的资产范围对于地勘单位而言，一般限于固定资产。借款费用应同时具备下列3个条件才能开始资本化：资产支出已经发生，借款费用已经发生，为使资产达到预定可使用状态所必要的购建活动已经开始；当符合资本化条件的资产在购建或者生产过程中，发生非正常中断且中断时间连续超过3个月的，应当暂停借款费用的资本化；当购建或者生产符合资本化条件的资产达到预定可使用或者可销售状态时，借款费用应当停止资本化。符合资本化条件的借款费用计入相关资产的成本，不符合资本化条件的借款费用，计入当期财务费用。

借款费用资本化金额的确定应区别专门借款和一般借款两种情况。专门借款是指为购建或者生产符合资本化条件的资产而借入专门借款的，专门借款费用资本化金额应当是专门借款当期实际发生的利息费用，减去将尚未动用的借款资金存入银行取得的利息收入或进行暂时性投资取得的投资收益后的金额确定。专门借款发生的辅助费用，在所购建固定资产达到预定可使用状态之前发生的，应当在发生时根据其发生额予以资本化，计入固定资产成本；在所购建固定资产达到预定可使用状态之后发生的，应当在发生时根据其发生额确认为费用，计入当期损益。

一般借款是指除专门借款之外的借款，即借入时并没有明确用于符合资本化条件的资产的构建或生产。如果为购建或者生产符合资本化条件的资产而占用了一般借款的，应计算一般借款的借款费用资本化金额。一般借款的借款费用资本化金额，应当根据累计资产支出超过专门借款部分的资产支出加权平均数乘以所占用一般借款的资本化率，一般借款的资本化率应当根据一般借款加权平均利率计算确定。一般借款发生的辅助费用，应当比照专门借款辅助费用处理的原则进行处理。

依据上述论述，修订后的地勘单位会计制度关于长期借款科目的使用说明如下：

1）本科目核算地勘单位向银行或其他金融机构借入的期限在1年以上的各项借款本金。

2）本科目应按照借款种类、贷款人和币种进行明细核算。

3）本科目的主要账务处理如下：

地勘单位借入长期借款时，按借入款项的本金，借记银行存款等科目，贷记本科目。

在应付利息日，应当按照借款本金和借款合同利率计提利息费用，借记在建工程科目（符合资本化条件的借款利息费用）或记财务费用科目（不符合资本化条件的借款利息费用），贷记应付利息科目。

借款发生辅助费用时，借记在建工程科目（符合资本化条件的借款利息费用）或记财务费用科目（不符合资本化条件的借款利息费用），贷记银行存款等科目。

偿还长期借款本金，借记本科目，贷记银行存款等科目。

4）本科目期末贷方余额，反映尚待归还的各种长期借款的本金。

5.3.2 长期应付款会计科目使用说明的变动

对长期应付款科目的使用说明主要变动如下：①核算范围的变动，在现行制度规定的核算范围基础上，增加“分期付款方式购入固定资产发生的应付款项。”②明细核算应修改为“按照长期应付款的种类和债权人进行明细核算”。③主要账务处理方面的变动体现在：一是明确融资租赁固定资产入账价值为融资租赁合同规定的付款总额和签订租赁合同发生的相关税费；二是增加因分期付款方式购入固定资产引起的长期应付款的会计处理。

固定资产租入，按照与租赁资产所有权相关的风险和报酬是否全部（或绝大部分）转移到地勘单位，分为融资租入和经营租入。融资租入是指与租赁资产所有权相关的风险和报酬在租赁日已经全部（或绝大部分）从租出方转移给地勘单位，经营租入则相反。由于融资租入固定资产的风险或报酬已经全部（或绝大部分）转移到地勘单位，虽然地勘单位没有该项固定资产的所有权，但地勘单位已经拥有或控制该项资产，按照实质重于形式的原则，地勘单位应将融资租入的固定资产视作自有资产入账并提取折旧。融资租入固定资产的入账价值的确认，应借鉴小企业会计准则的做法，或者是保留现有制度的做法，按照租赁合同约定的付款总额和在签订租赁合同过程中发生的相关税费等入账。

地勘单位购买固定资产通常是在正常信用期限内付款，但也会发生超过正常信用条件购买固定资产的业务。如果用分期付款方式购买固定资产，且合同规定的付款期限比较长，超过了正常信用条件，在这种情况下，该项购货合同实质上具有融资的性质。因为具有融资性质，所以借鉴小企业会计准则的做法，分期付款方式购买固定资产的入账价值应是合同规定的各期付款总额和相关税费。

依据上述论述，修订后的地勘单位会计制度关于长期应付款科目的使用说明如下：

1）本科目核算地勘单位除长期借款以外的其他各种长期应付款，如应付融资租入固定资产的租赁费、以分期付款方式购入固定资产发生的应付款项等。

2）本科目应按照长期应付款的种类和债权人设置明细账，进行明细核算。

3）本科目的主要账务处理如下：

融资租入固定资产，在租赁期开始日，按照租赁合同约定的付款总额和在签订租赁合同过程中发生的相关税费等，借记固定资产或在建工程科目，贷记本科目。

以分期付款方式购入固定资产，应当按照实际支付的购买价款和相关税费（不包括按照税法规定可抵扣的增值税进项税额），借记固定资产或在建工程科目，按照税法规定可抵扣的增值税进项税额，借记应交税费——应交增值税（进项税额）科目，贷记本科目。

按合同分期支付款项时，借记本科目，贷记银行存款科目。

4）本科目期末贷方余额，反映地勘单位应付未付的长期应付款项。

6 地质勘查单位净资产会计改革

6.1 净资产会计改革概述

6.1.1 净资产会计科目的合并、分析、删减与增设

依据新准则，借鉴小企业会计准则，结合地勘单位现在的实际情况和地勘单位将来改革的趋势，地勘单位净资产会计科目除保留现行地勘单位会计制度设置的国家基金、节余、收益和节余与收益及分配科目外，地勘单位净资产会计科目的变化是：

（1）增设非流动资产基金科目

为了核算财政专项拨款或地质项目拨款形成的固定资产、在建工程和无形资产等及其折旧、摊销，依据新准则，修订后的地勘单位会计制度应该增设非流动资产基金科目。

（2）将上级拨入资金科目改为接受上级投资科目

现行地勘单位会计制度设置上级拨入资金科目，核算地勘单位所属内部独立核算单位收到上级拨给的用于生产经营使用的资金。上级拨入资金就其实质看，是内部独立核算单位接受地勘单位的投资。依据第四章论述，该账户核算的内容应该在接受上级投资科目中核算。

（3）取消地勘发展基金科目，根据其核算内容的性质分别在营业外收入、国家基金、盈余公积科目核算

现行地勘单位会计制度设置地勘发展基金科目，核算地勘单位按税后节余与收益40%的比例提取和其他途径取得的用于生产经营使用的资金。因为节余与收益分配的改革，地勘单位将不再提取地勘发展基金，所以应取消地勘发展基金科目。取消地勘发展基金科目后，将接受捐赠取得的资产列入营业外收入科目，将专项拨款结余资金、国家为扶持地勘单位转产允许从地质勘查费基数中划出10%左右的资金等列入国家基金科目，将每年按节余与收益的40%提取的地勘发展基金等列入盈余公积科目。

（4）增设结转科目

地勘单位年度地质项目已执行但未完成规定的地质任务（工作项目或工作量），或因故未执行，下年需按原用途继续使用的预算资金。其性质类似于事业单位的结转，在现行地勘会计制度中表现为地勘工作拨款与未完地质工作支出的差额，现行地勘会计制度没有设置专门的账户进行核算。依据新准则，应该增设结转科目，反映地质项目结转。

（5）增设结余科目

地勘单位地质项目任务已经完成但因减少工作项目或工作量而节省的费用，类似于事业单位的结余。在现行地勘会计制度中表现为地勘工作拨款与已完地质工作支出的差额，现行地勘会计制度没有设置专门的账户进行核算。依据新准则，应该增设结余科目，反映地质项目结余。

（6）增设盈余公积会计科目

盈余公积是企业从税后利润中提取形成的，用来弥补亏损、转增资本和扩大生产经营的收益积累。地勘单位应依据2014年3月1日实施的《公司法》的要求，按照税后节余与收益的一定比例提取盈余公积，提取盈余公积后，地勘单位不应再提取地勘发展基金。因此，修订后的地勘单位会计制度应该增设盈余公积会计科目，该科目核算地勘单位按照税后节余与收益的一定比例提取的法定盈余公积、任意盈余公积等。

（7）取消公益金会计科目，公益金科目的贷方余额转至盈余公积科目

依据《公司法》规定，地勘单位不再提取公益金，所以应取消现行地勘单位会计制度设置的公益金账户。现行地勘单位会计制度公益金账户的期末贷方余额转作盈余公积科目。

经过上述论述，修订后的地勘会计制度净资产类会计科目应该包括：国家基金、非流动资产基金、接受上级投资、盈余公积、节余、结转、结余、收益和节余与收益分配——未分配节余与收益等科目。

6.1.2 地勘单位净资产的计量

地勘单位净资产是地勘单位在某一时点的资产净额，是某一时点资产总额扣除负债后的金额。因此，净资产的计量取决于各项资产、各项负债的计量。当含有经济利益或服务潜力的经济资源流入地勘单位，使得地勘单位的资产增加或负债减少，从而导致净资产的增加；反之，当含有经济利益或服务潜力的经济资源流出地勘单位，使得地勘单位的减少或负债增加，从而导致净资产的减少。所以，净资产的计量与资产、负债、收入、支出的计量密切相关。地勘单位资产、负债、收入与支出的计量一般按实际发生额计量。因此，净资产的计量也是按实际发生额计量。地勘单位净资产与资产、负债、收入、支出的关系是：净资产＝资产－负债，结转（余）＝收入－支出，期末净资产＝资产－负债＋结转（余）。

6.2 净资产会计改革

6.2.1 “国家基金”会计科目使用说明的变动

地质勘查单位属于事业单位，从理论上讲应该按照新准则，将国家基金科目分设为事业基金和非流动资产基金科目，分别核算地勘单位拥有的非限定用途的净资产和占用在非流动资产方面的基金。然而，地质勘查单位最终将改制为地质勘查企业，国家基金科目也应相应转换为实收资本科目。因此，为了准确反映国家对地勘单位的投资和国家基金的保值增值，修订后的地勘会计制度应继续保留国家基金科目。

修订后的地勘单位会计制度对国家基金科目使用说明的主要变动如下：①核算范围的变动。鉴于地勘单位财政隶属关系的变动，地勘单位国家基金除原中央财政投入资金外，还包括省级财政投入资金，今后只会存在省级财政投入资金；地勘单位的地勘工作拨款由中央地质勘查费转换为省级财政拨款和中央地质勘查基金项目拨款（地质项目资金）；地勘单位获得的省级财政拨款包括基本支出拨款（日常公用经费、人员经费）、省级地质项目拨款、中央地质勘查基金项目拨款和其他财政专项拨款等。核算范围应体现这些变化。②将现行地勘会计制度规定的“国家基金除规定的增减变动因素外，地勘单位不得自行调整”调整为“除符合国家基金科目主要账务处理规定的业务外，地勘单位不得自行调整国家基金科目的余额”。原因是，地勘单位属地化后，国家基金形成的渠道已由中央财政投入转变为省级财政投入。但为了国家基金的保值增值，原有国家财政投入形成的国家基金无论其如何形成，国家基金科目的余额均不得擅自调整。③国家基金科目的主要账务处理变动如下：将“地勘单位收到国家和上级主管机构拨入的资金”改为“地勘单位收到省级财政投入的资金”，原因是财政预算体制改革后，地勘单位只能收到省级财政投入资金，不可能收到国家和上级主管机构投入的资金。删除“地勘单位因用国家基本建设拨款购建完成的固定资产增加国家基金”的规定。④结余一般是指完成预算资金地质项目因减少工作项目或工作量而节省的费用支出，结余从金额上表示为地勘工作拨款与已完地质项目支出相抵后的差额。地勘单位实现的结余经批准后，按照批准的意见，一般需要上交省级财政，在未上交之前，依据事业单位会计准则，表现为一种净资产。因此，应删除现行地勘会计制度关于“地勘单位报经批准，按照核定额度由国家预算拨款划转资金，或将地勘工作拨款结余划转国家基金”的规定。⑤地勘单位因不可抗拒因素（如自然灾害等非常原因）而发生的资产净损失，一般列为营业外支出。所以应删除国家基金科目使用说明中的这一规定。⑥修改国家地质成果对外投资的会计处理，用国家地质成果对外投资，实质是国家将探矿权、采矿权的所有权让渡给地勘单位，是探矿权或采矿权的转让。因此，地勘单位经批准让渡预算资金探矿权、采矿权时，应按该探矿权、采矿权的评估确认价值或协议价，反映国家基金的增加。依据上述论述，修订后的地勘单位会计制度关于国家基金会计科目的使用说明如下：

1）本科目核算国家和省级财政以各种方式投入地勘单位的资金。包括国家和省级财政直接投入的生产资金，由基本建设拨款完成、地质勘探费划转等形成的资金。

地勘单位开展日常业务、省级预算资金地质项目拨款、中央地质勘查基金地质项目拨款和其他财政专项拨款，应通过地勘工作拨款科目核算。

地勘单位拨给所属内部独立核算单位使用的资金，兴办独立核算、自负盈亏并具有法人资格的多种经营企业而投出的资金，应分别通过对内部单位投资、长期股权投资科目核算，不使用本科目。

2）除符合国家基金科目主要账务处理规定的业务外，地勘单位不得自行调整国家基金科目的余额。

3）国家基金科目的主要账务处理如下：

地勘单位收到省级财政投入的资金，借记银行存款等科目，贷记本科目。

地勘单位因机构调整、撤并等原因，由其他单位无偿调入固定资产时，借记固定资产等科目，贷记本科目和累计折旧等科目；向其他单位无偿调出固定资产时，借记本科目和累计折旧等科目，贷记固定资产等科目。

地勘单位经批准让渡尚未探明可采经济储量的预算资金探矿权时，应按该探矿权的评估确认价值或协议价，借记探矿权——预算资金（××地质项目）科目，贷记本科目。转让时的账务处理见地质成果、探矿权的账务处理。经批准让渡已探明可采经济储量的预算资金地质成果的所有权时，应按该采矿权的评估确认价值或协议价，借记采矿权——预算资金（××地质项目）科目，贷记本科目。

报经批准，盈余公积转增资本时，借记盈余公积科目，贷记本科目。

4）本科目期末贷方余额，反映中央及地方财政对地勘单位投入的资金总额。

6.2.2　非流动资产基金会计科目的使用说明

为了反映财政专项拨款或地质项目拨款形成的固定资产、无形资产和在建工程等所占用的资金金额，修订后的地勘单位会计制度需要增设非流动资产基金科目。需要说明地勘单位会计制度和事业单位会计制度都设立非流动资产基金科目，但两者的核算范围不同。事业单位会计制度中的非流动资产基金科目的核算范围是事业单位长期投资、固定资产、无形资产和在建工程等非流动资产占用的资金。修订后的地勘单位会计制度中的非流动资产基金科目的核算范围是财政专项拨款或地质项目拨款形成的固定资产、无形资产和在建工程等所占用的资金金额。原因如下：地质勘查单位会计制度最终要过渡到执行企业会计准则，需要保持国家基金科目，不需要将国家基金科目分设为事业基金、非流动资产基金科目，所以应该限定在财政专项拨款或地质项目拨款形成的非流动资产占用的资金；按有关规定事业单位一般不允许用国家预算拨款和结余进行投资，所以没有与长期投资对应的非流动资产基金。修订后的地勘单位会计制度对非流动资产基金会计科目的使用说明如下：

1）本科目核算地勘单位财政专项拨款和地质项目拨款形成的固定资产、无形资产和在建工程等所占用的资金金额。

2）本科目应当设置固定资产、在建工程、无形资产等明细科目，进行明细核算。

3）本科目的主要账务处理如下：

地勘单位经批准用财政专项拨款购入不需要安装的固定资产、无形资产，应当按照其实际支付金额，借记固定资产、无形资产科目，贷记本科目（固定资产、无形资产）；同时，按照实际支付金额，借记财政专项支出科目，贷记地勘工作拨款——财政专项拨款、零余额账户用款额度、银行存款等科目。

地勘单位经批准用地质项目拨款购入不需要安装的固定资产，应当按照其实际支付金额，借记固定资产科目，贷记本科目（固定资产）；同时，按照实际支付金额，借记地勘生产——××地质项目科目，贷记地勘工作拨款——地质项目拨款、零余额账户用款额度、银行存款等科目。

地勘单位经批准用财政专项拨款或地质项目拨款购入需要安装的固定资产，应当按照其实际支付金额，借记在建工程科目，贷记本科目（在建工程）；按照实际支付金额，借记财政专项支出或地勘生产——××地质项目科目，贷记地勘工作拨款——财政专项拨款（或地质项目拨款）、零余额账户用款额度、银行存款等科目。发生安装费和运输费用，借记在建工程科目，贷记本科目（在建工程）；同时借记财政专项支出或地勘生产——××地质项目科目，贷记银行存款等科目。安装完毕交付使用时，按照购建总成本，借记固定资产科目，贷记本科目（固定资产）；同时，借记非流动资产基金——在建工程科目，贷记在建工程科目。

对于用财政专项拨款和地质项目拨款购入的固定资产、无形资产，应按提取的固定资产折旧额、无形资产摊销额，借记本科目（固定资产、无形资产），贷记累计折旧、累计摊销科目。

4）本科目期末贷方余额，反映地勘单位拥有的财政预算拨款形成的固定资产、无形资产和在建工程的净额。

6.2.3 接受上级投资会计科目的使用说明

接受上级投资科目由现行单位地勘会计制度的上级拨入资金科目变化而来，核算地勘单位所属内部独立核算单位收到上级拨给的用于生产经营使用的资金。修订后的地勘单位会计制度对接受上级投资科目的使用说明如下：

1）本科目为地勘单位所属内部独立核算单位专用科目，核算收到上级拨给的用于生产经营使用的资金。

地勘单位与所属内部独立核算单位之间因购销和其他业务而发生的债权债务和收付款项等，应在其他应收款或其他应付款科目核算，不在本科目核算。

2）本科目的主要账务处理如下：

收到上级拨入的固定资产，应按其原值，借记固定资产科目；按已经提取的折旧，贷记累计折旧科目；按固定资产的账面价值，贷记本科目。

收到上级拨入的流动资产，按转账数，借记材料、管材、器材成本差异、银行存款等科目，贷记本科目。

上交固定资产、流动资产时，作相反分录。

3）本科目的核算内容应与地勘单位的对内部单位投资科目的有关核算内容相互一致。

4）本科目贷方期末余额反映内部独立核算单位接收地勘单位投资的金额。

6.2.4 节余、结余与结转会计科目的使用说明

地勘单位开展的业务包括预算内地质工作、商业性地质工作、自筹资金地质工作和多种经营业务，其中预算内地质工作包括省级预算资金地质项目和中央预算资金地质项目。预算内地质工作的经营成果表现为节余，商业性地质工作、自筹资金地质工作和多种经营的经营成果表现为经营收益。

地勘单位对于预算内的地质项目必须加强各阶段的管理，必须遵循地质规律、成矿规律等，根据地质条件判断地质设计的工作项目是否必要、工作量是否需要增加或减少、所设计材料、人工费用是否合适，根据判断及时调整地质项目设计预算，目的是确保高质量地完成地质工作任务的前提下，为国家或地勘单位节省地勘资金。对于地质项目已经完成，因减少工作项目或工作量而节省的费用支出，在会计上表现为结余。地勘单位实现的结余经批准后，按照批准的意见，一般需要上交省级财政或项目管理单位，在未上交之前，依据新准则，表现为一种净资产。有时为了扶持地勘行业的发展，可能留给地勘单位，作为追加的国家投入，增加地勘单位的国家基金。

对于未完成的地质项目，规定的年度地质任务（工作项目或工作量）未完成，或因故未执行，下年需按原用途继续使用的预算资金，在会计上表示为结转。

对于在完成年度地质项目任务或地质项目规定的工作项目和工作量的前提下，实现的地质项目的完全成本大于或小于该地质项目的拨款数，则表现为完成该地质项目后实现的超支或节余。因此，财政部门、地质项目的立项部门和地勘单位必须明确地质项目结余与节余的区别。结余的处理与其他事业单位结余的处理基本相同，其他事业单位的结余不参与分配，或按规定上交，或者留给地勘单位形成国家基金。地勘单位的节余是地勘单位加强成本控制、管理的结果，是地勘单位的经营所得，应该留归地勘单位。

地勘工作拨款中的基本支出部分一般不存在结转或结余。

由上论述可知，地质项目资金使用的结果可能表现为结余、节余和结转。为了核算地质项目的结余、节余和结转，需要保留现行地勘单位会计制度的节余科目，增设结余、结转科目。

（1）节余会计科目使用说明的变动

地勘单位的节余是地勘单位承担国家预算内地勘工作实现的预算经费节余额。理解这一概念，需要明确以下4点：一是节余是在完成地质项目设计规定的工作项目和工作量的前提下实现的，未完成或不需要完成工作项目和工作量实现的是结余额；二是节余形成的渠道是按地质项目下拨的预算拨款，是地质项目预算拨款的应结算价款与该地质项目完全成本（制造成本与分配的管理费用之和）相抵后的差额；三是节余是国家财政预算支出的一部分，不属于所得税的纳税范围，不需要计算缴纳所得税；四是节余的计算，节余包括已完地质项目实现的节余及未完地质项目预提的节余两部分，已完地质项目本年度实现的节余额为该项目本年度应结算的地勘工作拨款总额减去该项目实际总成本后的差额。需要特别指出的是，按照相关规定，预算内地质项目不允许出现节余，这种做法意味着地勘单位必须用完全部拨款，否则必须上缴财政，实际上是不鼓励地勘单位加强地质项目的成本控制与管理，体现的是纯粹事业单位的管理办法，这与地质勘查单位的生产型事业单位的特点不符。所以，本书认为，必须坚持预算内地质项目提取节余的做法。

修订后的地勘单位会计制度应继续保留节余会计科目，用以核算地勘单位本年度预提和实现的节余。对于节余会计科目的使用说明如下：

1）本科目核算地勘单位承担预算内地质勘查工作本年度预提和实现的节余总额。发生的超支数，也在本科目核算。

2）本科目的主要账务处理如下：

年度终了，地勘单位按规定预提未完地质项目节余额时，借记未完地质项目支出科目，贷记本科目。地质项目完成验收后，按规定计算结转已完地质项目实现的节余额时，借记已完地质项目支出科目，贷记本科目；如为超支，作相反分录。

年度终了，应将本年实现的节余总额全部转入节余与收益分配科目，借记本科目，贷记节余与收益分配——未分配节余与收益科目；如为超支，作相反分录。

3）本科目期末贷方余额，反映本年本期止实现的节余总额；借方余额，反映本年本期止发生的超支额。年终结转后，本科目应无余额。

（2）结转会计科目的使用说明

修订后的地勘会计制度需增设结转科目，并对结转科目的使用说明做出规定。关于结转科目的使用说明如下：

1）本科目核算地勘单位年度地质项目已执行但未完成规定的地质任务（工作项目或工作量），或因故未执行，下年需按原用途继续使用的预算资金。

2）本科目应当按照地勘单位承担的预算内地质项目设置明细科目，进行明细核算。

3）本科目的主要账务处理如下：

年末，将地勘工作拨款本年度发生额结转至本科目时，借记地勘工作拨款——××地质项目拨款科目，贷记本科目；将未完地质工作支出、已完地质工作支出科目的本期发生额结转至本科目时，借记本科目，贷记未完地质工作支出、已完地质工作支出科目。

年末，完成上述结转后，应对地勘工作拨款与地质工作支出进行分析，将属于结余性质的支出（地质项目已经完成，因减少工作项目或工作量而节省的费用支出）结转至结余科目，借记本科目（××地质项目），贷记结余——××地质项目科目。

下年度初，需要按本科目的贷方余额，借记本科目，贷记地勘工作拨款科目。

4）本科目期末贷方余额，反映地勘单位本年末预算内地质项目结转数额。

（3）结余会计科目的使用说明

修订后的地勘会计制度需增设结余，并对结余科目的使用说明做出规定。关于结余科目的使用说明如下：

1）本科目核算地勘单位已完成地质项目但无须开展的工作项目或工作量而剩余的地质项目预算资金。

2）本科目应当按照地勘单位承担的预算内地质项目设置明细科目，进行明细核算。

3）本科目的主要账务处理如下：

年末，应对地勘工作拨款与地质工作支出进行分析，将属于结余性质的支出，结转至本科目，借记结转——××地质项目科目，贷记本科目（××地质项目）。

对于地勘单位实现的结余，按照批准的意见进行账务处理，需要上交省级财政，借记本科目（××地质项目），贷记银行存款、财政应返还额度、零余额账户用款额度等科目；经批准留给地勘单位，借记本科目（××地质项目），贷记国家基金科目。

4）本科目期末贷方余额，反映地勘单位本年末预算内地质项目结余数额。

6.2.5 收益会计科目使用说明的变动

地勘单位收益包括经营收益、投资收益和营业外收支净额。收益总额与所得税之差表示为净收益。经营收益是地勘单位开展主营业务、多种经营业务和其他业务实现的收益，其中主营业务收益包括商业性地勘工作收益，自筹资金地质成果、采矿权和探矿权转让收益，预算资金地质成果、采矿权和探矿权转让收益。

地勘单位净收益的计算公式为：经营净收入＝主营业务收入＋多种经营收入＋其他业务收入－主营业务成本－多种经营成本－其他业务支出－经营税金及附加；经营收益＝经营净收入－经营支出－管理费用－财务费用；收益总额＝经营收益＋投资收益＋营业外收入－营业外支出；净收益＝收益总额－所得税费用。上述收入、支出类项目的解释见第9章。

收益与节余都会导致地勘单位净资产的增加，是形成地勘单位净资产的重要因素。

修订后的地勘单位会计制度应继续保留收益会计科目，对收益科目的使用说明如下：

1）本科目核算地勘单位本年度实现的收益（或亏损）总额。地勘单位的收益包括经营收益、投资收益和营业外收支净额。

2）本科目的主要账务处理如下：

地勘单位应于月末将本月实现的主营业务收入、多种经营收入、其他业务收入、营业外收入、投资净收益等转入本科目的贷方，借记主营业务收入、多种经营收入、其他业务收入、营业外收入、投资收益等科目，贷记本科目。

地勘单位应于月末按实际发生的经营成本、费用、经营税金及附加、营业外支出、所得税费用等，转入本科目的借方，借记本科目，贷记主营业务成本、多种经营成本、其他业务支出、经营费用、经营税金及附加、管理费用（应由经营收入负担部分）、财务费用、投资收益、营业外支出、所得税费用等科目。

年度终了，应将本年实现的净收益全部转入节余与收益分配科目，借记本科目，贷记节余与收益分配——未分配节余与收益科目；如为亏损，作相反分录。

3）本科目期末贷方余额，反映本年本期止实现的收益总额；借方余额，反映本年本期止发生的亏损额。年终结转后，本科目无余额。

6.2.6　盈余公积会计科目的使用说明

依据现行《地勘单位财务制度》第六十四条，地勘单位从事社会地勘工作、转让地质成果资料，以及多种经营所实现的经营收益，按照国家规定作相应调整后，依法缴纳所得税。地勘单位缴纳所得税以后的经营收益，加上预算内地质项目形成的节余，构成可供分配的节余与收益。可供分配的节余与收益，除国家另有规定者外，按照下列顺序分配：弥补以前年度亏损；应交上级结余；按扣除前两项之后的余额，提取40%转作地勘发展基金，提取30%转作职工福利基金，提取30%转作奖金。这种分配政策延用的是1982年的政策，存在以下弊端：①这种分配政策与2014年3月1日起实施的《公司法》的要求不符，按照公司法要求，地勘单位对税后节余与收益的分配顺序是，应按照税后节余与收益的10%提取法定盈余公积，然后再根据地勘单位的实际情况提取一定比例的任意盈余公积；提取公积金之后，决定向投资者分配节余与收益，最后形成未分配的节余与收益。②这种分配政策没有体现出国家作为地勘单位的投资者从地勘单位获取的节余与收益，现行制度中的“应交上级节余与收益”的做法更多地表现为行政参与分配，地勘单位的上级主管部门没有理由参与节余与收益的分配，因为上级主管部门作为行政单位其需要的资金来自于省级财政。③职工参与税后节余与收益的分配，有违会计的权益理论，职工不能参与税后节余与收益的分配，职工的劳动所得只能体现在应付职工薪酬中。④税后节余与收益分配按“四三三”的比例分配形成生产发展基金、职工福利基金、职工奖励基金后，年末未分配节余与收益为零，这样使得地勘单位扩大再生产缺乏必要的资金支持，不利于地勘单位持续健康的发展。为此，需要依据公司法的要求，改进现行的做法。

地勘单位按照公司法的要求，进行节余与收益的分配，符合地质勘查单位的定位，也与地勘单位未来趋向（企业）相吻合，更有利于为地勘单位的健康发展提供资金支持。由于地勘单位按照公司法要求对税后节余与收益的分配进行改革，即按照税后节余与收益的10%提取法定盈余公积后，再根据地勘单位的实际情况提取一定比例的任意盈余公积；

提取公积金之后，决定向投资者分配节余与收益，最后形成未分配的节余与收益。法定盈余公积和任意盈余公积两者的区别在于，前者是必须提取的，是按照税后节余与收益的10%提取的，而后者则是根据地勘单位的实际情况由权力机构决定是否提取和提取多少；提取后两者的用途是相同的，都可以用来弥补亏损、转增国家基金和扩大地勘单位的生产经营。所以，修订后的地勘单位会计制度应增加盈余公积、应付节余与收益等科目。应付节余与收益科目的使用说明参见第五章。修订后的地勘单位会计制度对盈余公积科目的使用说明如下：

1）本科目核算地勘单位按照公司法规定，在税后节余与收益中提取的法定公积金和任意公积金。

2）本科目应当分别设置法定盈余公积、任意盈余公积明细科目，进行明细核算。

3）本科目的的主要账务处理如下：

地勘单位提取法定公积金，借记节余与收益及分配——提取法定盈余公积科目，贷记本科目（法定盈余公积）科目。

地勘单位提取任意盈余公积金，借记节余与收益及分配——提取任意盈余公积科目，贷记本科目（任意盈余公积）。

用盈余公积弥补亏损，借记本科目，贷记节余与收益及分配——盈余公积补亏科目。

盈余公积转增国家基金时，借记本科目，贷记国家基金科目。

4）本科目期末贷方余额，反映地勘单位法定公积金和任意公积金的金额。

6.2.7 节余与收益及分配会计科目使用说明的变动

未分配节余与权益是地勘单位的净资产，在节余与收益及分配科目下设的未分配节余与收益明细科目中反应，该科目的贷方期末余额反映地勘单位截止到期末实现的累积未分配的节余与收益，借方期末余额反映地勘单位截止到期末实现的累积未弥补的亏损。

修订后的地勘单位会计制度应继续保留节余与收益及分配科目。但是，由于节余与收益的分配内容和顺序发生了变化，节余与收益分配科目的使用说明也应发生相应的变化。节余与收益及分配科目使用说明的主要变动如下：①明细科目设置的变化。节余与收益及分配科目设置的明细科目由地勘发展基金补亏、应缴上级、提取地勘发展基金、提取公益金、提取奖金、未分配节余与收益等科目改为盈余公积补亏、提取法定盈余公积、提取任意盈余公积、应付节余与收益、未分配节余与收益。②主要账务处理的变化。地勘发展基金补亏的账务处理改为盈余公积补亏的账务处理，因为法定盈余公积和任意盈余公积都可以用来弥补亏损、转增国家基金；增加提取法定盈余公积、提取任意盈余公积的账务处理；将应缴上级节余与收益改为应付节余与收益，且分配顺序方面应放置提取盈余公积之后，账务处理应做出相应变动；取消提取地勘发展基金、提取公益金与提取奖金的账务处理。修订后的地勘单位会计制度对节余与收益分配会计科目的使用说明如下：

1）本科目核算地勘单位节余与收益的分配（或超支与亏损的弥补）。

2）本科目应设置盈余公积补亏、提取法定盈余公积、提取任意盈余公积、应付节余与收益和未分配节余与收益等明细科目。

3）本科目的主要账务处理如下：

年末，结转本年度的节余与收益，借记节余、收益科目，贷记本科目（未分配节余与收益）科目。如果是亏损或超支，做相反会计分录。

地勘单位用盈余公积弥补亏损时，借记盈余公积科目，贷记本科目（盈余公积补亏）。

年末，地勘单位按规定比例计提盈余公积时，借记本科目（法定盈余公积、任意盈余公积），贷记盈余公积（法定盈余公积、任意盈余公积）科目。

年末计算应付节余与收益额时，借记本科目（应付节余与收益），贷记应付节余与收益科目。

年末，将本科目除未分配节余与收益之外的其他明细科目的余额，转入本科目所属未分配节余与收益明细科目的借方。

年度终了，除了未分配节余与收益明细科目外，本科目所属其他明细科目应无余额。

4）本科目的贷方余额反映地勘单位截止到期末实现的累积未分配的节余与收益；如为借方余额，反映地勘单位截止到期末实现的累积未弥补的亏损。

7 地质项目会计改革

7.1 地质项目会计改革概述

7.1.1 地质项目会计建立的必要性

（1）地质项目管理在地勘单位管理中的重要性

地质项目管理是指对符合地质项目条件的，可单独列出项目的地质工作，按国家或省级地质项目管理规定，由立项部门、地勘单位对地质项目实施全过程的管理，旨在确保地质项目的社会效益和经济效益。由于地质普查勘探是地勘单位的主营业务，开展各类地质项目的管理对于地勘单位来说具有举足轻重的重要地位。具体表现为：①开展预算内地质项目管理，有利于分别轻重缓急安排使用财政资金，提高财政资金的使用效益。地质项目立项前，需要考虑国家或地方经济建设对矿产资源的急需程度，按照轻重缓急安排地质项目，可以避免对国家和地方建设近期或长远不需要矿产资源的盲目投入，实现资金的最大节约。②开展自筹资金地质项目管理，有利于提高地质项目的经济效益。对于自筹资金开展的地质项目，地勘单位更应该开展地质项目的可行性论证，确定地质项目是否应该设立，地质项目预期获得收益的大小。③开展地质项目管理，有利于在更好地完成地质任务的同时，降低地质项目的成本费用。地质项目立项后，地勘单位应加强地质项目施工过程的管理，施工过程中要遵循地质规律，以取得最佳矿产储量为目的，决定工作项目和工作量的增减，避免工作项目和工作量的浪费；施工过程中还应加强地质项目费用成本管理，争取以最小的投入实现最大的产出。④开展地质项目管理，有利于地质成果的有偿使用和矿业权的交易。地质项目工作的最终成果是有价值的地质成果，或形成矿业权（探矿权、采矿权），地质成果和矿业权的交易必须要有交易的价格，而地质项目费用成本核算的结果，可以为地质成果的有偿交易和矿业权价款的评估提供依据。⑤开展地质项目管理，有利于地勘单位内部经济责任制。按地质项目组织部门或人员施工，明确部门和员工的责任，加强地质项目、工作项目的成本核算，以设计预算指标为依据评价考核部门或员工的经济责任完成情况，实施必要的奖惩，可以实现各个地质项目的最大经济效益，进而促进整个地勘单位经济效益的提高。需要特别指出，无论地质勘查单位还是地质事业单位、地质勘查企业，都应该开展地质项目管理，以地质项目为单元组织会计核算与管理。

（2）地质项目管理的阶段性

地质项目管理应贯穿于地质项目从立项到验收的全过程，这一过程包括地质项目的立项、设计预算的编制、施工组织及管理和成果验收等环节。

地质项目的立项。地质项目立项之前要进行充分的可行性论证，可行性论证的内容是国家和地方建设对地质成果和矿产资源需求的预测、地质项目的实施条件、地质项目实施的手段和方法、地质项目的资金来源渠道及保障、地质项目的技术经济效益的综合评价等。只有在充分进行可行性研究的基础上，才能进行地质项目的取舍。

地质项目设计的编制。地质项目设计是根据地质工作目标和各类规范、规程要求，对地质项目的具体体现，是制定年度工作计划和安排各项目的依据，是地质勘查生产经营活动中重要的组成部分。地质项目设计由勘查方案、地质设计、施工设计和设计预算组成，各组成部分存在先后顺序。

地质项目施工组织及管理。地质项目施工是指根据地质项目设计及施工设计，动用各种施工手段和测试方法进行施工，施工过程是由各个大小不同的勘查工作所组成的统一过程，一般来讲包括施工（作业）准备过程、基本施工（作业）过程、辅助施工过程和勘查服务过程。在施工过程中，地勘单位一方面需要遵循地质规律，确定工作项目和工作量的调增或调减；另一方面，还需要开展地质项目和工作项目的成本核算与控制。

地质项目的成果验收、经济评价。地质项目完成后，需要对照地质设计，对地质成果进行检查验证，没有达到要求或部分不合格的需要补充施工，对于不合格的工程项目，要注意分清相关人员或单位的责任。

7.1.2　地质项目会计的内容

地质项目会计是地勘单位会计的重要组成部分，是运用或服务于地质项目管理过程的会计，包括地质项目资金来源、费用成本核算与控制、地质项目拨款核销、地质成果与矿业权计量、地质成果与矿业权交易等。地质项目会计要以地质项目为主线，以提高地质项目的社会和经济效益为目的。地质项目会计的主要内容包括以下几个方面。

（1）地质项目立项与地质项目资金来源

地质项目按其资金来源可以划分为预算资金项目、商业性资金项目和自筹资金项目。

预算资金地质项目由省级财政预算资金和中央财政预算资金组成，项目的立项分别由省国土资源厅和国土资源部依据国家和地方经济发展对不同矿产资源的需求情况出具立项指南，地勘单位填写地质项目立项申请书，地勘单位再依据批准的立项申请书，编写地质项目设计预算，地质项目设计预算是地勘单位何时获取、获取多少地勘工作拨款的依据。立项申请书和地质项目设计的编写都要有会计人员的参与，一定要克服目前存在的只有地质、工程人员参加的不合理现象。

商业性资金项目一般是由矿山企业、建筑企业等单位委托地勘单位从事的地质勘探工作，一般是以地质项目的形式存在，有时表现为单项工程项目。地勘单位应与委托单位就地质勘探资金进行协商谈判，最后以合同的形式确定地质项目的资金。在地质勘探资金的确定过程中，要由地质人员、工程技术人员和会计人员参加，准确确定地质项目或工程项目的工作量、单位费用，最终确定所需地勘资金，实现预定的利润。

自筹资金地质项目是地勘单位用自身资金和其他单位筹措的资金从事的地质项目，自筹资金项目的立项、地质设计预算更需要有会计人员的参加。立项阶段需要对地质项目的可行性进行研究，考虑国家尤其是地方对需要探明的矿产资源的需求程度、当前或未来该类矿产品的价格走势、费用估算、资金保障程度等，这些均需要会计人员的参与，才能确定地质项目是否立项。

（2）地质项目施工组织与地质项目成本的核算控制

地质项目会计在地质项目施工组织阶段的任务是，控制费用支出、组织地质项目成本的核算，以求实现最大的节余（预算资金项目）或收益（商业性资金项目和自筹资金项目）。

预算资金地质项目成本核算与控制的目的是实现节余和结余。节余或超支是在完成年度地质项目任务或地质项目规定的工作项目和工作量的前提下，该地质项目的拨款数大于或小于实现的地质项目的完全成本，是管理控制成本支出实现的结果，归属地勘单位；结余是已完地质项目，因减少工作项目或工作量而节省的费用支出，结余或上交上级或留归地勘单位作为国家对地勘单位的投入。会计管理的着重点是控制费用支出、力争实现更多的节余。预算资金地质项目成本核算与控制，需要借助“地勘生产”“辅助生产”“间接费用”等账户，实行地质项目、工作项目和费用项目开展三级核算。地质项目的成本计算方法采用的是完全成本法，即地质项目成本包括制造成本和分担的管理费用。中央地质项目制造成本依据《中央地质勘查基金（周转金）管理暂行办法》（财建〔2016〕342号）规定的费用项目计算，中央地勘基金费用项目一般包括人员费、专用燃料和材料费、水电费、交通费、差旅费、会议费、印刷费、用地补偿费、劳务费、咨询费、委托业务费、租赁费和其他等。地方地质项目的制造成本项目的设置可依据或参照中央地勘基金费用项目执行。

商业性资金项目和自筹资金项目成本核算与控制的目的是实现经营收益。商业性资金项目和自筹资金项目的成本核算与控制，也需要借助地勘生产、辅助生产、间接费用等账户，实行地质项目、工作项目和费用项目开展三级核算；不同的是地质项目的成本计算方法采用的是制造成本法，即地质项目成本不包括管理费用，费用项目的设置不需要考虑与预算的一致，一般包括直接材料、直接人工、其他直接费用和间接费用等。

由上述论述可知，预算资金地质项目与商业性资金项目、自筹资金项目采取的成本计算方法不同，即预算资金地质项目采用完全成本法，商业性资金项目、自筹资金项目采用制造成本法。理论界对此产生怀疑，其实所以采用不同的成本计算方法是有其理由的，原因是：①今后相当一段时期内地勘单位仍然是以预算资金地质项目为主，地勘工作拨款与支出实行预算管理，地质项目预算包括了管理费用，对预算资金地质项目的地勘工作成本也应该采用完全成本法，以保持核算口径上的一致。②地勘工作和地质成果逐步进入市场，实行有偿服务和使用，是改革不断深化的必然结果。为了适应这一改革与发展要求，现行制度对商业性和自筹性资金地质项目采用制造成本法，是与企业会计制度相一致的，同时也符合地勘单位经营活动的特点。

（3）地质项目的验收与地勘工作拨款与地质工作支出的结转

对于预算资金项目，每月月末，将预算资金地质项目发生的支出由地勘生产科目结转至未完地质项目支出科目。年末，对于未完地质项目，还应核算节余或超支；年末，对于已完地质项目，应先计提本年度的节余，然后结转该项目的所有支出和节余。年末，将地勘工作拨款、地质工作支出结转至“结转”科目。年末，对于地勘工作拨款、已完地质工作支出、未完地质工作支出科目，结合地质项目进行分析，对于地质项目结余，由“结转——××地质项目”科目结转至“结余——××地质项目”科目。

对于商业性资金项目和自筹资金项目，平时在地勘生产科目按地质项目、工作项目和费用项目核算项目发生的制造成本。商业性资金项目应在按照合同规定结算价款时，结转项目的制造成本；自筹资金地质项目，应于项目完工、形成地质成果时，结转项目的制造成本。

（4）地质成果转让与矿业权交易阶段

对于预算资金项目，完成地质设计规定的各工作项目和工作量之后，向国土资源部或国土资源厅提交地质报告，提交的地质报告可能是地质成果（有价值的地质资料）、探矿权（需要后续地勘工作的地质资料）、采矿权（探明了经济可采储量的地质资料）。当有价值的地质资料、探矿权被地勘单位继续使用时，地勘单位不做账，继续在地勘生产科目核算发生的成本支出；当国家以预算资金形成的采矿权对地勘单位投资时，应按采矿权的评估价或协议价，反映采矿权和国家基金的增加。

对于自筹资金项目，完成地质设计规定的各工作项目和工作量之后，提交地质报告。提交的地质报告可能是地质成果、探矿权、采矿权。完成地质项目设计，提交地质报告时，应按发生在该项目的制造成本，反映地质成果的增加。当地质成果、探矿权、采矿权，被地勘单位自用时，应按地质成果、探矿权、采矿权的入账价值，反映地勘生产（地质成果、探矿权）、采矿权的增加，地质成果的减少。当地质成果、探矿权、采矿权被用来转让时，按应收取的价款和应缴纳的增值税，反映营业收入和应交税费的增加，同时按地质成果、探矿权、采矿权的账面价值结转成本；当地质成果、探矿权、采矿权被用来对外投资时，应按照地质成果、探矿权、采矿权的评估值或协议价和应交税费，反映长期股权投资和应交税费的增加，按照地质成果、探矿权、采矿权的账面价值，反映地质成果、探矿权、采矿权的减少，按地质成果、探矿权、采矿权的评估值或协议价与账面价值之间的差额，反映营业外收入或营业外支出的增加。

7.1.3　地质项目会计科目的变动

现行地勘单位会计制度属于地质项目会计科目的有：地勘工作拨款、地勘生产、未完地质项目支出、已完地质项目支出、地质成果等科目。这几个会计科目均要按地质项目设置明细账，所以将它们归类于地质项目会计科目，分别归属于地质项目设计预算、施工组织、验收和地质成果转让几个阶段。修订后的地勘会计制度应该继续沿用现行地勘单位会计制度的会计科目设置。由于地勘单位管理体制的改革、地勘单位属地化、企业化等，地质项目资金来源渠道已经不同于现行制度制定时的资金来源渠道，因此针对上述地质项目会计科目所设置的明细科目，应发生相应的变动。

7.2　地勘工作拨款的改革

7.2.1　地质项目、工作项目和地质项目设计预算

（1）地质项目

地质项目是指根据需要，在指定地区、以客观地质体为研究对象，独立编制地质设计预算、进行地质作业和施工、提交地质报告，进行经营管理找矿成果和社会经济效益考核

的工作地区或矿产地。

地质项目按资金来源划分为预算资金项目、商业性资金项目、自筹资金项目。其中预算资金项目包括中央预算资金项目、地方预算资金项目。中央预算资金项目包括地质勘查基金、国土资源地质大调查专项资金、矿产资源补偿费拨款、国外矿产资源风险勘查专项资金等。地方预算资金项目主要是省级预算资金项目，包括地质勘查基金、矿产资源补偿费拨款、境外矿产资源开发与合作风险勘查专项资金等。

地质项目按其成果性质划分为基础性、公益性、战略性地质项目及商业性地质项目。基础性地质项目（如区域地质调查、区域水文地质调查）具有风险大、收益不确定的特点，公益性地质项目（如地质灾害、自然灾害的勘察、检测和预报等）具有社会公益性、非盈利性的特点，战略性地质项目关系到国民经济全局或长远发展战略布局。基础性、公益性、战略性地质项目所需资金一般来自国家或地方财政资金。商业性地质项目是以地质成果转让或开发为目的、以盈利为目的的项目，该类项目的风险小，一般由企业或个人出资。

地质项目按专业性质划分固体矿产地质勘查项目、石油地质勘查项目、海洋地质调查项目、水文环境工程地质勘查项目、区域地质调查项目、地球物理（化学）勘查项目、航空遥感地质项目、地质科学研究项目、成矿远景区划及资源总量预测项目。

地质项目按其工作阶段和工作程度划分为基础地质项目、普查地质项目、详查地质项目、勘探地质项目。基础地质项目是对基本地质条件进行调查研究的项目，可进一步按比例尺的大小划分。普查地质项目是以探寻矿产为目的，初步评价有无进一步工作价值的地质项目。详查地质项目是在基础地质工作或普查地质工作基础上，对某一矿种进行详细评价的项目。勘探地质项目是在详查工作基础上，对某一矿种按照有关规范进行的勘探工作的地质项目。按工作阶段有利于确定项目的资金来源（财政资金、经营资金）、项目的承担单位（地质事业单位、地质勘查单位、地质勘查企业）和项目的最终成果（地质成果、探矿权、采矿权）。

地质勘查项目按其重要程度和管理权限划分一类、二类、三类项目。一类项目主要为基础性勘查项目及具有较好资源远景的战略性勘查项目，由国家国土资源管理部门确定与管理。二类项目主要为战略性勘查项目及公益性勘查项目，各省（自治区、直辖市）国土资源主管部门根据本省（自治区、直辖市）中长期规划确定与管理。三类项目是指一、二类项目之外，由各地质勘查主管部门及地勘单位根据自身发展需要确定和管理的勘查项目。这种划分有利于确定地质项目的立项部门（国土资源部、省国土资源厅和地勘单位）和承担的地勘单位（地质事业单位、地质勘查单位、地质勘查企业）。

（2）工作项目

工作项目是指完成既定的地质项目任务，取得预期地质和科研成果，所施用的工作手段和技术方法。工作项目一般包括地质测绘、地质测量、物化探、槽井探、坑探、钻探、岩矿测试、其他地质工作、综合研究及报告编写和工地建筑。

地质测绘：指采用不同的测量方法，测制各种比例尺的地形图（含正图、草测图、修测图）。包括野外作业、内业计算（含电算）、图件清绘及制图等工作。

地质测量是测制各种比例尺的地质图（含正规图、草测图、修测图）。包括区域地质测量、矿产地质测量、水文工程环境地质测量等从野外选点观测到室内清绘编图等工作。

物化探是用地球物理方法、地球化学方法探测物化探异常没通过分析研究、推断解释地质构造和地下资源分布情况而进行的物化探和测井工作。包括从野外工作到室内计算、整理资料、解释制图等工作。

槽井探是为了揭露地表而挖掘的探槽（含样坎和露天坑），以及按一定井口规格由地表垂直掘进深度不超过20米的探井和回填工作。

坑探是用凿岩机械或人工开掘的各种地下坑道、斜井、竖井及封闭坑口等附加工作。

钻探是用各种机型、采用各种方法进行的钻探工作。包括开钻前的准备工作、钻进和辅助工作以及终孔后附加工作。水文地质钻探和工程地质钻探、地热钻探等包括在本项目内。

岩矿测试是指岩矿分析，油、气、水分析，岩矿鉴定，土工试验及样品加工等分析鉴定工作。

其他地质工作是指不能列入上述各项目的其他地质工作，如矿点检查、群众报矿、岩矿心保管、老窿清理、工程点测量及地质技术经济图书购置及保管工作。

综合研究及报告编写是指以资料综合整理为主的设计编写、审查，及报告编制、审查、印刷等工作。

工地建筑是指根据野外地勘工作需要，采用简易结构建筑和翻修各种生产生活用房，修筑简易公路、桥梁及水塔，购置帐篷、蒙古包、活动板房以及上述工地建筑的修缮及修理等。

需要说明，由于各类地质项目设计任务不同，所采用的工作手段和技术方法也应有所不同，地勘单位可以根据实际情况和管理需要，自行增设或减设工作项目。

（3）地质项目设计预算

地质项目设计由地质设计（勘查方案）、施工设计和设计预算组成。地质设计、施工设计是其技术部分，设计预算是其经济部分；勘查方案是编制地质设计、设计概算的基础；地质设计是编制施工设计和设计预算的依据。设计预算是地质项目设计的重要组成部分，是地勘单位取得地勘工作拨款的依据，是地勘单位完成地质项目任务的重要资金保证。因此，地勘单位应认真编写地质项目设计预算。此处以地质调查项目甲类预算为例说明设计预算的编制，甲类预算适用于基础调查计划、矿产资源调查评价工程、地质灾害预警工程中的地质调查项目。

地质项目设计预算由编制说明和预算表组成，编制说明包括：项目概况、预算编制依据、采用的费用标准和计算方法、项目设计预算的合理性与可靠性分析、需要说明的问题等。项目预算中有其他经费来源和外协经费支出的，应予以重点说明。预算表一般包括地质调查工作项目设计预算表（主表）、地质调查工作项目设计预算表（副表）、地质调查工作手段支出预算表（副表），分别反映地质项目的总预算和本年预算（收入按资金来源分别反映、支出按费用项目分别反映），反映各工作项目本年预算和总预算的计算过程，反映某一工作项目费用预算的计算过程。地质项目设计预算的编制依据：立项论证阶段的专家审查意见、项目任务书、项目技术设计方案、《中国地质调查局地质调查项目设计预算暂行标准》及相关的补充修改内容、国家、国土资源部以及中国地质调查局颁发的地质调查项目管理的其他规定。

7.2.2 地勘工作拨款概述

（1）地勘工作拨款的种类

现行《地勘单位财务制度》将地勘工作拨款的来源渠道划分为设置以前年度拨款、中央财政预算拨款、地方财政预算拨款、矿产资源补偿费专项拨款和其他拨款等。

地勘单位属地化管理后，原由中央财政预算安排的地质勘探费已全部下拨给各省、直辖市、自治区财政拨付，实行包干使用，除少量安排地质项目支出外，主要用于地勘单位经常性费用支出。地质项目经费拨款主要来源于中央地质大调查专项资金、省级财政安排的专项资金。因此，地勘单位的各项经费可以划分为地质事业经费和地质项目经费。

地质事业经费拨款是指地勘单位按照核定的预算和经费报领关系收到的由财政部门或上级单位拨入的各类事业经费。包括地质事业费拨款、地质勘查经费拨款、地质行业转产财政贴息拨款、行政事业单位离退休经费拨款、社会保障补助支出拨款、住房改革支出拨款，以及其他有指定用途且无须要单独报账的拨款。

地质项目经费拨款是地勘单位收到的中央及地方财政预算资金拨款。中央预算资金项目包括地质勘查基金、国土资源地质大调查专项资金、矿产资源补偿费拨款、国外矿产资源风险勘查专项资金、其他（如矿产资源补偿费保护项目拨款、地质灾害防治项目拨款、环境保护专项资金项目拨款）等，该类拨款一般通过招投标形式从区域地质调查中心取得。地方预算资金项目包括地质勘查基金、矿产资源补偿费拨款、境外矿产资源开发与合作风险勘查专项资金、其他（如矿产资源补偿费保护项目拨款、地质灾害防治项目拨款、环境保护专项资金项目拨款）等，该类拨款一般表现为省级财政资金拨款。

财政专项拨款是省级财政和上级主管部门拨付给地勘单位用于构建固定资产、无形资产等长期资产的款项。

综上所述，地勘工作拨款可以划分为基本支出拨款（人员经费、日常公用经费）、省级财政资金项目拨款、中央财政资金项目拨款和财政专项拨款。

（2）地勘工作拨款的划入方式

资金划拨方式，又称实拨资金，即财政部门根据各主管部门的经费拨款申请书，在核定的年度支出预算额度之内，按月一次或分次签发拨款凭证，通知国库将预算资金直接划入申请用款的主管部门在银行的经费存款账户。用款单位可以在存款数额内支用或转拨给所属单位。主管部门向所属单位转拨经费时，可以按支票或汇款方式办理。资金划拨方式一般适用于中央财政资金项目拨款。

国库集中支付方式适用于纳入国库集中支付制度改革的地勘单位。国库集中支付包括财政直接支付和财政授权支付两种方式，财政直接支付的范围限于工资支出、购买和服务采购支出、工程采购支出和其他直接支出等，除财政直接支付支出以外的全部支出均为财政授权支付的范围。国库集中支付方式一般适用于省级财政资金项目拨款和基本支出拨款。省级财政资金项目拨款和基本支出拨款也可以采用资金划拨方式。

限额划拨方式适用于地勘单位属地化之前，地勘单位所用财政资金一般采用限额划拨方式，属地化之后，限额拨款方式已经不再采用。

（3）地勘工作拨款的结转

根据现行地勘单位会计制度规定，地勘工作拨款是在地勘单位编报的年度财务报告经主管财政部门批准后才予以核销。鉴于地勘单位编报年度财务报告和主管财政部门审批工作都要在翌年完成，为了不影响新年度的会计核算工作，地勘单位可在新的年度建立新账时，根据上报的财务报告，经主管机构初步审核认定的地勘工作支出数进行核销。

参照《事业单位会计制度》，修订后的地勘单位会计制度应该取消地勘工作拨款核销的制度，实行地勘工作拨款的结转制度。即年末将地勘工作拨款科目中的地质项目拨款与已完地质工作支出和未完地质工作支出科目分别结转至“结转”科目的贷方和借方。然后对地勘工作拨款、已完地质工作支出和未完地质工作支出科目进行分析，将属于地质项目的结余结转至“结余”科目。

7.2.3 地勘工作拨款科目使用说明的变动

对地勘工作拨款科目的使用说明主要变动如下：①核算范围的变化，适应地勘单位属地化改革、地勘资金来源渠道变化的影响，地勘工作拨款核算范围应发生相应变化。②本科目按结转结余转入、基本支出拨款、省级财政地质项目拨款、中央财政地质项目拨款、财政专项拨款等设置明细科目，同时在各明细科目下反映地质项目拨款的类型：地质勘查基金、国土资源地质大调查专项资金、矿产资源补偿费拨款、国外矿产资源风险勘查专项资金、其他拨款（如矿产资源补偿费保护项目拨款、地质灾害防治项目拨款、环境保护专项资金项目拨款）等。③主要账务处理的变动。地勘工作拨款的账务处理应体现出限额划拨方式的取消和国库集中支付形式采用的影响。修订后的地勘单位会计制度关于地勘工作拨款科目的使用说明如下：

1）本科目核算地勘单位承担预算内地质勘查工作任务从各种来源取得的地质项目拨款和基本支出拨款，地质项目拨款包括来自于省级财政和中央财政的地质项目拨款。

2）本科目应设置结转结余转入、基本支出拨款、省级财政地质项目拨款、中央财政地质项目拨款、财政专项拨款等明细科目，进行明细核算。

3）本科目的主要账务处理如下：

地勘单位收到中央财政资金地质项目拨款时，借记银行存款科目，贷记本科目（中央财政地质项目拨款）。

地勘单位收到省级财政资金地质项目拨款时，在国库集中支付方式下，借记零余额账户用款额度、地勘生产、应付职工薪酬等科目，贷记本科目（省级财政地质项目拨款）。资金划拨方式下，借记银行存款科目，贷记本科目（省级财政资金地质项目拨款）。

地勘单位收到基本支出拨款时，在国库集中方式下，借记零余额账户用款额度等科目，贷记本科目（基本支出拨款）。资金划拨方式下，借记银行存款科目，贷记本科目（基本支出拨款）。支用时，借记地质事业基本支出科目，贷记零余额账户用款额度、银行存款科目。

地勘单位用财政专项拨款购置固定资产、无形资产等长期资产时，借记固定资产、无形资产等科目，贷记非流动资产基金科目；同时借记财政专项支出科目，贷记本科目

(财政专项拨款)项目。

地勘单位用地质项目拨款购置专项仪器设备时，借记固定资产科目，贷记非流动资产基金科目；同时借记地勘生产科目，贷记本科目（中央财政地质项目拨款或省级财政地质项目拨款）项目。

年末，结转本年度基本支出拨款，借记本科目（基本支出拨款），贷记结转科目；对于年度基本支出结余，借记结转科目，贷记结余科目。

年末，结转本年度未完地质项目拨款时，借记本科目（中央财政地质项目拨款或省级财政地质项目拨款），贷记结转科目；下年初，结转未完地质项目结转结余时，借记结转科目，贷记本科目（结转结余转入）科目。

年末，结转本年度已完地质项目拨款时，借记本科目（中央财政地质项目拨款或省级财政地质项目拨款），贷记结转科目；对于实现的地质项目结余（无须完成的工作量经费），借记结转科目，贷记结余（地质项目结余）科目。

下年初，经批准对上年地质项目拨款结转结余在本年继续使用时，借记结转科目，贷记本科目（结转结余转入）。

对于地勘单位实现的结余，按照批准的意见进行账务处理，需要上交省级财政，借记结余科目（××地质项目结余、基本支出结余），贷记银行存款、财政应返还额度、零余额账户用款额度等科目；经批准留给地勘单位，借记结余科目（××地质项目结余、基本支出结余），贷记国家基金科目。

4）本科目年末结转后无余额。

7.3 地质项目成本会计改革

7.3.1 地质项目成本概述

（1）地质项目成本

地勘单位的成本按成本计算对象分类可以分为地质项目成本、产成品或劳务成本。本节仅涉及地质项目成本会计的有关改革。

地质项目成本是以地质项目为成本计算对象进行费用归集和计算的成本。地质项目成本不同于一般产品成本的核算，有其特殊性。具体表现为：①成本计算对象的层次性，基于业绩考核、地勘拨款结转、地质成果或矿业权有偿使用的需要，地勘单位必须计算地质项目的成本；同时地质项目的完成，需要借助技术手段和方法即工作项目来完成，加强工作项目成本的核算和控制，有助于降低地质项目的成本，因此，地勘单位还需要将工作项目作为成本计算对象，计算工作项目的成本。②成本方法的两重性，预算内地质项目和预算外地质项目长期并存于地勘单位是客观的实际情况，两类项目的资金来源不同，决定了预算管理要求和地质成果或矿业权有偿使用的方式不同，进而要求采用不同的成本计算方法，预算内地质项目采用完全成本计算方法，预算外地质项目采用制造成本法。③成本计算的阶段性，地勘工作的阶段性，决定了地质项目的成本计算也是分阶段进行的，如对于固体矿产项目，需要计算普查阶段、详查阶段和勘探阶段的成本，以上各阶段成本之和，构成了探明该矿产资源的成本，是地质成果有偿使用、矿业权交易的重要依据。④成本的次比性，由于各地质项目的地质条件和施工条件的差别较大，其设计要求也不同，因而，不同地质项目成本的可比性较差。

（2）地质项目费用成本的确认

地质项目费用成本的确认是指根据一定的原则确定费用的归属期间和费用的承担对象（成本计算对象）。也就是计算地质项目成本需要分两个步骤：①确认归属于地质项目成本的费用及期间，需要明确哪些支出属于地质项目成本的支出，哪些支出不属于地质项目成本的支出，在此基础上需要明确属于地质项目成本的支出的会计期间。②确认费用的承担对象，计算地质项目成本。该步骤需要明确发生的应计入地质项目成本的费用，归集的成本项目、工作项目和地质项目。为此，地质项目成本的计算需要划清以下界限：分清收益性支出与资本性支出、营业外支出和利润分配支出的界限；分清成本费用与非成本费用之间的界限；分清地质项目成本与多种经营生产成本的界限；分清预算内地质项目与商业性地质项目、自筹资金地质项目的界限；分清直接费用与间接费用的界限；分清完工地质项目成本与未完工地质项目成本的界限。

7.3.2 地质项目成本的计算程序

为了计算地质项目的成本，地勘单位会计制度需要继续延用地勘生产、辅助生产、间接费用、未完地质工作支出、已完地质工作支出、地质成果等科目，需要增设探矿权、采矿权等科目。地勘生产、未完地质工作支出、已完地质工作支出、地质成果、探矿权、采矿权等科目需要按地质项目设置明细账。“地勘生产”除按地质项目设置明细账外，还需要按工作项目设置明细账、按费用成本项目设置专栏进行明细核算。地勘单位承担的地质项目无论是预算内还是预算外，预算内地质项目无论是野外地质项目还是综合研究项目，都应按成本项目设置专栏。

地质项目成本计算的程序可以归纳为：将发生的各项生产费用，按成本要素分类直接计入或分配计入各成本费用账户；月末向各工作项目分配间接费用；月末按受益对象分配辅助生产费用；月末根据“地质项目成本计算单”结转各地质项目的本期制造成本和累计制造成本；同时分配预算内地质项目应负担的管理费用；月末结转预算内地质项目未完地质项目支出；结转预算资金地质项目已完地质项目支出；结转已完自筹地质项目（地质成果）部分；结转商业性地质工作项目实际成本（单项工程）。

将发生的各项生产费用，按成本要素分类直接计入或分配计入各成本费用账户。该步是对发生的生产费用进行确认，划清有关费用界限，计入地勘生产、多种经营生产等有关费用成本账户；能够直接计入的，直接计入有关费用成本账户；不能直接计入的需要分配计入有关费用成本账户。对于地勘生产科目应按地质项目、工作项目、费用项目分别核算，应区分预算内地质项目和非预算内项目归集所发生的费用。

月末向各工作项目分配间接费用。间接费用类似于企业生产车间的制造费用，它是地勘单位二级生产单位，为组织和管理生产发生的费用，该类不能直接计入成本计算对象，需要采用一定的分配方法计入不同的工作项目或产成品成本。采用的分配方法根据二级生产单位的组织管理特点决定，可以是直接成本法、工作量法、产量法和工时法。

月末按受益对象分配辅助生产费用。辅助生产费用是地勘单位设立的辅助生产部门为地质项目和多种经营活动提供服务所发生的费用，地勘单位的辅助生产部门可能有修配、运输、供水、供电、安装、固井、自制加工等，对于发生的费用先在辅助生产（按辅助生产部门设置明细账）账户反映，然后采用计划分配法、直接分配法、交互分配法等，在不同的受益对象之间进行分配。

月末根据“地质项目成本计算单”计算各工作项目的本期成本和累计成本，将工作项目的本期成本在各地质项目之间进行分配，计算各地质项目的本期制造成本和累计制造成本。月末将地勘生产科目反映的预算内地质项目的制造成本结转至未完地质项目支出科目。对于商业性地质项目制造成本的结转时间，应按照合同的规定，视不同情况决定结转时间，如合同规定项目完成验收后一次办理价款结算的，应在项目完成验收和确认其结算收入实现时，结转其成本；合同规定按单项工程结算的，应在每项工程完工验收办理结算时，结转该项工程收入应负担的成本；合同规定实行分期结算的，应在分期结算时，结转本期实现的收入应负担的成本。月末分配管理费用。管理费用是地勘单位行政管理机构为组织和管理生产经营活动而发生的各项费用，月末要将管理费用按制造成本或按预算资金（不含离退休人员经费拨款和经营收入的比例）在预算内地质项目、商业性地质项目、自筹资金地质项目和多种经营产品之间进行分配。分配管理费用的目的是确定预算内地质项目和非预算内地质项目、多种经营产品要承担的管理费用，预算内地质项目承担的管理费用，形成地质项目的成本，非预算内地质项目和多种经营产品要承担的管理费用，不记入成本，作为期间费用处理。

7.3.3 地质项目成本科目使用说明的变动

（1）地勘生产科目使用说明的变动

对地勘生产科目的使用说明的主要变动如下：①核算范围的变化，应明确核算各类地质项目的制造费用。②明细核算规定的变化，地勘生产账户应实行费用项目、工作项目和地质项目三级核算，地质项目的资金来源不同，费用项目的划分也不同。③主要账务处理的变动。直接费用、间接费用分配、辅助生产分配的账务处理，按照“地勘生产——××成本项目——××工作项目——××地质项目”描述；间接费用分配、辅助生产分配增加可供选择的分配方法；自筹资金地质项目的成果形式可能表现为地质成果、探矿权、采矿权，因此为了反映自筹资金地质项目的成果，除地质成果科目外，还应增加探矿权、采矿权科目。修订后的地勘单位会计制度关于地勘生产科目的使用说明如下：

1）本科目核算地勘单位在地质勘查生产过程中发生的各项制造费用。包括预算内地质项目、商业性地质项目、自筹资金地质项目等。

2）地质勘查生产费用，应按成本项目、工作项目和地质项目进行归集。

地质勘查生产一般应以地质项目为终极成本核算对象，工作项目（或承包合同项目，下同）为中间成本核算对象。

工作项目一般可分为：地形测绘、地质测量、物化探、槽井探、坑探、钻探、岩矿实验、油气测试、其他地质工作、工地建筑。地勘单位可根据实际情况和管理需要，增设或减设工作项目。

工作项目成本包括从施工准备、野外施工、室内资料整理、现场搬迁到竣工验收全部施工过程中所发生的各项制造费用。

预算资金地质项目的成本项目分为：人员费、专用燃料和材料费、水电费、交通费、差旅费、会议费、印刷费、用地补偿费、劳务费、咨询费、委托业务费、租赁费、其他和分配的管理费等。商业性地质项目和自筹资金地质项目的成本项目包括：人工费、材料和燃料费、其他直接费和间接费用。

3）主要账务处理如下：

地勘单位在地质勘查生产过程中发生的各项费用，属于直接费用，应直接计入有关工作项目成本，如计算分配工资费用，借记本科目（人工费——钻探——××地质项目），贷记应付职工薪酬科目；领用材料，借记借记本科目（材料和燃料费——钻探——××地质项目），贷记材料、材料成本差异等科目；

属于间接费用，应先在间接费用科目进行归集，月末，按照受益对象，在直接成本法、工作量法、产量法和工时法等中选择科学的分配方法分配间接费用，分配计入有关工作项目时，借记本科目（其他——××工作项目——××地质项目），贷记间接费用科目；

属于辅助生产部门提供的劳务，应先通过辅助生产科目核算，月末在计划分配法、直接分配法、交互分配法等中选择科学的分配方法分配，在不同的受益对象之间进行分配。分配时，按辅助生产车间提供劳务的性质进行费用归属，借记本科目（××费用项目——××工作项目——××地质项目）、多种经营生产、管理费用等科目，贷记辅助生产科目。

地勘单位应按月编制“地质项目成本费用分配表”，计算各地质项目的本月成本和累计成本。能够直接计入地质项目的工作项目成本，直接计入相应地质项目成本；需要在几个地质项目之间分配的工作项目费用，可采用一定的分配标准（如工作量和平均实际成本等）计算各地质项目应分配的工作项目费用。

期末，结转预算内地质项目实际成本时，借记未完地质项目支出科目，贷记本科目；结转已完成验收的自筹资金地质项目实际成本时，借记地质成果、探矿权、采矿权等科目，贷记本科目；结转已完成验收结算的商业性地质项目（或工程）实际成本时，借记主营业务成本科目，贷记本科目。

4）本科目期末借方余额，反映未完商业性地勘工作和未完自筹资金地勘工作的实际成本。

（2）间接费用科目使用说明的变动

对间接费用科目的使用说明变动是，账务处理中应说明地勘单位在直接成本法、工作量法、产量法和工时法中选择科学的方法，将间接费用分配计入不同的工作项目或产成品成本。修订后的地勘单位会计制度关于间接费用科目的使用说明如下：

1）本科目核算地勘单位各生产单位（如分队、工区、车间以及内部独立核算单位等）为组织和管理生产活动而发生的各项间接费用。

地勘单位行政管理部门为组织和管理生产经营活动而发生的管理费用，应通过管理费用科目核算，不在本科目核算。

2）本科目应按生产单位及费用项目设置明细科目。间接费用项目包括分队、工区、车间及内部独立核算单位的生产管理人员工资和福利费、折旧费、修理费、办公费、水电费、物料消耗、劳动保护费、季节性及设备修理期间的停工损失等。

3）本科目的主要账务处理如下：

地勘单位发生的间接费用，借记本科目，贷记应付职工薪酬、材料等科目。

月份终了时，地勘单位应在直接成本法、工作量法、产量法和工时法中选择科学的方法，将间接费用分配计入有关的成本核算对象，对于分配间接费用时，按照受益对象，借记地勘生产——其他——××工作项目——××地质项目、多种经营生产、辅助生产等科目，贷记间接费用科目。

4）本科目分配后月末无期末余额。

（3）辅助生产科目使用说明的变动

对辅助生产科目的使用说明的变动是，在账务处理中应说明辅助生产费用的分配方法，地勘单位应在计划分配法、直接分配法、交互分配法等中选择科学的方法，将辅助生产费用分配计入不同的成本计算对象。分配时，按辅助生产车间提供劳务的性质进行费用归属，修订后的地勘单位会计制度关于辅助生产科目的使用说明如下：

1）本科目核算地勘单位非独立核算的辅助生产部门为地质勘查生产、多种经营生产、在建工程等自制材料和提供劳务（如加工修配、供水供电、运输搬迁、设备安装、固井、电算、导航等）所发生的各项生产费用。

2）本科目应按车间、部门和成本核算对象设置明细账，并按规定的成本项目设置专栏，进行明细核算。成本项目一般可分为：①人工费；②材料费；③其他直接费用；④间接费用。

3）本科目的主要账务处理如下：

辅助生产部门发生的各项生产费用，借记本科目，贷记应付职工薪酬、材料等科目。

月份终了，地勘单位应在计划分配法、直接分配法、交互分配法等中选择科学的方法，将辅助生产费用分配计入不同的成本计算对象。对外单位提供的部分，借记经营成本——多种经营成本科目，贷记本科目；对本单位在建工程提供的部分，借记在建工程科目，贷记本科目；对本单位地勘生产、多种经营、管理部门等提供的部分，“地勘生产——××费用项目——××工作项目——××地质项目”、多种经营生产、管理费用等科目，贷记本科目；结转完工入库的产成品实际成本，借记产成品科目，贷记本科目。

4）本科目期末借方余额，反映辅助生产部门在产品和未完成劳务的实际成本。

7.4 地质项目成本结转与地质工作支出核销

7.4.1 地质项目成本结转

（1）预算内地质项目

对于预算资金项目，地勘单位每月月末，将预算资金地质项目发生的支出由地勘生产科目结转至未完地质项目支出科目。月末应按地勘单位获取的财政预算资金（不含离退休人员经费拨款）和经营收入的比例，或预算内地质项目的制造成本和经营成本的比例，分配确定预算内地质项目应承担的管理费用。年末，对于未完地质项目，还应计提节余。

（2）商业性资金地质项目和自筹资金地质项目

对于商业性资金项目和自筹资金项目，平时在地勘生产科目按地质项目、工作项目和费用项目核算地质项目发生的制造成本。平时不结转地质项目的制造成本。商业性资金项目应在按照合同规定结算价款时，自筹资金地质项目应于项目完工形成成果时，才结转制造成本。

7.4.2 地质项目验收与地质工作支出结转

（1）预算内地质项目

年末，对于未完地质项目，应先计提本年度的节余，然后结转本年度未完地质项目发生的支出。对于已完地质项目，应于地质项目完工时，计算确定本年度的节余，然后结转本年度已完地质项目发生的支出（含节余）。对于已完地质项目如果存在结余，年末，应将已完地质项目本年度发生的支出与地勘工作拨款（本年度拨款和以前年度结转结余）相抵后的差额，转入结余科目。

（2）商业性资金地质项目和自筹资金地质项目

商业性资金项目应在按照合同规定结算价款时，结转项目的制造成本；自筹资金地质项目，应于项目完工，形成成果时，结转项目的制造成本。自筹资金地质项目，项目完工未形成成果时，将该项目发生的成本，计入当期损益。地质成果科目的使用说明在本书第八章介绍。

7.4.3 未完地质项目支出、已完地质项目支出科目使用说明的变动

（1）未完地质项目支出科目使用说明的变动

对未完地质项目支出科目的使用说明变动是：①明细科目设置的变动，明细科目的设置应改为按地质项目设置明细科目。②主要账务处理的变化，由于将地勘工作拨款与已完地质项目支出的核销制度，改为地勘工作拨款与已完地质项目支出的结转制度，未完地质项目支出的账务处理，需要做出相应的变动。③由于核销制度改为结转制度，本科目年末无余额。修订后的地勘会计制度关于未完地质项目支出科目的使用说明如下：

1）本科目核算地勘单位为完成国家预算内地质项目所发生的各项支出。包括从前期收集资料、调查论证、编写设计、组织勘查施工、整理分析资料、编审地质报告到提交地质成果资料全过程所发生的成本费用（含应负担的管理费用）。

按规定预提的未完地质项目的节余额，也在本科目核算。

已完地质项目支出不在本科目核算。

2）本科目应按地质项目设置明细科目，进行明细核算。

3）本科目的主要账务处理如下：

月末根据未完地质项目发生的制造成本，借记本科目，贷记地勘生产科目。

月末，分配管理费用时，借记本科目，贷记管理费用科目。

年末计提未完地质项目节余时，借记本科目，贷记节余科目；如发生超支，作相反分录。

年末将本年度发生的支出和节余结转至“结转”科目，借记“结转”科目，贷记本科目。

4）本科目年末结转后无余额。

（2）已完地质项目支出科目使用说明的变动

修订后的地勘单位会计制度对已完地质项目支出科目的使用说明变动是：①对核算范围的表述应修改为：本科目核算地勘单位已经完成国家预算内地质项目设计任务，经上级主管机构验收并提交了正式地质报告的国家预算内地质项目的制造成本、管理费用及实现的节余。②明细科目设置的变动，明细科目的设置应改为按地质项目设置明细科目。③主要账务处理的变化，由于将地勘工作拨款与已完地质项目支出的核销制度，改为地勘工作拨款与已完地质项目支出的结转制度，已完地质项目支出的账务处理需要做出相应的变动。④由于核销制度改为结转制度，本科目年末无余额。修订后的地勘单位会计制度关于已完地质项目支出科目的使用说明如下：

1）本科目核算地勘单位已经完成预算内地质项目设计任务，经上级主管机构验收并提交了正式地质报告的国家预算内地质项目的制造成本、管理费用及实现的节余。

2）本科目应按地质项目设置明细科目，组织明细核算。

3）本科目的主要账务处理如下：

地质项目完成，经上级主管机构验收并提交了正式地质报告时，将本年度发生的地质项目支出，借记本科目，贷记未完地质项目支出科目；计提本年度节余时，借记本科目，贷记节余科目；如为超支，则做相反会计分录。

年末，依据本年度本项目发生的支出和节余，借记结转科目，贷记已完地质项目支出科目。年末如果存在结余，依据“地勘工作拨款（结转结余和本年度拨款）”科目的余额大于已完地质项目支出科目本年发生额相抵后的差额，借记地勘工作拨款科目，贷记结余科目。

4）本科目结转后年末无余额。

7.4.4 地质事业基本支出科目的使用说明

现行地勘单位会计制度设置“其他经费支出”科目，核算地勘单位发生构成地勘工作支出但不计入地质项目成本，按规定应予核销的各项支出。核算范围包括富余人员经费、离退休人员经费、子弟学校经费补贴、环境保护费、出国人员费用、组撤迁费用、划转国家基金以及国家特定的其他政策性支出。该范围是根据制度制定当时的实际情况制定的，明细不符合当前的情况，如富余人员经费的提法明显过时，需要由“离退休人员支出”代替；子弟学校因地勘单位去社会化功能的改革已不复存在，子弟学校经费补贴相应应该取消；环境保护费、出国人员费用等应该在管理费用科目中核算；组撤迁费用一般是针对地勘单位的设立、合并和搬迁发生的费用，一般情况下很少发生，即或发生应该在长期待摊费用科目核算；结余一般需上缴，划转国家基金基本不存在。另外，地勘单位属地化和财政管理体制改革后，还存在在职人员经费、日常活动费用等支出。这些支出可以归纳为以下三类：在职人员经费、离退休人员经费和日常公用经费。这类支出由地勘工作拨款（基本支出拨款）做保障。

基于支出核算内容和资金来源的变化，修订后的地勘单位会计制度应将其他经费支出科目改为地质事业基本支出科目。地质事业基本支出，是指地质项目支出之外的应由地勘工作拨款核销的政策性经费支出，需要事先制定经费开支预算，然后按照核准的经费预算项目和数额支用。由于预算数额是按照一定的标准核定的，实行预算包干办法，一般情况下不会出现结余或超支，特殊情况下报请上级主管调整预算解决。相对于其他经费支出科目，修订后的地勘单位会计制度关于地质事业基本支出科目的使用说明的变动如下：①核算范围的变化，由于地勘单位属地化和财政管理体制的改革，地勘单位除地质项目拨款外，还存在人员经费、日常活动经费等拨款，同时随着时间的推移，一些支出项目也撤销。因此，该科目的核算范围应反映这些内容的变化。②明细账设置应改为按在职人员经费、离退休人员经费、日常活动经费设置明细科目，按《政府收支分类科目》中“支出经济分类”的款级科目进行明细核算。③由于核销制度改为结转制度，年末应将本年度发生的基本支出结转至“结转——基本支出结转”科目，本科目年末无余额。修订后的地勘单位会计制度关于地质事业基本支出科目的使用说明的变动如下：

1）本科目核算地勘单位发生构成地勘工作支出但不计入地质项目成本，按规定应予核销的各项支出。包括在职人员经费、离退休人员经费、日常活动经费。

2）本科目应按在职人员经费、离退休人员经费、日常活动经费设置明细科目，按《政府收支分类科目》中“支出经济分类”的款级科目进行明细核算。

3）本科目的主要账务处理如下：

发生上述各项费用性支出，借记本科目，贷记银行存款、零余额账户用款额度等科目。经批准将地勘工作拨款结余转作国家基金时，借记本科目，贷记国家基金科目。

年末将上述支出进行结转，借记结转（基本支出结转）科目，贷记本科目。

4）年末结转后，本科目无余额。

7.4.5 财政专项支出科目的使用说明

财政专项拨款购置固定资产和无形资产的核算，按新准则的要求需要进行双分录核算，即按照收付实现制原则，一方面要对支出进行会计处理，另一方面要对资产的增加进行会计处理。修订后的地勘单位会计制度应增设财政专项支出科目，对财政专项支出科目的使用说明如下：

1）本科目核算地勘单位使用财政专项拨款购置固定资产、在建工程、无形资产等发生的支出。

2）本科目应按购置的长期资产设置明细科目，组织明细核算。

3）本科目的主要账务处理如下：

地勘单位用财政专项拨款购置无须安装的固定资产、无形资产时，按实际支付的价款，借记本科目（固定资产、无形资产），贷记地勘工作拨款——财政专项拨款、零余额账户用款额度、银行存款等科目。同时，借记固定资产、无形资产等科目，贷记非流动资产基金（固定资产、无形资产）科目。

地勘单位用财政专项拨款购置需安装的固定资产时，按实际支付的价款，借记本科目（在建工程），贷记地勘工作拨款（财政专项拨款）、零余额账户用款额度、银行存款等科目；同时借记在建工程科目，贷记非流动资产基金（在建工程）。支付安装费用时，借记本科目（在建工程），贷记地勘工作拨款（财政专项拨款）、零余额账户用款额度、银行存款等科目；同时借记在建工程科目，贷记非流动资产基金（在建工程）科目。安装完毕交付使用时，按购置价款、安装费用和其他费用，借记固定资产科目，贷记非流动资产基金（固定资产）科目；同时，借记非流动资产基金（在建工程），贷记在建工程科目。

对于财政专项拨款结余，按照批准的意见进行账务处理，需要上交省级财政，借记地勘工作拨款（财政专项拨款）科目，贷记银行存款、零余额账户用款额度等科目。

4）本科目借方余额为期末在建工程发生的金额。

7.5 地勘工作拨款的节余与结余

在完成年度地质项目任务或地质项目规定的工作项目和工作量的前提下，实现的地质项目的完全成本大于或小于该地质项目的拨款数，则表现为完成该地质项目后实现的超支或节余。结余则是地质项目已经完成，因减少工作项目或工作量而节省的费用支出。节余与结余会计科目的使用说明参见第 6 章相关内容。

8　地质成果会计改革与矿业权会计建立

现行地勘单位会计制度设置地质成果会计科目，核算国家出资形成和自筹资金形成的地质成果。这与当时《中华人民共和国矿产资源法》中没有建立矿业权制度和市场经济体制下地质成果有偿使用的要求相适应的。然而，随着新《中华人民共和国矿产资源法》（1996）的颁布和矿业权制度的确立，要求我们重新审视现行制度关于地质成果会计的规定，探索创建矿业权会计。

8.1　地质成果与矿业权

8.1.1　地质成果

地质成果是在特定地区、按照一定的设计要求，运用地质科学理论和各种技术方法与手段，对客观地质体进行调查研究，所获得的地质资料和探明的矿产资源。地质成果具有以下特征：①地质成果以完成的地质项目或单个工程项目为单元，是地勘单位对某一地质项目或工程项目组织实施地勘活动之后提交的工作成果，是地质工作的最终产品。②地质成果是一种智力型产品，表现为地质报告，解释客观地质体现象或矿产资源的赋存情况。

地质成果按地质工作的阶段性质分为区域性地质调查结果和矿产地质成果。区域性地质调查结果是地勘单位对基本地质条件进行的大中小比例尺地质调查研究成果，提供的是满足基础性、公益性、战略性的基础信息。矿产地质成果是地勘单位开展的以探寻后备勘查基地和形成矿业权（探矿权、采矿权）为目的的地质项目形成的地质成果，是区域性矿产资源调查、矿产资源预查、普查、详查、勘探等地质项目形成的地质成果。

地质成果按其所有权的归属划分为国家地质成果、自有地质成果和共有地质成果。地勘单位使用中央和地方财政预算资金开展地质项目形成的地质成果，是国家地质成果；地勘单位使用自筹资金（包括自有资金、专项地勘资金贷款、信贷资金）开展地质项目形成的地质成果，是自有地质成果；地勘单位使用财政预算资金、自筹资金和商业资金等拼盘资金开展的地质项目形成的地质成果，按其投资比例确定所有权的归属。

地质成果按地质项目的产业属性分为公益性地质成果和商业性地质成果。公益性地质成果一般是由基础性、公益性和战略性地质项目形成的地质成果，表现为各类调查项目，如区域矿产调查、水文环境工程地质调查、农业地质调查、区域地质旅游资源调查等。商业性地质成果一般是由自筹资金和商业性资金支持、服务于有关行业的地质项目形成的地质成果，如服务于矿山企业的矿产普查勘探成果、服务于建筑行业的水文基础工程地质成果、服务于农业的地质成果、服务于文化创意产业的地质科技项目成果等。

地质成果按其反映的客观地质现象的使用价值分为技术劳务、地质信息和矿产资源地质报告。技术劳务是指地勘单位开展的单一工程勘查项目所形成的产品或劳务。地质信息是指地质勘查活动所揭示的地质现象，可以服务于需求的主体，如各种环境地质报告、工程地质报告。矿产资源地质报告是指地质勘查活动以寻找矿产资源为目的，既要揭示客观地质现象，又要预测地下所赋存的矿产资源。

8.1.2 矿业权

我国矿业权交易始于1996年，矿业权的会计核算则开始于1999年，现行地勘单位会计制度没有关于矿业权会计核算的规定。由于《中华人民共和国矿产资源法》（1996年）建立了矿业权（探矿权、采矿权）有偿取得和依法转让制度，地勘单位在其主营业务活动中不可避免地会遇到矿业权（主要是探矿权）的取得、矿业权的投入和矿业权的转让等业务。因此，矿业权的确认、计量与报告成为修订地勘单位会计制度时不可逾越的问题。

矿业权是指从矿产资源所有权中分离出来的，依法对特定的矿产资源的占有、使用和事实处分的财产权利。矿业权具有以下特征：①矿业权是他物权，因为矿业权是从矿产资源所有权中派生出来的赋予矿业权人勘探或开采矿产资源的权利，因此矿产资源的国家所有权是物权，矿业权是他物权。②矿业权是财产权，矿业权人对矿业权所依托的特定矿产资源享有勘探或开采的权利，这种权利所体现的经济利益可以评价，这种权利可以转让，同时这种权利具有独占性和排他性。③矿业权依托的矿产资源是一种不动产，不动产的原则、规范和制度均适用于矿业权。

世界各国的矿业立法对矿业权所包括的内容和范围不尽相同，有的不区分探矿权和采矿权，只设立矿业权；有的把矿业权分为探矿权和采矿权；有的把矿业权分为非排他性探矿权、排他性探矿权和采矿权；还有的把矿业权分为非排他性探矿权、排他性探矿权、矿产评议权和采矿权。依据《中华人民共和国矿产资源法》和有关制度规定，我国地勘单位矿业权的种类包括探矿权和采矿权。

探矿权是指探矿权人在依法取得的勘查许可证规定的区块范围内，进行勘查矿产资源的权利。地勘单位以探矿权人的身份，从国家或其他法人那里取得探矿权后，在某一区域内开展矿产资源的勘探，以取得预期收益。地勘单位可以是探矿权的购买者，也可以是更高级别探矿权的提供者。作为购买者，地勘单位从国家或其他法人那里取得探矿权后，在某一区域内开展矿产资源的勘探，以取得预期收益。作为提供者，地勘单位开展矿产资源普查勘探后的结果，或者是没有矿产储存迹象，或者是提高了矿产资源的勘探程度（形成了更高级别的探矿权），或者是探明了矿产资源的经济可采储量（形成了采矿权）。

采矿权是指在依法取得的采矿权许可证规定的矿区范围和期限内，开采矿产资源和获得所开采矿产品的权利。地勘单位以采矿权人的身份，可以是采矿权的购买者，也可以是采矿权的提供者。地勘单位作为采矿权的购买者，从国家或其他法人那里有偿取得采矿权后，可以在某一区域内开采矿产资源，以取得预期收益。地勘单位作为采矿权的提供者，通过开展矿产资源的普查勘探，探明了矿产资源的经济可采储量，可以作为矿山设计的依据，此时的地质报告可以作为采矿权有偿转让给采矿权人，实现矿产资源的开发利用。

探矿权、采矿权是矿权在不同阶段的不同表现形式。没有探矿权就不会有采矿权，探矿权的风险特性又决定了虽取得了探矿权但最终不一定能够形成采矿权。据相关资料统计，探矿权能够最终形成采矿权的比例约为三十分之一。

8.1.3 地质成果与矿业权的关系

地质成果与矿业权是两个既有联系又有区别的概念。

地质成果与矿业权的联系表现为：①矿产资源地质报告价值的实现需要借助于矿业权。矿产资源地质报告如果和矿业权相分离，就不能实现对矿产资源的勘探和开采，矿产资源地质报告的价值也不可能实现；当矿产资源地质报告被重新赋予勘探或开采的权利时，地质成果可以转换为探矿权或矿业权。②地质成果的取得必须以取得探矿权为前提。地勘单位欲取得反映矿产资源的地质报告，必须事先取得探矿权，取得探矿权许可证后，地勘单位才可能在规定的区域内探寻矿产资源的权利，通过地质技术、人力和财力的投入，提高矿产资源的普查勘探进度、获得高级别的地质成果。③两者都可以作为地勘单位的资产。地勘单位拥有的矿业权和地质成果只要符合资产确认条件，均可以以不同的会计科目进行核算并在资产负债表中进行反映。即所有权属于地勘单位的地质成果和矿业权如果同时满足资产的定义、与其有关的经济利益很可能流入地勘单位、成本或价值能够可靠地计量三个条件，应当在资产负债表中反映为资产。

地质成果与矿业权的区别表现为：①两者的含义不同。地质成果是地勘单位的产品，是地勘单位从事地质调查、普查、勘探等阶段后取得的阶段性成果或完成各阶段后取得的终极成果，体现为技术劳务、地质信息和矿产资源地质报告。矿业权是地勘单位为了完成公益性或商业性地质普查勘探任务，从国家或其他矿业权人那里取得的勘探或开采许可证，获取探矿权利或采矿权利。由于获得勘探或开采许可证，需要支付探矿权价款、探矿权使用费或采矿权价款、采矿权使用费，而且这种款项的支付会给地勘单位带来未来的经济利益流入，因此，探矿权、采矿权均应确认为地勘单位的资产。矿业权中的探矿权属于地勘单位的存货，类似于企业的材料，需要在此基础上，追加投入，以形成高级别的地质成果。采矿权属于地勘单位的无形资产，地勘单位取得采矿权的目的是为了采矿，因此采矿权属于无形资产的范畴。②两者之间的关系不一定是对称的关系。亦即并不是所有的地质勘探活动形成的地质成果都能转换为探矿权或采矿权，只有以寻找矿产资源为目的的区域性矿产资源调查、预查、普查、详查和勘探等阶段取得的地质成果才有可能形成矿业权，以查明地质现象为目的的地勘活动形成的地质信息和开展的单一工程勘查项目所形成的产品或劳务，属于地质成果但不属于矿业权。③地勘单位为开展矿产资源的普查勘探活动所取得的探矿权并非都能形成地勘单位的地质成果。地勘单位取得探矿权经过地质勘探活动没有任何成矿迹象时，就没有形成地质成果；如果探矿权的取得价款或取得后追加的投入全部由国家投资或商业性资金取得的地质成果就不属于地勘单位，部分由地勘单位投入取得的地质成果就部分属于地勘单位，全部由地勘单位投入取得的地质成果就全部属于地勘单位。④矿业权和地质成果的计价方法不同。地勘单位取得的矿业权应以矿业权评估机构评估的矿业权价款为基础，按照不低于矿业权评估价款的成交价格计价；地质成果应按照地质成果形成过程中的支出和必要的申请登记费用之和确定。

由地质成果和矿业权的联系看，地质成果和矿业权是两个既有联系又有区别的概念，修订后的地勘单位会计制度应将两者区分开来，分别核算。对于地勘单位取得的探矿权，应设置探矿权会计科目，核算探矿权的取得和摊销，在资产负债表中的存货和地质成果之间以探矿权项目列示。对于地勘单位取得的采矿权，应设置采矿权会计科目，核算采矿权的取得与摊销，在资产负债表中的无形资产项目下增设采矿权项目。修订后的地勘单位会计制度仍保留地质成果科目，核算地勘单位经过地质普查勘探活动形成的所有权属于地勘单位的各种地质产品，包括技术劳务、地质信息和矿产资源地质报告，但当地勘单位依据矿产资源地质报告申请探矿权或优先采矿权时，应从地质成果科目中结转至探矿权或采矿权会计科目。

8.2 地质成果会计改革

8.2.1 地质成果概述

（1）地质成果的资产属性

地质成果属于地勘单位的资产。依据我国《企业会计准则——基本准则》（2006）第二十条规定：资产是指企业过去的交易或者事项形成的、由企业拥有或者控制的、预期会给企业带来经济利益的资源。地质成果属于资产，是因为地质成果具有资产的三个特征：①地质成果是地勘单位完成地质工作任务后取得的成品。在形成地质成果之前发生了诸如探矿权价款、探矿权使用费、人工费、材料费、报告验收、注册申请等费用。因此，地质成果是过去的交易或事项所形成的现实资产。②地质成果的所有权归属于地勘单位。自筹资金地质项目所取得的自有地质成果所有权属于地勘单位；财政资金地质项目形成的国家地质成果的所有权属于国家，不能构成地勘单位的资产；混合资金项目形成的共有地质成果按其投资比例确认所有权的归属。③地质成果能够为地勘单位带来预期经济利益。自有地质成果、共有地质成果一般是投资于风险比较小的普查阶段及之后的地质项目，其确认为地质成果后，通过探矿权或采矿权的形式，或转入后续阶段或予以转让，带来的预期收益比较确定，技术劳务和地质信息一般是通过合同形式确定应收款项，其收入基本能够确定。

地质成果属于存货范畴。原因是：①地质成果是地勘单位的生产经营成果。矿产地质工作从区域性矿产资源调查、预查、普查、详查到勘探阶段，地质工作程度不断加深、探明储量级别不断提高、提交的报告不断接近矿山设计开采的要求，前一阶段工作成果是后一阶段工作的基础，后一阶段是前一阶段的继续。因此，这一生产过程与工业企业的产品生产过程基本相同。地质工程技术手段和地质信息同样也是经历地勘活动之后形成的，也与工业企业产品生产过程类似。②符合收入与费用配比的原则。矿产勘查每个阶段的地质成果都可以采取出售、作价出资、出租等多种方式实现其收益，实现的收益与截至该阶段发生的成本相配比。也可以以探矿权的形式转入后续阶段形成高级别的地质成果，也可以实现收入与费用配比。如果地质勘查单位继续申请采矿权，在会计处理上，可按审批或发证时间为结点，将各阶段投资归集到采矿权科目中，并按相应的会计年度逐年进行摊销，实现矿产品收入与采矿权投资成本的配比。③地质成果不宜作为无形资产。依据《企业会计准则第 6 号——无形资产》，研究阶段的支出费用化处理，开发阶段的支出资本化处理。由于地质成果取得需要经过多个阶段和漫长的过程，支出存在很大的不确定性，将绝大部分支出列为研究阶段支出，予以费用化，地质成果的成本仅包括申请登记费用，这与实际情况不符。地质成果虽然表现为矿产勘探报告或地质信息，没有实物形态，但与无形资产不同，其之所以具有价值，是因为其依托的矿产资源。

（2）地质成果入账范围的确认

地质成果的入账范围仅限于利用自筹资金进行地质工作，完成矿产勘查所有阶段或完成某一阶段的目的、任务和要求，取得的地质成果，由于该类地质成果是以转让、投资为目的的，所以应纳入地质成果的入账范围。

以下情况不能作为存货资产入账：①利用国家预算资金进行的地质工作，未探明矿产地或取得有价值的地质资料的，由国家预算资金核销；虽已探明矿产地或取得有价值的地质资料的，但未经批准授权对外转让、投资或资源开发的，由国家预算资金核销。已探明矿产地或取得有价值的地质资料且经批准授权对外投资的，实质是国家以探矿权或采矿权的名义对地勘单位的投资，应按评估价或协议价，反映探矿权或采矿权科目的增加，同时反映国家基金科目的增加。因此，利用国家预算资金进行地质工作取得的地质成果，任何情况下都不能纳入存货的入账范围。②利用商业性资金进行地质工作，可以按照小企业会计准则有关条款确认计量收入，核算结转成本。普查勘探费用支出先在地勘生产科目归集，确认收入时，结转至主营业务成本科目。因此，利用商业性资金进行地质工作，在按完成矿产勘查所有阶段或某一阶段，无论是否取得有价值的地质资料或探明矿产地，均不确认地质成果。③利用自筹资金进行地质工作，完成矿产勘查所有阶段或某一阶段，未取得有价值的地质资料或未探明矿产地，此时，应将费用支出列作当期损益。

（3）地质成果的入账时间

地质成果的入账时间是指应入账的地质成果在何时入账。利用自筹资金进行地质工作，完成所有阶段的地质工作，探明矿产地的地质成果的入账时间为取得合法登记手续的时间；完成阶段性地质工作，取得有价值的地质资料，需要转让探矿权时，应先办理合法登记手续，反映地质成果的增加，然后在转让取得收入时，结转地质成果的成本。因此，其入账时间也为取得合法登记手续的时间。

（4）地质成果的计量

地质成果的计量是指对已确认的地质成果按照一定标准和程序进行货币量化的过程。自筹资金取得的地质成果的计量一般按取得时的实际成本计量，实际成本是指取得地质成果过程中实际发生的全部费用和申请登记费用，包括探矿权使用费、探矿权价款、地质勘查成本、成果验收及登记费用、其他相关费用等。

8.2.2 地质成果会计科目使用说明的变动

修订后的地勘单位会计制度对地质成果科目的使用说明主要变动如下：①核算范围的变动，删除用财政资金取得的且用于对外投资的地质成果，因为该部分资金与发生的支出已经核销，用地质成果授权对外投资和转让，实质是探矿权或采矿权的转让或投资，因此，应该按照评估价或协议价反映探矿权或采矿权科目的增加。②主要账务处理的变动。删除财政资金地质项目形成的地质成果的核算。自筹资金地质项目形成的地质成果的核算，应增加探矿权价款和探矿权使用费的核算，增加探矿权分摊的核算；用自有地质成果对外投资时，评估确认价值或协议价与账面价值的差额由借记或贷记地勘发展基金科目改为借记营业外支出或贷记营业外收入科目；应增加自有地质成果用于后续勘探的会计处理；增加自有地质成果用于矿山开采的会计处理。修订后的地勘单位会计制度关于地质成果科目的使用说明如下：

1）本科目核算地勘单位使用自筹资金进行地勘工作取得的地质成果的实际成本。包括矿产资源勘查报告、地质信息和技术劳务。

用国家财政资金取得的且用于对外投资和转让的地质成果，通过探矿权或采矿权科目核算，不通过本科目核算。

地勘单位承包社会其他委托单位的各种地质勘查工程，不通过本科目核算。

2）本科目应按矿产资源勘查报告、地质信息和技术劳务，分地质项目或工程项目设置明细科目，进行明细核算。

3）本科目的主要账务处理如下：

地质勘查生产过程中所发生的各项成本费用，应借记地勘生产（××项目）科目，贷记应付职工薪酬、材料、探矿权（××项目）等科目；

地质项目完成验收并将取得的地质成果作为资产入账时，按其实际成本，借记本科目，贷记地勘生产（××项目）科目；没有形成地质成果的，借记管理费用科目，贷记地勘生产（××地质项目）。

地勘单位将自有地质成果用于后续勘探时，应按实际成本，借记探矿权（××地质项目）科目，贷记本科目；

地勘单位将自有地质成果用于矿山开发时，应按实际成本，借记采矿权（××地质项目）科目，贷记本科目；

地勘单位用自有地质成果对外投资时，按评估确认价值或协议价，借记探矿权（××地质项目）或采矿权（××地质项目）；按照地质成果的账面价值，贷记本科目；按照两者之间的差额，借记营业外支出或贷记营业外收入科目。

地勘单位转让自有地质成果时，按照成本价，借记“探矿权——自筹资金探矿权（××地质项目）”科目，贷记本科目。同时，借记主营业务成本（探矿权）科目，贷记探矿权（××地质项目）。

地勘单位转让不依附于矿业权的地质成果时，按照地质成果的账面价值，借记主营业务成本（地质成果）科目，贷记本科目。

4）本科目期末借方余额，反映利用自筹资金取得但尚未转让或尚未对外投资的地质成果的实际成本。

8.3 探矿权会计建立

8.3.1 探矿权概述

（1）探矿权的资产属性

探矿权属于地勘单位的资产，是因为探矿权具有资产的三个特征：①地勘单位所持有的探矿权就其形成渠道看，申请取得国家出资形成的探矿权需要支付探矿权价款，从原探矿权人购买取得探矿权同样要支付款项。②探矿权具有法律上的排他性，地勘单位在取得勘查许可证后，依法享有在规定的区块范围内勘查矿产资源的权力，任何单位或个人不得侵犯。③地勘单位依法取得探矿权投入地勘生产过程后，一般会形成地质成果。地质成果再次交易时，又以成熟的探矿权或采矿权被转让或转作后续勘探阶段或用于矿山开发，可以从受让方获得现金和现金等价物。因此，探矿权能够给地勘单位带来预期的经济利益。

探矿权属于存货范畴，而不是无形资产范畴。探矿权属于存货范畴的原因是：①地勘单位从出让市场或二级交易市场获得探矿权的目的，是为了生产更高级别的探矿权或采矿权。因此，从这一角度分析地勘单位为普查勘探取得的探矿权，类似于房地产企业为房地产开发取得的土地使用权和软件开发企业开发的软件，均应纳入存货范围。②探矿权是地质勘查单位的生产经营成果。矿产勘查工作阶段包括普查、详查和勘探，普查阶段之前是区域地质调查工作，勘探阶段之后是矿山开发地质工作。从普查、详查到勘探阶段，地质工作程度不断加深、探明储量级别不断提高、提交的报告不断接近矿山设计开采的要求。因此，这一生产过程与工业企业的产品生产过程基本类同。③符合收入与费用配比的原则。矿产勘查每个阶段的成果（探矿权）都可以采取出售、作价出资、出租等多种方式实现其收益，实现的收益与截至该阶段发生的成本相配比。探矿权不属于无形资产范畴的原因是：①地勘单位取得探矿权的目的是为了生产出高级别的探矿权或采矿权，进而出售高级别的探矿权或采矿权获取销售收入，地勘单位取得探矿权的目的是为了销售而不是使用。因此，地勘单位取得的探矿权不符合无形资产的定义。②作为地勘单位生产成果的探矿权，类似于软件公司开发的、用于对外销售的计算机软件，对于购买方而言属于无形资产，而对于开发商而言却是存货。③如果地勘单位的探矿权不纳入存货而归于无形资产，则其探矿权转让收入将列入处置资产收入而非主营业务收入，显然不符合地勘单位探矿权主营业务的经济实质，阻碍地勘单位的企业化进程。④如果将探矿权列为无形资产，作为地质普查勘探活动成果的探矿权应该属于自行研发无形资产的范畴，而按照《企业会计准则第6号——无形资产》规定，自行研发无形资产计价仅包括开发阶段的资本化费用部分。这样，形成高级别探矿权的绝大部分支出将被排除在探矿权成本之外，探矿权转让时将不能更好地实现收入与费用配比的原则。

（2）探矿权的入账范围

探矿权的入账范围是指哪些探矿权可以作为存货入账。一般而言，符合下列条件的探矿权应列入探矿权科目：①利用财政资金、自筹资金和商业性资金取得支付探矿权价款，获取的探矿权，分别按其取得的资金渠道，反映探矿权的增加。②利用自筹资金进行地质工作，完成某一阶段（如普查阶段）的目的、任务和要求，形成的普查勘探成果，先在地质成果科目反映，然后在地勘单位将其用于后续勘探、转让、投资时，由地质成果科目转入探矿权科目。③利用预算资金进行的地质工作，完成地质任务后形成的地质成果所有权不属于地勘单位，不反映为地勘单位的地质成果，地勘单位完成地质工作后，已将已完地质项目支出与地勘工作拨款结转。如果经授权批准，国家地质成果作为探矿权可以授权对外转让、投资或资源开发时，再按评估价或协议价在探矿权科目反映。

以下情况不能作为存货资产入账：①利用商业性资金进行地质工作，可以按照《企业会计准则第16号——收入》第三章提供劳务收入有关条款确认计量收入，核算结转成本。勘探费用支出先在地勘生产科目归集，确认收入时，结转至主营业务成本科目。因此，利用商业性资金进行地质工作，在完成矿产勘查某一阶段，无论是否取得有价值的地质资料或探明矿产地，均不确认探矿权。②利用自筹资金进行地质工作，完成矿产勘查某一阶段，未取得有价值的地质资料或未探明矿产地，此时应将费用支出列作当期损益。③利用预算资金进行地质工作，未探明矿产地或取得有价值的地质资料的，由预算资金核销。④利用预算资金进行的地质工作，虽已探明矿产地或取得有价值的地质资料的，但未经批准授权对外转让、投资或资源开发的，由预算资金核销。

（3）探矿权的入账时间

探矿权的入账时间是指应入账的探矿权在何时入账。地勘单位利用自筹资金、预算资金和商业性资金取得探矿权，应于取得探矿权许可证时，反映探矿权的增加。

利用自筹资金进行地质工作形成的地质成果，用于后续勘探的，应于重新批准勘探授予探矿权许可证时，反映探矿权的增加；用于转让的，应于产权转让时，反映探矿权的增加；用于投资、出租或抵押的，应在产权发生转移时，反映探矿权的增加。

国家出资形成的探矿权被授权对外转让、投资和开发的，应于转让、投资、出租或抵押行为确立，产权发生转移时，作为探矿权的入账时间。

（4）探矿权的计量

探矿权的计量是指对已确认的探矿权按照一定标准和程序进行货币量化的过程。

地勘单位利用自筹资金、预算资金和商业性资金取得国家出资形成的探矿权，应按取得探矿权许可证时，实际支付的探矿权价款计量；取得非国家出资形成的探矿权，应按取得探矿权许可证时，实际支付的款项计量。

取得探矿权后，利用自筹资金开展地质工作，完成部分地质工作阶段尚未发现探明经济可采储量之前形成的地质成果，按实际制造成本计量，包括探矿权使用费、探矿权价款、直接材料费用、直接人工费用、其他直接费用和间接费用、成果验收及登记费用、其他相关费用等，不包含管理费用。当自筹资金地质成果继续被用于后续勘探时，即被重新赋予探矿权权利时，应该按地质成果科目的账面价值，反映探矿权科目的账面价值。当自筹资金地质成果被用于投资、转让、出租或抵押时，即被重新赋予探矿权权利且发生产权转移时，其实质是探矿权所有权的转移，应该按探矿权的评估价值、协议价值或交易价格，确认探矿权的入账价值，地质成果科目的账面价值与探矿权科目的入账价值之间的差额列入营业外收入或营业外支出科目。

由于为完成预算资金地质项目所发生的所有支出，即该地质项目的完全成本和提取的节余，已经通过已完地质项目支出科目与地勘工作拨款科目结转核销，所以当将预算资金前期成果继续被用于后续勘探时，即地勘单位享有优先探矿时，应该对探矿权价值进行重新评估，按照不低于评估价款的交易价款计量；当地勘单位被授权将前期成果用于投资时，应该按探矿权的评估价值或协议价值计量；当地勘单位被授权将用国家出资形成的地质成果用于转让、出租或抵押时，应该按照不低于探矿权评估价值的交易价格，确认探矿权的入账价值。

上述探矿权资产的计量中涉及探矿权价款评估的，采用的探矿权评估方法包括：重置成本法、地质要素评序法、联合风险勘查协议法、贴现现金流量法、地勘加和法等，方法的选择主要根据勘查的程度。

探矿权属于地勘单位的存货，依据新准则的有关规定，对于探矿权不计提跌价准备。

8.3.2　探矿权会计科目的使用说明

修订后的地勘单位会计制度应该增设探矿权会计科目，对“探矿权”会计科目的使用说明如下：

1）本科目核算不同途径取得探矿权实际支付的价款、自筹资金完成的探矿权的制造成本、国家让渡预算资金形成探矿权的实际支出。

2）本科目应按与探矿权对应的地质项目和资金渠道设置明细科目，进行明细核算。

3）本科目的主要账务处理如下：

地勘单位用预算资金取得探矿权，按照实际支付的探矿权价款，借记本科目（预算资金探矿权），贷记银行存款或其他应付款科目；地勘单位用自筹资金取得探矿权，按照实际支付的购买价款，借记本科目（自筹资金探矿权），贷记银行存款或其他应付款科目。地勘单位用商业性资金取得探矿权，按照实际支付的购买价款，借记本科目（商业资金探矿权），贷记银行存款科目。

地勘单位应按照探矿权许可证规定的探矿期限，采用直线法分期摊销探矿权价款时，借记地勘生产——××地质项目科目，贷记本科目。地勘单位按照应支付的探矿权使用费，借记地勘生产——××地质项目科目，贷记银行存款或其他应付款科目。

地勘单位利用自筹资金、商业性资金和国家预算资金开展地质工作，地质项目成本的核算参见地勘生产科目。

自筹资金地质成果用于后续勘探时，按照地质成果的账面价值，借记本科目（自筹资金探矿权），贷记地质成果（××地质项目）科目；自筹资金形成的地质成果用于投资时，按照探矿权的评估价或协议价，借记本科目（自筹资金探矿权）；按照地质成果的账面价值，贷记地质成果（××地质项目）科目；按照两者之间的差额，贷记营业外收入科目；同时，按照探矿权的评估价或协议价，借记长期股权投资科目，贷记本科目（自筹资金探矿权）。自筹资金形成的地质成果用于转让时，按照成本价，借记本科目（自筹资金探矿权），贷记地质成果（××地质项目），同时，借记主营业务成本科目，贷记本科目（自筹资金探矿权）。

国家让渡地质成果的所有权时，应按该地质成果评估确认价值或协议价，借记本科目（预算资金探矿权），贷记国家基金科目。经授权批准用于对外投资时，按照评估价或协议价，借记长期股权投资科目，贷记本科目（预算资金探矿权）；经批准用于后续勘探时，按期分摊探矿权价值时，借记地勘生产（××地质项目）科目，贷记本科目（预算资金探矿权）。经批准用于转让，结转成本时，按该地质成果评估确认价值或协议价，借记主营业务成本科目，贷记本科目（预算资金探矿权）。

4）本科目期末借方余额反映，已取得但尚未分摊的探矿权价款、自筹资金探矿权用于后续勘探尚未分摊的探矿权价值、预算资金探矿权用于后续勘探尚未分摊的探矿权价值。

8.4 采矿权会计建立

8.4.1 采矿权概述

（1）采矿权的资产属性

采矿权属于资产，是因为采矿权具有资产的三个特征：①地勘单位持有的采矿权就其形成渠道看，探矿权人在勘查区块内优先获取的采矿权，在取得采矿权之前，为从事普查勘探已经发生了费用支出；采矿权人取得国家出资形成的采矿权需要支付采矿权价款；从交易市场购买取得采矿权同样要支付款项。因此，采矿权是过去的交易或事项所形成的现实资产。②采矿权具有法律上的排他性，地勘单位在取得采矿许可证后，依法享有在规定的区块范围内开采矿产资源的权力，任何单位或个人不得侵犯。③地勘单位开采并销售矿产品或依法转让采矿权，可以获取现金流入。因此，采矿权能够给采矿权人带来预期的经济利益。

地勘单位持有的采矿权属于无形资产范畴。原因是：①符合无形资产的定义。我国《企业会计准则第6号——无形资产》规定：无形资产是指企业拥有或控制的没有实物形态的可辨认的非货币性资产。采矿权具备无形性（无实物形态）、排他性、非货币性资产（货币或以货币结算的项目以外的资产）等特征。②采矿权就其自身性质来看，属于对物产权类无形资产。对物产权类无形资产是权利人对他人（包括国家）拥有所有权的财物因一定限度的权利而形成的资产。采矿权必须依附于矿产资源而存在，离开特定区块的矿产资源，采矿权就没有任何价值，因此，采矿权是对物产权。③采矿权不同于其他无形资产的特点是使用周期长、投资多、风险大。采矿权取得前，一般经过了矿产资源的预查、普查、详查和勘探阶段，探明了各级矿产储量，提交了勘探报告，可以作为矿山建设可行性研究和设计的依据。

（2）采矿权的入账范围

采矿权的入账范围是指哪些采矿权可以作为无形资产入账。一般而言，符合下列条件的采矿权应列入采矿权科目：①地勘单位在勘查作业区内优先取得的采矿权。②地勘单位通过申请、招标、拍卖等出让形式，从国家登记管理机关取得的采矿权。③地勘单位通过出售等转让形式从转让方获得的采矿权。

（3）采矿权的入账时间

采矿权的入账时间是指应入账的采矿权在何时入账。一般应是办理变更登记手续、产权发生转移的时间。具体地说，①地勘单位在勘查作业区内优先取得采矿权，应以经过登记管理机关批准并办理采矿权许可证的时间为采矿权的入账时间。②地勘单位通过出让形式向登记管理机关申请取得的采矿权，应以经过登记管理机关批准、办理采矿权许可证并缴纳采矿权价款的时间为采矿权的入账时间。③地勘单位通过转让即出售、作价出资、合作等形式从出让方获得的采矿权，应以办理采矿权许可证变更手续并支付采矿权价款的时间为采矿权的入账时间。

（4）采矿权的计量

采矿权的计量是指对已确认的采矿权按照一定标准和程序进行货币量化的过程，依据

《企业会计准则第6号——无形资产》，采矿权的计量包括初始计量、后续计量和减值。

1）取得时的初始计量一般按取得采矿权时的实际成本计量，实际成本是指取得采矿权过程中实际支付的采矿权价款和其他相关支出。具体来说：地勘单位优先取得的在原勘查区内的采矿权，按为形成采矿权实际发生的地质勘查成本和其他相关支出计量；地勘单位通过出让形式获得的采矿权，按实际支付的采矿权价款及其他相关支出计量；地勘单位通过转让即出售、作价出资、合作等形式从出让方获得的采矿权，按实际支付的采矿权价款及其他相关支出计量。

采矿权价款的确定应区别取得的方式，通过申请出让方式取得的采矿权，应按评估确认的结果计量采矿权价款；通过招标、拍卖出让方式取得的采矿权，应依据评估确认的结果确定招标、拍卖的底价或保留价，按成交后的实际交易额计量采矿权价款；采矿权人通过转让形式取得的采矿权，应依据评估确认的结果确定转让的底价，按成交后的实际交易额计量采矿权价款。

国土资源部颁布的《探矿权采矿权评估管理暂行办法》（1999年3月30日）规定，采矿权价款评估的方法包括贴现现金流量法和可比销售法。最常用的评估方法是贴现现金流量法。

2）后续计量。后续计量包括采矿权价值的摊销、会计期末的减值测试和采矿权取得后的后续支出。

采矿权价值的摊销一般采用直线法，按预计采矿年限平均分摊，预计采矿年限是根据已探明的储量、矿山设计规模、矿产品的市场需求及发展趋势等因素来确定的。采矿权价值按预计采矿年限采用直线法分摊的原因是：①符合谨慎性原则。储量是采矿权价值评估和矿山建设的主要依据，储量的确定是由国家权威部门认定的，因此，采矿权预计摊销年限可通过确认的储量与矿山设计规模企业当年的消耗的储量来确定开采期和摊销期，这样既有利于企业合理、科学地确定开采规模和周期，又有利于防止人为操纵损益现象的发生。②符合配比原则和一贯性原则。目前资源开发企业采矿期一般在10年以上，由于取得采矿权初期费用较大，按不超过10年摊销，会造成摊销期与受益期不配比，摊销期内摊销额较大，有可能在相应的会计年度中出现亏损；而摊销期后由于没有与收入相配比的费用，又有可能出现较大的收益，采矿期与摊销期不能有效配比。因此，采矿权的摊销年限不能采用一般无形资产摊销年限的确定办法。

依据新准则，对地质勘查单位持有的“采矿权”不进行会计期末的减值测试。原因是地勘单位在会计期末提供财务报表的目的是受托责任的履行情况，是满足有关部门对地勘单位绩效考核的需要，满足税务部门税款征缴的需要。

采矿权取得后的后续支出应予资本化。按照《企业会计准则第6号——无形资产》规定：无形资产在确认后再发生的支出，应在发生时确认为当期费用。该准则不适用一般矿山企业的采矿权。原因是：探采一体化是一般矿山企业的经营方式，国家鼓励资源开发企业通过采取多种形式，多渠道筹措资金加大矿区及外围的勘查开发力度，以实现勘查、开发一体化的可持续发展。而地勘企业，在取得采矿权后，通过对矿区及外围的再投入，不仅可以探明更多资源，而且可以提高储量的级别。因此，采矿权的权益价值会由于资源开发企业不断加大对矿区及外围的勘查投入而发生较大的变化。新增的投入继续资本化，一方面按新探明储量与当年的产量重新核定摊销年限，可使产出与摊销更好地配比；另一方面，有利于从政策上鼓励资源开发企业加大对矿区及外围资源的勘探投入的积极性，提高企业可持续发展和生存的能力。

8.4.2 采矿权类会计科目的使用说明

（1）采矿权会计科目的使用说明

修订后的地勘会计制度应该设立采矿权会计科目，对采矿权会计科目需要说明下述事项：采矿权的核算范围、明细科目的设置、主要账务处理和期末余额。其中主要账务处理包括采矿权取得、分摊、取得采矿权之后的后续勘探、转让、投资、终止的核算。需要说明两点：①地勘单位在取得采矿权许可证后，为了扩大探明储量，可以在采矿权许可证规定的开采范围周边地区开展矿产勘探。后续勘探增加经济可采储量时，发生的支出应追加采矿权的价值；同时应按延长的开采年限和年生产设计能力，调整每年分摊的采矿权摊销额。地勘单位发生的后续勘探支出，未增加经济可采储量，按实际发生的支出反映为当期损益。②地勘单位取得采矿权后，应按矿山设计确定的开采年限，采用直线法平均分摊采矿权的取得成本，开采年限一般根据矿产储量和年设计生产能力确定，《矿产资源开采登记管理办法》提供了参考依据，即矿山建设规模为大型以上的，采矿许可证有效期最长为30年；中型的，采矿许可证有效期最长为20年；小型的，采矿许可证有效期最长为10年。修订后的地勘单位会计制度对采矿权会计科目的使用说明如下：

1）本科目核算不同途径取得采矿权的成本。包括自筹资金地质项目形成的采矿权、国家预算资金地质项目形成的采矿权、通过出让形式获得国家出资形成的采矿权，通过转让即出售等形式从出让方获得的采矿权。

2）本科目应按自有采矿权、国家采矿权和对应的地质项目设置明细科目，进行明细核算。

3）本科目的主要账务处理如下：

地勘单位利用自筹资金开展地质工作，优先取得的在原勘查区内的采矿权，按完成该地质项目发生的实际成本和成果鉴定登记费用等，借记本科目（自有采矿权），贷记地质成果科目、银行存款科目。

地勘单位利用预算资金开展地质工作，经批准授权以采矿权形式对地勘单位投资，按以采矿权评估价款为基础确定的实际支付的采矿权价款和相关支出，借记本科目（国家采矿权）科目，贷记国家基金科目。

地勘单位通过出让形式获得国家出资形成的采矿权，应按实际支付的采矿权价款及其他相关支出，借记本科目（自有采矿权），贷记银行存款等科目。

地勘单位通过转让即出售等形式从出让方获得的采矿权，应按实际支付的采矿权价款及其他相关支出，借记本科目（自有采矿权），贷记银行存款科目。

地勘单位支付采矿权使用费，按照实际支付的采矿权使用费，借记管理费用——采矿权使用费科目，贷记银行存款、其他应付款科目。

地勘单位在取得采矿权许可证后，发生的后续勘探支出按制造成本，借记地勘生产（××地质项目）科目，贷记有关科目；形成探明经济可采储量的支出，借记本科目（自有采矿权)，贷记地勘生产（××地质项目）科目；未形成探明经济可采储量的支出，借记管理费用科目，贷记地勘生产科目。

地勘单位转让自筹资金形成的采矿权，按采矿权的账面价值，借记“主营业务成本——自有采矿权转让支出”科目，贷记本科目（自有采矿权)。地勘单位转让预算资金形成的采矿权，按采矿权的账面价值，借记“主营业务成本——国家采矿权转让支出”科目，贷记本科目（国家采矿权)。

地勘单位利用自有采矿权进行投资，按评估确认的价款，借记“长期股权投资——其他投资”科目，按采矿权账面价值，贷记本科目（自有采矿权)；按采矿权评估价款与采矿权账面价值之间的差额，借记营业外支出科目或贷记营业外收入科目。地勘单位利用国家采矿权进行投资，按评估确认的价款，借记“长期股权投资——其他投资”科目；按采矿权的账面价值，贷记本科目（国家采矿权)；按采矿权评估价款与采矿权账面价值之间的差额，贷记“营业外收入——国家采矿权”或借记“营业外支出——国家采矿权”科目。

地勘单位转让已用自筹资金采矿权的，按采矿权的账面价值，借记“主营业务成本——自有采矿权转让支出”科目，按该采矿权的已摊销价值，借记“累计折耗——采矿权”科目，按采矿权的账面余额，贷记本科目（自有采矿权)。地勘单位转让已用国家出资勘查形成的采矿权的，按采矿权的账面价值，借记“主营业务成本——国家采矿权转让支出”科目；按该采矿权的已摊销价值，借记“累计折耗——采矿权”科目；按采矿权的账面余额，贷记本科目（国家采矿权)。

地勘单位自有采矿权使用寿命终结或提前报废时，借记营业外支出科目、“累计折耗——采矿权”科目，贷记本科目（自有采矿权)。地勘单位国家采矿权使用寿命终结或提前报废时，借记营业外支出科目、“累计折耗——采矿权”科目，贷记本科目（国家采矿权)。

4）本科目期末借方余额，反映地勘单位自有采矿权与国家采矿权取得时的实际成本。

(2）采矿权累计折耗

地勘单位取得采矿权后，随着矿产资源的不断开发，采矿权的价值逐步转移到矿产品成本中去，到矿山开采结束，采矿权的价值应全部转移到矿产品成本中去。对采矿权价值的转移过程，被称为累计折耗。采矿权累计折耗的计算方法包括产量法和使用年限法（或直线法)。产量法的计算公式为：采矿权折耗额 = 采矿权的账面价值 × 采矿权折耗率，其中采矿权折耗率 = 采矿区域内当期产量 ÷（采矿区域期末经济可采储量 + 采矿区域当期产量)。使用年限法的计算公式为：采矿权年折耗额 = 采矿权的账面价值 ÷ 预计探明矿区开采年数。修订后的地勘单位会计制度应该设立累计折耗会计科目，累计折耗会计科目的使用说明如下：

1）本科目核算不同途径取得采矿权的累计折耗数额。

2）本科目应按自有采矿权、国家采矿权和对应的地质项目设置明细科目，进行明细核算。

3）本科目的主要账务处理：

地勘单位在采矿期限内，应采用直线法分期等额的分摊采矿权的成本，地勘单位未设立独立核算的矿山企业，应按分摊的采矿权摊销额，借记管理费用科目，贷记本科目。设立独立核算的矿山企业，应按分摊的采矿权摊销额，借记间接费用科目，贷记本科目。

地勘单位采矿权使用寿命终结或提前报废时，按尚未分摊的成本，借记营业外支出科目；按累计摊销数额，借记本科目；按采矿权的账面数额，贷记“采矿权——自有采矿权”、“采矿权——国家采矿权”科目。

4）本科目期末贷方余额，反映地勘单位实际持有的采矿权的累计折耗额。

9 地质勘查单位经营收入、支出会计改革

9.1 经营收入、支出会计改革概述

9.1.1 收入、支出会计科目的分拆与增设

（1）收入类会计科目的分拆与增设

新准则第三十三条将事业单位的收入分为财政补助收入、事业收入、上级补助收入、附属单位上缴收入、经营收入和其他收入等。现行地勘单位会计制度收入类科目包括：经营收入、投资收益、补贴收入和营业外收入。依据新准则，借鉴小企业会计准则，结合地勘单位实际情况，修订后的地勘单位会计制度收入类会计科目应包括：主营业务收入、多种经营收入、其他业务收入、投资收益和营业外收入。亦即将经营收入科目分拆为主营业务收入、多种经营收入和其他业务收入 3 个科目，补贴收入合并至营业外收入，其他科目保持不变。

前述第七章已论及，地勘单位所从事的地质项目按其资金来源区分为预算资金、商业资金和自筹资金地质项目。①对于从事省级预算资金地质项目获得的财政补助拨款，相当于事业单位财政补助收入中的项目支出拨款，考虑到地勘单位最终将改制为企业，因此，对从事预算资金地质项目的拨款，仍应通过地勘工作拨款科目核算作为过渡，而不通过“财政补助收入——项目支出”科目核算。②地勘单位获得的中央预算基金地质项目拨款，也应通过地勘工作拨款科目核算，不同的是该类拨款属于非财政补助专项拨款。③地勘单位获得的预算资金地质项目之外的财政拨款，如人员经费（离退休人员、在职人员）、日常公用经费等，属于财政补助收入的基本支出，考虑到地勘单位最终将改制为企业，应通过地勘工作拨款核算。④对地勘单位获得的除上述拨款之外的其他拨款，如固定资产购置拨款，应通过地勘工作拨款科目核算。

下列收入属于主营业务收入科目核算的内容：①地勘单位经批准授权转让其拥有的国家出资勘查形成的探矿权、采矿权获取的收入。②从事商业资金地质项目获得的收入。③从事自筹资金地质项目，出售地质成果、探矿权、采矿权获得的收入。上述收入项目具有以下特点：不属于财政补助项目和非财政补助专项资金项目收入，地勘单位的主营业务（地质普查勘探）业务收入、体现收入与费用配比的收入等特点。

下列收入属于多种经营收入科目核算的内容：①所属内部独立核算多种经营企业的经营收入。②地勘单位统一核算的多种经营项目的产品销售收入、劳务收入。③辅助生产单位以及其他所属单位对外提供修理、运输、加工、咨询服务等取得的收入。上述收入项目具有以下特点：不属于财政补助项目和非财政补助专项资金项目收入，地勘单位的主营业务（地质普查勘探）以外的业务收入、体现收入与费用配比的收入等特点。

下列收入属于其他业务收入科目核算的内容：材料销售、固定资产出租、无形资产转

让等其他业务活动所取得的收入。上述收入项目具有以下特点：不属于财政补助项目和非财政补助专项资金项目收入，地勘单位的非经常性业务活动收入，体现收入与费用配比的收入等特点。

现行地勘单位会计制度设置补贴收入科目，反映地勘单位取得的各项补贴收入，如按规定应作为补贴收入处理的减免增值税退返款以及其他政策性的补贴收入。由于该类收入的取得，不体现收入与费用配比的原则，是营业活动之外的所得，所以其实质属于营业外收入。借鉴小企业会计准则，取消补贴收入会计科目，将该科目反映的内容合并至营业外收入科目。

（2）支出类会计科目的分拆与增设

新准则第三十六条将事业单位的支出或者费用分为事业支出、对附属单位补助支出、上缴上级支出、经营支出和其他支出等。现行地勘单位会计制度支出类科目包括：经营成本、经营税金及附加、经营费用、财务费用、管理费用、营业外支出、所得税和以前年度损益调整等科目。依据新准则，借鉴小企业会计准则，结合地勘单位实际情况，修订后的地勘会计制度费用类会计科目应包括：主营业务成本、多种经营成本、其他业务支出、经营税金及附加、经营费用、财务费用、管理费用、营业外支出、所得税费用。亦即将经营成本分解为主营业务成本、多种经营成本和其他业务支出，将所得税科目改为所得税费用科目，取消以前年度损益调整科目，其他科目保持不变。

前述第七章已论及，地勘单位所从事的地质项目按其资金来源区分为预算资金、商业资金和自筹资金地质项目。对于商业资金和自筹资金地质项目发生的成本，按制造成本，在地勘生产科目核算。对于预算资金地质项目：①按地质项目设计预算规定的费用项目核算地质项目的成本，在地勘生产科目核算，再于期末结转至未完地质项目支出科目，然后按预算资金地质项目应承担的管理费用和提取的节余，通过未完地质项目支出或已完地质项目支出科目核算。预算资金地质项目支出相当于事业单位事业支出科目中的项目支出部分，考虑到地勘单位最终将改制为企业，修订后的地勘单位会计制度应坚持现行做法。②地勘单位获得的中央专项资金地质项目拨款，属于非财政补助专项资金地质项目拨款，也应按预算资金地质项目支出的核算办法进行核算。③地勘单位发生的基本支出，即为保证机构正常运转和完成日常工作任务所必需的支出，如人员支出（在职人员、离退休人员）、日常公用支出等。相当于事业单位事业支出中的基本支出，考虑到地勘单位最终将改制为企业，该类支出应通过地质事业经费支出科目核算。

下列支出属于主营业务成本科目核算的内容：①地勘单位经批准授权转让其拥有的国家出资勘查形成的探矿权、采矿权，结转的成本（评估价款）。②从事商业资金地质项目发生的制造成本。③从事自筹资金地质项目，出售地质成果、探矿权、采矿权等，需结转完成某地质项目发生的制造成本和其他相关成本。上述支出项目具有以下特点：不属于财政补助项目和非财政补助专项资金项目支出，地勘单位的主营业务（地质普查勘探）业务支出，体现收入与费用配比等特点。

下列支出属于多种经营成本科目核算的内容：①所属内部独立核算多种经营企业生产产品的成本。②地勘单位统一核算的多种经营项目的产品销售成本、劳务支出。③辅助生产单位以及其他所属单位对外提供修理、运输、加工、咨询服务等所发生的支出。上述成本项目具有以下特点：不属于财政补助项目和非财政补助专项资金项目支出，地勘单位的主营业务（地质普查勘探）以外的业务制造成本、体现收入与费用配比。

下列支出属于其他业务支出科目核算的内容：材料销售、固定资产出租、无形资产转让等其他业务活动所发生的销售材料的成本、出租固定资产的折旧、出租无形资产的摊销等支出。上述支出项目具有以下特点：不属于财政补助项目和非财政补助专项资金项目支出，地勘单位的非经常性业务活动支出，体现收入与费用配比等特点。

将所得税科目改为所得税费用科目。依据《事业单位会计制度》，修订后的地勘单位会计制度应该将所得税科目改为所得税费用科目。

取消以前年度损溢调整科目。原因是：①地勘单位发生的可能调整以前年度损溢的事项包括重大前期会计差错更正和期后调整事项。借鉴《小企业会计准则》的做法，地勘单位的主营业务、多种经营和其他业务，如果发生会计政策变更、会计估计变更和会计差错更正应该采用未来适用法；对于前期差错无论是否重大，均应采用未来使用法予以更正，即在会计差错发现的当期更正差错的方法。因此，前期差错不涉及以前年度损溢调整科目。②对于期后调整事项，小企业会计准则附录《小企业会计准则——会计科目、主要账务处理和财务报表》没有设置以前年度损溢调整科目，可能是考虑小企业会计报表使用者的有限性和小企业会计报表着眼于受托责任观而不是决策有用观的角度。对于需要调整会计报表的期后事项，应考虑对报告年度收益的影响是否重要。如果不重要，直接作为报告年度次年的事项进行账务处理；如果重要，则调整报告年度的未分配收益、盈余公积、应交所得税等科目。

9.1.2 收入、支出的确认与计量

新准则第三十四条规定，事业单位的收入一般应当在收到款项时予以确认，并按照实际收到的金额进行计量。采用权责发生制确认的收入，应当在提供服务或者发出存货，同时收讫价款或者取得索取价款的凭据时予以确认，并按照实际收到的金额或者有关凭据注明的金额进行计量。依据新准则，地勘单位应在提供服务或者发出存货，且收到款项或取得索取价款的凭据时，按实际收到的金额或者有关凭据注明的金额进行计量。

新准则第三十八条规定，事业单位的支出一般应当在实际支付时予以确认，并按照实际支付金额进行计量。依据新准则，地勘单位采用权责发生制确认的支出或者费用，应当在其发生时予以确认，并按照实际发生额进行计量。

9.2 收入会计改革

9.2.1 主营业务收入会计科目使用说明的变动

主营业务收入是地勘单位从事各种地勘工作获得的收入，主营业务收入科目是新增设的会计科目，相对于现行地勘单位会计制度的经营收入科目，主营业务收入科目使用说明主要变动是主要账务处理的变动，依据核算范围的变动增减有关规定，增加增值税的内容。修订后的地勘单位会计制度关于主营业务收入科目的使用说明如下：

1）本科目核算地勘单位经批准授权转让其拥有的预算资金形成的探矿权、采矿权获取的收入、转让商业性地勘工作、自筹资金地质工作形成的地质信息、探矿权、采矿权的收入。按规定向发包单位收取的除项目价款以外的按规定列作主营业务收入的各种款项，如施工机构调迁费等，也在本科目核算。

2）本科目应按预算资金地勘工作收入、商业性地勘工作收入、自筹资金地勘工作收入设置明细账，进行明细核算。

3）地勘单位的主营业务收入应于实现时及时入账。

第一，预算资金地勘工作收入。经授权批准转让预算资金地质工作形成的地质信息、探矿权、采矿权，应在地质信息正式移交受让方或探矿权、采矿权权属已交受让方，同时收讫价款或取得收取价款凭据时，确认为收入的实现。

第二，商业性地勘工作收入。同一会计年度内开始并完成的地勘工作，应当在地质项目任务已经完成且提交地质成果，收到款项或取得收款权利时，确认商业性地勘收入；收入金额为从接受劳务方已收或应收的合同或协议价款。

地勘工作跨年度或属于不同会计年度的，应当按照完工进度确认商业性地勘收入。年度资产负债表日，按照提供商业性地勘工作收入总额乘以完工进度扣除以前会计年度累计已确认商业性地勘工作收入后的金额，确认本年度的商业性地勘工作收入；同时，按照估计的提供商业性地勘工作成本总额乘以完工进度扣除以前会计年度累计已确认商业性地勘工作成本后的金额，结转本年度经营成本。

第三，自筹资金地勘工作收入。转让自筹资金地质工作形成的地质信息、探矿权、采矿权，应在地质信息正式移交受让方或探矿权、采矿权权属已交受让方，同时收讫价款或取得收取价款凭据时，确认为收入的实现。

4）本科目的主要账务处理如下：

地勘单位经授权转让预算资金地质信息、探矿权、采矿权的转让收入，在收入实现时，按收取的价款（不含应缴纳增值税），借记应收账款、银行存款等科目，贷记本科目（自筹资金地勘工作收入）。

地勘单位实现的商业性地勘工作收入，在收入实现时，按收取的价款（不含应缴纳增值税），借记应收账款、银行存款等科目，贷记本科目（商业性地勘工作收入）。

地勘单位实现的自筹资金地质信息、探矿权、采矿权的转让收入，按收取的价款（不含应缴纳增值税），借记应收账款、银行存款等科目，贷记本科目（自筹资金地勘工作收入）。

5）期末，应将本科目余额转入收益科目，借记本科目，贷记收益科目。结转后，本科目应无余额。

9.2.2 多种经营收入会计科目的使用说明

多种经营收入是地勘单位从事地质勘探工作之外的多种经营活动获得的收入。多种经营收入属于劳务收入的，应借鉴小企业会计准则第六十三条的规定，参照商业性地勘工作收入确认劳务收入；多种经营收入属于商品销售收入的，应该借鉴小企业会计准则第五十九条、第六十条和第六十一条的规定确认收入。

依据小企业会计准则第五十九条的规定，多种经营属于商品销售的，地勘单位应当在发出商品且收到货款或取得收款权利时，确认销售商品收入。具体而言：销售商品采用托收承付方式的，在办妥托收手续时确认收入；销售商品采取预收款方式的，在发出商品时确认收入；销售商品采用分期收款方式的，在合同约定的收款日期确认收入；销售商品需要安装和检验的，在购买方接受商品以及安装和检验完毕时确认收入，安装程序比较简单的，可在发出商品时确认收入；销售商品采用支付手续费方式委托代销的，在收到代销清单时确认收入；销售商品以旧换新的，销售的商品作为商品销售处理，回收的商品作为购进商品处理；采取产品分成方式取得的收入，在分得产品之日按照产品的市场价格或评估价值确定销售商品收入金额。依据小企业会计准则第六十条的规定，地勘单位销售商品涉及现金折扣的，应当按照扣除现金折扣前的金额确定销售商品收入金额，现金折扣应当在实际发生时，计入当期损益；销售商品涉及商业折扣的，应当按照扣除商业折扣后的金额确定销售商品收入金额。依据小企业会计准则第六十一条的规定，地勘单位已经确认销售商品收入的售出商品发生的销售退回（不论属于本年度还是属于以前年度的销售），应当在发生时冲减当期销售商品收入；地勘单位已经确认销售商品收入的售出商品发生的销售折让，应当在发生时冲减当期销售商品收入。修订后的地勘单位会计制度关于多种经营收入科目的使用说明如下：

1）本科目核算地勘单位从事地质勘探工作之外的多种经营活动获得的收入，包括地勘单位内部独立核算多种经营单位的经营收入、统一核算的多种经营项目产品销售收入或劳务收入、辅助生产单位及其他所属单位对外提供修理、运输、加工、咨询服务等收入。

2）本科目应按产品、劳务种类设置明细科目，进行明细核算。

3）地勘单位的多种经营收入应于实现时及时入账，即在提供服务或者发出存货，且收到款项或取得索取价款的凭据时，按实际收到的金额或者有关凭据注明的金额进行计量。

4）本科目的主要账务处理如下：

销售商品或提供劳务实现的收入，应当按照实际收到或应收的金额（不含应交纳增值税），借记银行存款、应收账款等科目，贷记本科目。

发生销货退回（不论属于本年度还是属于以前年度的销售），按照应冲减销售商品收入的金额，借记本科目；按照计算的应收取的增值税额，借记应交税费——应交增值税（销项税额）科目；按照实际支付或应退还的金额，贷记银行存款、应收账款等科目。

5）期末，应将本科目余额转入收益科目，借记本科目，贷记收益科目。结转后，本科目应无余额。

9.2.3 其他业务收入会计科目的使用说明

其他业务收入是地勘单位除主营业务和多种经营业务以外的，其他日常生产经营活动实现的收入。其他业务收入中的固定资产出租和无形资产出租收入的实质，是让渡资产使用权的收入，由于小企业会计准则没有对让渡资产使用权的收入做出规定，所以，修订后的地勘单位会计制度对其他业务收入的确认与计量应参考《企业会计准则第14号——收入》的有关规定，让渡资产使用权收入的确认条件是：与交易相关的经济利益能够流入企业，收入的金额能够可靠地计量。让渡资产使用权使用费收入金额，应按照有关合同或协议约定的收费时间和方法计算确定。合同或协议规定一次性收取使用费且不提供后续服务的，应当视同销售该项资产一次性确认收入；提供后续服务的，应在合同或协议约定的有效期内分期确认收入。如果合同或协议规定分期收取的，通常应按合同或协议规定的收取时间和金额或规定的收取方法计算确定的金额分期确认收入。修订后的地勘单位会计制度关于其他业务收入科目的使用说明如下：

1）本科目核算地勘单位确认的除主营业务活动和多种经营业务活动以外的其他日常生产经营活动实现的收入。包括：出租固定资产、出租无形资产、销售材料和其他业务活动等实现的收入。

2）本科目应按照其他业务收入种类进行明细核算。

3）本科目的主要账务处理如下：

地勘单位销售材料、管材，按实现的收入，借记银行存款、其他应收款等科目，贷记本科目（材料销售收入）。涉及增值税销项税额的，还应进行相应的账务处理。

地勘单位出租固定资产，按收取的租金收入，借记银行存款、其他应收款等科目，贷记本科目（固定资产出租租金收入）。涉及增值税销项税额的，还应进行相应的账务处理。

地勘单位出租无形资产，按收取的租金收入，借记银行存款、其他应收款等科目，贷记本科目（无形资产出租租金收入）。涉及增值税销项税额的，还应进行相应的账务处理。

4）月末，可将本科目余额转入收益科目，结转后本科目应无余额。

9.2.4 投资收益会计科目的使用说明

修订后的地勘单位会计制度对投资收益科目使用说明的主要变动如下：①明细科目的设置。本科目应按股票投资收益、债权投资收益、矿业权投资收益和其他投资收益设置明细科目，进行明细核算；单独设立矿业权投资收益明细科目的目的是，促进地勘单位合理设立自筹资金地质项目、积极开发使用矿业权，讲究地质找矿的经济效益和社会效益。②账务处理的变化。股票投资收益，因为长期股票投资无论是否控制被投资到位均采用成本法核算，所以股票投资收益应于被投资单位实际宣告分派现金股利时，按照实际应分得的金额确认股票投资收益；债权投资收益，短期债券投资应在应付利息日，按照债券的面值和票面利率计算的利息收入确认短期债券投资收益；长期债券投资应在应付利息日，按照票面利息加减分摊的债券的折溢价计算确认长期债券投资收益，债券折溢价的分摊方法采用直线法分摊。矿业权投资收益、其他投资收益参照长期股票投资收益的核算，即采用成本法核算投资收益。修订后的地勘单位会计制度关于投资收益会计科目的使用说明如下：

1）本科目核算地勘单位对外投资（包括对多种经营企业的投资）取得的收益或发生的损失。

2）本科目按股票投资收益、债券投资收益、矿业权投资收益和其他投资收益设置明细科目，组织明细核算。

3）本科目的主要账务处理如下：

在短期股票投资持有期间，于被投资单位宣告分派现金股利时，按实际收到的现金股利，借记应收股利科目，贷记本科目。在长期股票投资持有期间，于被投资单位宣告分派的现金股利时，应当按照应分得的金额，借记银行存款或应收股利科目，贷记本科目（股票投资收益）。

在短期债券投资持有期间，在债务人应付利息日按照分期付息、一次还本债券投资的票面利率计算的利息收入，借记应收利息科目，贷记本科目（债券投资收益）。在长期债券投资持有期间，在债务人应付利息日，按照分期付息、一次还本的长期债券投资票面利率计算的利息收入，借记应收利息科目；采用直线法分摊并按照应分摊的债券溢折价，借记或贷记长期债券投资（折溢价）科目；按照票面利息与分摊的折价之和（或票面利息与分摊的溢价之差），贷记本科目（债券投资收益）。按照一次还本付息的长期债券投资票面利率计算的利息收入，借记长期债券投资（应计利息）科目；按照应分摊的债券溢折价，借记或贷记长期债券投资（折溢价）科目；按照票面利息与分摊的折价之和（或票面利息与分摊的溢价之差），贷记本科目（债券投资收益）。

以矿业权向多种经营企业、合营企业或联营企业的投资，被投资单位宣告分派利润，应当按照应分得的金额，借记银行存款或应收股利科目，贷记本科目（矿业权投资收益）。

以其他资产向多种经营企业、合营企业或联营企业的投资，被投资单位宣告分派利润，应当按照应分得的金额，借记银行存款或应收股利科目，贷记本科目（其他投资收益）。

地勘单位对外转让股票，应按实际收到的金额，借记银行存款等科目；按该项投资的账面金额，贷记长期股权投资（股票投资）或短期投资；按应收股利，贷记应收股利科目；按借贷方差额，借记或贷记本科目（股票投资收益）科目。

收回向多种经营企业、合营企业或联营企业的投资，借记采矿权或探矿权、固定资产（净值）、无形资产（净值）、银行存款等科目；按应收股利，贷记应收股利科目；按投资的账面余额，贷记本科目（矿业权投资或其他投资）等科目，收回数与账面数的差额，借记或贷记本科目（矿业权投资收益或其他投资收益）。

处置长短期债券投资，应当按照处置收入，借记银行存款等科目；按照投资的账面余额，贷记短期投资或长期债券投资科目；按照应收未收的利息收入，贷记应收利息科目；按照其差额，贷记或借记本科目（债券投资收益）。

4）期末，应将本科目余额转入收益科目。结转后，本科目应无余额。

9.2.5 营业外收入会计科目使用说明的变动

修订后的地勘单位会计制度对营业外收入会计科目使用说明的变动主要体现在：借鉴小企业会计准则，重新界定营业外收入的定义和核算范围；依据营业外收入的种类设置明细科目；具体规定不同种类营业外收入的账务处理。修订后的地勘单位会计制度关于营业外收入会计科目的使用说明如下：

1）本科目核算地勘单位非日常经营活动形成的、应计入当期损益、会导致所有者权益增加、与所有者投入资本无关的经济利益的净流入。

本科目核算的内容包括非流动资产处置净收益、政策性补贴和税收返还、捐赠收益、盘盈收益、因债权人原因确实无法支付的应付款项、已做坏账损失处理又收回的应收款项、罚款收益、非货币性资产投资评估增值等。

2）本科目应按营业外收入的种类设置明细账，进行明细核算。

3）本科目的主要账务处理如下：

确认的各种材料、管材、库存产品、现金、固定资产、工程物资等盘盈收益，报经批准后，借记“待处理财产损溢——待处理流动资产损溢、待处理非流动资产损溢”科目，贷记本科目（盘盈收益）。

确认的非流动资产处置净收益，比照固定资产清理、无形资产等科目的相关规定进行账务处理。

按照规定实行所得税、增值税（不含出口退税）、消费税、营业税等先征后返的，应当在实际收到返还的企业所得税、增值税、消费税、营业税等时，借记银行存款科目，贷记本科目（税收返还）。

按照规定收到的政府对地勘行业的政策性补贴，应当在实际收到时，借记银行存款科目，贷记本科目（政策性补贴）。

已做坏账损失处理又收回的应收款项，借记银行存款等科目，贷记本科目（已转销的应收款）。

地勘单位发生的应收各种赔款罚款、违约金时，借记本科目，贷记本科目（罚款收益）。

确实无法偿付的应付账款，借记应付账款，贷记本科目（无法支付的应付款）。

确认的捐赠收益，借记银行存款、固定资产等科目，贷记本科目（捐赠收益）。

以非货币性资产（采矿权除外）进行的长期股权投资，按照非货币性资产评估确认的价值大于账面价值的差额，借记长期股权投资（其他投资）科目，贷记本科目（评估增值）。

以采矿权进行投资时，按照评估确认的价值或协议价大于账面价值的差额，借记长期股权投资（采矿权投资）科目，贷记本科目（评估增值）。

4）期末，应将本科目余额转入收益科目。结转后，本科目应无余额。

9.3 支出会计改革

9.3.1 主营业务成本会计科目使用说明的变动

修订后的地勘单位会计制度对主营业务成本科目的使用说明主要变动是：明确本科目的核算范围包括商业性地勘工作成本，自筹资金地质成果、探矿权、采矿权成本，授权批准转让国家预算资金探矿权、采矿权成本等；不同种类主营业务成本的确认和账务处理。修订后的地勘单位会计制度关于主营业务成本科目的使用说明如下：

1）本科目核算地勘单位转让商业性地勘工作、自筹资金地勘工作和预算资金地勘工作的实际成本。

2）本科目应按商业性地勘工作成本、自筹资金地勘工作成本、预算资金地勘工作成本设置明细账，进行明细核算。

3）主营业务成本的确认，地勘单位应于主营业务收入确认时，结转主营业务成本。

第一，商业性地勘工作成本。在一个会计年度内开始并完成的地质项目，应在地质项目任务已经完成且提交地质成果，收到款项或取得收款权利时结转。跨年度完成的地质项目，应于年度资产负债表日结转。

第二，自筹资金地勘工作成本。自筹资金地质工作成本应在地质信息正式移交受让方，或探矿权、采矿权权属已交受让方，同时收讫价款或取得收取价款凭据时结转。

第三，预算资金地勘工作成本。预算资金地质工作成本应在地质信息正式移交受让方，或探矿权、采矿权权属已交受让方，同时收讫价款或取得收取价款凭据时结转。

4）本科目的主要账务处理如下：

结转已完商业性地勘工作实际成本时，借记本科目（商业性地勘工作成本），贷记地勘生产科目。

结转依附于探矿权的自筹资金地勘工作成本时，按照成本价，借记本科目（自筹资金地勘工作成本），贷记探矿权科目。

结转依附于采矿权的自筹资金地勘工作成本时，按照成本价，借记本科目（自筹资金地勘工作成本），贷记采矿权科目。

经批准转让预算资金探矿权的，按探矿权的账面价值，借记本科目（预算资金探矿权），贷记探矿权（预算资金探矿权）科目。

经批准转让预算资金采矿权的，按采矿权的账面价值，借记本科目（预算资金采矿权），贷记采矿权（预算资金采矿权）科目。

5）月末，应将本科目余额转入收益科目，借记收益科目，贷记本科目。结转后，本科目应无余额。

9.3.2 多种经营成本及相关会计科目使用说明的变动

（1）多种经营成本会计科目使用说明的变动

多种经营成本是地勘单位从事地质勘探工作之外的多种经营活动发生的成本，相对于现行地勘单位会计制度经营成本科目中的多种经营成本的规定，修订后的地勘单位会计制度对多种经营成本的使用说明主要是：依据多种经营业务的定义，具体规定本科目的核算范围；多种经营成本确认的原则是应与多种经营收入的实现相配比；借鉴小企业会计准则的规定，销货退回无论是否属于当月的销货，均应冲减当月的销售收入和销售成本。修订后的地勘单位会计制度关于多种经营成本科目的使用说明如下：

1）本科目核算范围是内部独立核算单位从事工程勘查项目、产品或劳务的成本，统一核算的多种经营项目、产品成本或劳务的成本，辅助生产单位及其他所属单位对外提供修理、运输、加工、咨询服务等成本。

2）本科目应按工程勘查、产品、劳务种类设置明细科目，进行明细核算。

3）本科目的主要账务处理如下：

在确认工程勘查收入时，计算并结转工程勘查成本，借记本科目，贷记多种经营生产——工程勘查等科目。

在确认销售各种商品或提供各种劳务的收入时，计算并结转销售产品或提供劳务的成本，借记本科目，贷记产成品科目。

在确认辅助生产部门提供各种劳务的收入时，计算并结转销售产品或提供劳务的成本，借记本科目，贷记辅助生产科目。

发生的销货退回，按照退回产品的成本，借记产成品等科目，贷记本科目。

4）月末，可将本科目的余额转入收益科目，结转后本科目应无余额。

（2）多种经营生产会计科目使用说明的变动

地勘单位提供多种经营活动的部门，可以是非独立核算的多种经营单位（或项目）、内部独立核算多种经营单位（不具备法人单位）、地勘单位内部辅助生产部门和地勘单位兴办的具有法人资格的多种经营企业。修订后的地勘单位会计制度仍旧需要设置多种经营生产会计科目，该科目核算的范围仅指地勘单位非独立核算的多种经营单位（或项目）和内部独立核算多种经营单位（不具备法人单位）从事的多种经营业务。

地勘单位的多种经营涉及的行业较多，经营项目多种多样，难以统一明确其成本核算对象，地勘单位可以根据本单位的实际情况和管理需要自行确定，通常可以按工程勘查、产品和劳务项目作为成本核算对象。其核算原则一律采用制造成本法进行核算。成本项目一般包括直接人工费、直接材料费、燃料和动力费用、其他直接费用、制造费用。各成本项目的具体内容可以参照企业产品成本核算制度（试行）的规定加以明确。

地勘单位从事多种经营所发生的直接费用，根据原始凭证或费用汇总表直接计入有关成本核算对象成本账户；发生的间接费用，先在间接费用科目归集，月份终了，再按一定的分配标准（如按直接费用比例）分配计入各成本核算对象成本。多种经营的成本开支范围和成本计算方法，可比照同类行业企业财务、会计制度规定执行。

成本计算方法是根据成本核算的要求，按照一定的对象，归集构成产品成本的生产费用，并按期计算出各种产品总成本及单位成本的方法。地勘单位采用的成本计算方法，应当根据自身多种经营的生产特点和成本管理要求加以确定，不同的多种经营企业（项目），生产特点不同，成本管理要求不同，成本计算方法有一定差异。目前产品成本计算的方法一般有品种法、分批法、分步法、分类法。

修订后的地勘单位会计制度对多种经营生产科目的使用说明如下：

1）本科目核算地勘单位除地质勘查工作以外的多种经营活动所发生的生产费用。包括所属内部独立核算多种经营单位进行工程勘查、产品生产和劳务提供过程中发生的生产费用。

辅助生产部门对外提供劳务、产品加工、修理、运输等所发生的生产费用，应在辅助生产科目核算，不使用本科目。

2）本科目应按成本核算对象设置明细账，按成本项目设置专栏，进行明细核算。

3）本科目的主要账务处理：

地勘单位及其所属多种经营单位在生产过程中所发生的各项生产费用，应按成本核算对象和成本项目进行归集。成本核算对象一般可根据生产特点和成本管理要求自行确定。成本开支范围可比照同类行业企业财务制度规定执行。

成本项目一般应分为：①人工费；②材料费；③其他直接费用；④间接费用。

发生各项直接生产费用时，借记本科目，贷记应付工资、材料、辅助生产、银行存款、库存现金等科目。

分配间接费用时，借记本科目，贷记间接费用科目；月末，根据完工产品成本汇总计算表结转完工产品成本，借记产成品科目，贷记本科目。

月份终了，应将本月生产完成并验收入库的产成品，按其实际成本转入产成品科目；已完成并直接发交委托单位的工程勘查、劳务、代制品代修品和其他直接结算的项目成本，可直接转入多种经营成本科目。

4）本科目月末借方余额，反映未完工程勘查、在产品的实际成本。

9.3.3　其他业务支出会计科目使用说明的变动

其他业务支出是新增设的会计科目，核算内容来自现行地勘单位会计制度的经营成本科目。其他业务支出科目使用说明的变动主要是账务处理的规定，应体现出其他业务支出的发生和结转，应同其他业务收入的实现相配比。修订后的地勘单位会计制度关于其他业务支出科目的使用说明如下：

1）本科目核算地勘单位确认的除主营业务活动和多种经营活动以外的其他日常生产经营活动所发生的支出。包括：销售材料的成本、出租固定资产的折旧费、出租无形资产的摊销额和其他业务活动的支出等。

2）本科目应按照其他业务支出的种类设置明细账，进行明细核算。

3）本科目的主要账务处理如下：

其他业务支出的结转，应同其他业务收入的实现相配比。

结转销售材料、管材的成本时，按销售材料、管材的成本，借记本科目，借记管材摊销科目，贷记材料、管材科目。

提取出租固定资产的折旧时，按提取的固定资产折旧额，借记本科目，贷记累计折旧科目。

提取出租无形资产的摊销时，按提取的摊销额，借记本科目，贷记累计摊销科目。

月末将本科目的借方发生额结转，借记收益科目，贷记本科目。

4）月末，结转后本科目应无余额。

9.3.4　经营税金及附加会计科目使用说明的变动

修订后的地勘单位会计制度仍旧应该设置经营税金及附加会计科目，但在以下方面需要做出变动：①核算范围的变化，现行地勘单位会计制度规定的经营税金及附加科目核算地勘单位开展日常经营活动应承担的消费税、营业税、资源税、城市维护建设税以及教育费附加。鉴于我国从2016年5月1日起已全面实行营业税改增值税，所以应该取消营业税；另外借鉴小企业会计准则的做法，核算范围除上述税种及教育费附加外，还应核算城镇土地使用税、房产税、车船使用税、印花税和矿产资源补偿费等。②明细账设置的变动，现行制度规定“按经营项目（或产品、劳务）类别设置明细账”，应改为“按照税费种类设置明细账”。修订后的地勘单位会计制度关于经营税金及附加科目的使用说明如下：

1）本科目核算地勘单位开展日常生产经营活动应负担的消费税、资源税、城市维护建设税、城镇土地使用税、房产税、车船使用税、印花税和教育费附加、矿产资源补偿费等相关税费。

2）本科目应按照税费种类进行明细核算。

3）本科目的主要账务处理。

按照规定计算确定的与其日常生产经营活动相关的税费，借记本科目，贷记应交税费等科目。

4）月末，可将本科目余额转入收益科目，结转后本科目应无余额。

9.3.5　营业外支出会计科目使用说明的变动

修订后的地勘单位会计制度对营业外支出会计科目使用说明的变动主要体现在：借鉴小企业会计准则，重新界定营业外支出的定义和核算范围；依据营业外支出的种类，设置明细科目；具体规定不同种类营业外支出的账务处理。修订后的地勘单位会计制度关于营业外支出会计科目的使用说明如下：

1）本科目核算地勘单位非日常经营活动形成的、应计入当期损益、会导致所有者权益减少、与所有者分配节余与收益无关的经济利益的净流出。

2）本科目应按营业外支出的种类设置明细账，进行明细核算。

3）本科目的主要账务处理如下：

确认的各种材料、管材、库存产品、现金、固定资产、工程物资等盘亏损失，报经批准后，借记本科目（盘亏损失），贷记“待处理财产损溢——待处理流动资产损溢、待处理非流动资产损溢”科目。

确认的非流动资产处置净损失，比照固定资产清理、无形资产等科目的相关规定进行账务处理。

应收账款符合坏账损失确认条件之一的，按应收账款的账面余额扣除可收回的金额，借记本科目（坏账损失），贷记应收账款科目。

对其他应收款进行年终检查，对于确实无法收回的其他应收款，应按实际发生的损失，借记本科目（坏账损失），贷记其他应收款科目。

确认实际发生的长期股权投资损失与长期债券投资损失，比照长期股权投资、长期债券投资等科目的相关规定进行账务处理。

确认的自然灾害等不可抗力因素造成的损失，借记本科目（非常损失），贷记材料、固定资产等科目。

支付的罚金罚款支出，借记本科目（罚金罚款支出），贷记银行存款等科目。

发生的捐赠捐款支出，借记本科目（捐赠捐款支出），贷记产成品、银行存款等科目。

以非货币性资产（采矿权除外）进行的长期股权投资，按照非货币性资产评估确认的价值小于账面价值的差额，借记本科目（评估减值），贷记固定资产或无形资产科目。

以采矿权进行投资时，按照评估确认的价值或协议价小于账面价值的差额，借记本科目（评估减值），贷记采矿权科目。

4）期末，应将本科目余额，转入收益科目。结转后，本科目应无余额。

9.3.6 期间费用类会计科目使用说明的变动

期间费用是指不能直接归属于某个特定项目成本或产品成本的费用，需要从当期损益中直接扣除的费用，期间费用包括经营费用（营业费用）、管理费用和财务费用。

（1）经营费用会计科目使用说明的变动

经营费用是地勘单位转让主营业务成果和多种经营成果过程中发生的销售费用。修订后的地勘单位会计制度对经营费用会计科目使用说明的变动主要体现在：经营费用科目说明的整体框架应包括核算范围、明细账设置、主要账务处理和期末余额说明等。关于经营费用会计科目的使用说明如下：

1）本科目核算地勘单位在从事商业性地质勘查工作，转让自有地质成果、探矿权和采矿权，经授权批准转让预算资金地质成果、探矿权和采矿权，对外提供劳务和出售产品等经营活动中发生在经营环节的各项费用，包括由地勘单位负担的销售人员的职工薪酬、商品维修费、运杂费、包装费、保险费、广告费、展览费、业务宣传费、专设销售机构经费等。

2）本科目应按费用类别设置明细账。

3）本科目的主要账务处理如下：

发生销售人员的职工薪酬、商品维修费、运杂费、包装费、保险费、广告费、展览费、业务宣传费、专设销售机构经费等费用，借记本科目，贷记库存现金、银行存款、应付职工薪酬等科目。

4）期末，应将本科目余额转入收益科目。结转后，本科目应无余额。

（2）管理费用会计科目使用说明的变动

管理费用是地勘单位行政管理部门为组织和管理生产经营活动所发生的各项费用。修订后的地勘单位会计制度对管理费用会计科目使用说明的变动主要体现在核算范围的变化方面：工会经费、职工教育经费、劳动保险费与待业保险费等，随同应付职工薪酬分配计入地勘生产、多种经营生产、辅助生产等科目，不在本科目核算；房产税、车船使用税、土地使用税、印花税与矿产资源补偿费等，在经营税金及附加科目核算，不在本科目核算；存货盘亏、毁损和报废损失（减盘盈）、坏账损失等，在营业外支出科目核算，不在本科目核算；技术开发费改为研发支出（研究阶段未形成无形资产的资本化研发支出和研究阶段的研发支出）；递延资产摊销改为长期待摊费用摊销。由于管理费用核算范围的变化，管理费用主要账务处理也应发生相应的变化。关于管理费用会计科目的使用说明如下：

1）本科目核算地勘单位行政管理部门为组织和管理生产经营活动所发生的各项费用。包括行政管理部门经费和其他管理费用。行政管理部门经费包括管理人员的职工薪酬、管理部门使用的固定资产折旧费及修理费、办公费、房租水电费、交通差旅费等，其他管理费用包括业务招待费、研究费用、技术转让费、无形资产摊销、长期待摊费用摊销、财产保险费、咨询费、诉讼费、审计费、排污费、绿化费等。

2）本科目应按管理费用项目设置明细账，进行明细核算。

3）本科目的主要账务处理：

地勘单位发生的各项管理费用，借记本科目，贷记库存现金、银行存款、长期待摊费用、累计摊销、累计折旧、应付职工薪酬、研发支出等科目。

地勘单位的管理费用，应在预算内地质项目与商业性地勘工作、自筹资金地勘工作、多种经营之间按照一定标准，管理费用一般应以地勘单位获取的财政预算资金（不含离退休人员经费拨款）和经营收入的比例进行分配。

4）期末，应计入国家预算内地质项目成本的管理费用，借记未完地质项目支出科目，贷记本科目。

应计入当期损益的管理费用，借记收益科目，贷记本科目。结转后，本科目应无余额。

（3）财务费用会计科目使用说明的变动

财务费用是指地勘单位为筹集生产经营所需资金等而发生的费用。修订后的地勘单位会计制度对财务费用会计科目使用说明应作如下变动：增加地勘单位给予的现金折扣（减去享有的现金折扣）会计处理，增加应收票据贴现的会计处理和现金折扣的会计处理，固定资产借款费用资本化的时间明确为固定资产构建工程是在竣工决算前。关于财务费用会计科目的使用说明如下：

1）本科目核算地勘单位为筹集生产经营所需资金等而发生的各项费用，包括利息支出（减利息收入）、汇兑损失（减汇兑收益）、金融机构手续费及地勘单位给予的现金折扣（减去享有的现金折扣）等。

因购建固定资产而发生的借款费用，固定资产购建工程在竣工决算前发生的，应计入有关资产的购建成本，不在本科目核算；固定资产购建工程在竣工决算后发生的，应计入本科目。

2）本科目应按费用项目设置明细账，进行明细核算。

3）本科目的主要账务处理如下：

地勘单位发生的利息费用、汇兑损失、银行相关手续费、给予的现金折扣等，借记本科目，贷记应付利息、银行存款等科目。

持未到期的商业汇票向银行贴现，应当按照实际收到的金额（即减去贴现息后的净额），借记银行存款科目，按照贴现息，借记本科目，按照商业汇票的票面金额，贷记应收票据科目（银行无追索权情况下）或短期借款科目（银行有追索权情况下）。

发生的应冲减财务费用的利息收入、享受的现金折扣等，借记银行存款等科目，贷记本科目。

4）月末，应将本科目余额，转入收益科目。结转后，本科目应无余额。

9.3.7 所得税费用会计科目使用说明的变动

地勘单位所得税的计算应借鉴小企业会计准则，采用应付税款法。应付税款法下，会计所得税费用与应交所得税额一致，即所得税费用（或应交所得税额）= 应纳税所得额 × 税率，应纳税所得额 = 收益总额 ± 纳税调整项目金额。

收益总额的计算过程是：经营收益 = 主营业务收入 + 多种经营收入 + 其他业务收入 - 主营业务成本 - 多种经营成本 - 其他业务支出 - 经营税金及附加 - 经营费用 - 管理费用 -

财务费用＋投资收益（或－投资损失）。收益总额＝经营收益＋营业外收入－营业外支出。

纳税调整项目包括纳税调增项目和纳税调减项目。纳税调增项目是税法不允许扣除项目、超过扣除标准的项目和应税收益项目。不允许扣除项目包括违法经营罚款和被没收财物损失，税收滞纳金、罚金、罚款，灾害事故损失赔偿、非公益救济性捐赠、非广告赞助性支出、为其他企业贷款担保的支出、与收入无关的支出等；超过扣除标准的项目包括工资支出、职工福利费、职工教育经费、工会经费、利息支出、业务招待费、公益救济性捐赠、提取折旧费、无形资产摊销、广告费、业务招待费、管理费（纳税人支付给主管部门的与本单位生产经营有关的管理费）及其他等；应税收益项目包括少计应税收益、未计应税收益和收回坏账损失。纳税调减项目包括允许弥补的亏损、税收优惠项目和免税项目（如国债收入），纳税调整减少额包括联营企业分回的利润、境外收益、管理费、其他等。

修订后的地勘单位会计制度应将所得税科目改为所得税费用科目，所得税费用会计科目的使用说明如下：

1）本科目核算地勘单位从事商业性地勘工作、自筹资金地勘工作、多种经营和其他业务所取得的经营收益应缴纳的所得税。

根据企业所得税法规定补交的所得税，也通过本科目核算。

按照规定实行企业所得税先征后返的，实际收到返还的企业所得税，在营业外收入科目核算，不在本科目核算。

2）本科目的主要账务处理如下：

年度终了，地勘单位按照企业所得税法规定计算确定的当期应纳税税额，借记本科目，贷记应交税金——应交所得税科目。

实际上缴所得税时，借记应交税金——应交所得税科目，贷记银行存款科目。

3）期末，应将本科目借方余额转入收益科目。结转后，本科目应无余额。

10 地质勘查单位财务报告改革

10.1 财务报告改革概述

10.1.1 财务报告设置的原则

财务报告是指地勘单位对外提供的反映某一特定日期财务状况和某一会计期间经营成果、现金流量等会计信息的书面文件。构建合理的地勘单位财务会计报告体系，需要考虑地勘单位的性质、地勘单位财务报告的使用者、地勘单位会计制度依据的会计准则、地勘单位的组织结构等。

地质勘查单位兼具事业单位和企业的属性、实行“事业单位企业化管理”模式、地勘工作拨款和经营资金双轨运行模式等特点，要求地勘单位提供的财务报告既要满足利益相关者考核受托责任履行情况和决策的需要，又要满足相关部门对地勘工作拨款预算执行情况了解与考核的需要。为此，地勘单位编制的财务报表除了资产负债表、节余与收益及分配表外，还应编制现金流量表和地勘工作拨款与支出明细表。

地勘单位财务报告的使用者类似于事业单位和小企业，与上市公司或国有大中型企业相比，均存在财务报告使用者的相对有限性和相对固定性。相对有限性是指地勘单位的投资者仅限于国资委（国家代表投资者），不发行股票，一般不存在国家之外的投资者和潜在的投资者；另外，地勘单位一般不允许公开发行债券，因此，其债权人也表现为相对有限性。相对固定性是指地勘单位财务报表的使用者由于不发行股票和债券，因此，其投资者和债权人相对稳定。财务报告使用者的相对有限性和相对固定性，决定了地勘单位财务报告的目标在受托责任观与决策有用观的选择方面更侧重于受托责任观，侧重于受托责任观的主要体现是，在财务报表项目的设置与金额的计量方面不考虑减值准备的计提，遵循历史成本计量的原则。

修订地勘单位会计制度应依据新准则，借鉴小企业会计准则。新准则第四十条规定：事业单位的财务会计报告包括财务报表和其他应当在财务会计报告中披露的相关信息和资料。第四十一条规定：事业单位的财务报表由会计报表及其附注构成，会计报表至少应当包括资产负债表、收入支出表或者收入费用表、财政补助收入支出表。因此，地勘单位的财务会计报告应包括会计报表、附注和财务情况说明书，财务报表至少应包括资产负债表、节余与收益及分配表、地勘工作拨款与支出明细表等。由于地勘单位除承担预算内地质项目外，还承担大量的经营业务，经营资金在地勘单位所占的比例越来越大。为此，地勘单位还需要借鉴小企业会计准则编制现金流量表，以帮助报表使用者了解影响地勘单位现金流量的影响因素，评价地勘单位的支付能力、偿债能力，预测未来现金流量。由于地勘单位的投资者单一，地勘单位无须编制所有者权益变动表。

地勘单位多种经营结构的复杂性决定了多种经营财务报告的多样性。地勘单位除从事预算内地质工作之外，还从事自筹资金、商业资金地质活动、多种经营和其他经营业务；有的地勘单位设有内部独立核算单位；有的地勘单位独资设立具有法人资格的多种经营企业；还有的地勘单位以投资其他企业的形式，对被投资企业形成控制、共同控制或重大影响。

对于地勘单位设置的内部独立核算单位，地勘单位可以根据管理的需要，自行规定内部独立核算单位编制会计报表的种类和格式，同时还应考虑满足汇总报表编制的需要。一般情况下，地勘单位的内部独立核算单位属于企业性质。由于地勘单位会计制度的修订需要借鉴小企业会计准则，因此，内部独立核算单位报表主要应包括：资产负债表、利润表和现金流量表。

对于地勘单位独资设立的具有法人资格的多种经营企业，应依据《小企业会计准则》编制资产负债表、利润表和现金流量表。由于地勘单位的事业属性，地勘单位对独资设立的具有法人资格的多种经营企业无须编制合并会计报表，只是为了满足主管部门考核的要求，将多种经营企业会计报表与地勘单位自身会计报表一同报送。地勘单位对其他法人企业的投资，由于地勘单位的事业属性，地勘单位的对外投资一律采用成本法核算，核算长期股权投资和投资收益，不编制合并会计报表。

为了满足国资委和地勘单位主管部门行使宏观调控、评价受托责任履行情况、内部管理者经营管理等需要，地勘单位除按规定编制会计报表外，还应编制必要的会计报表附表、附注和财务情况说明书。

10.1.2 财务报告构成体系的改革

（1）地勘单位会计报表体系

现行地勘单位会计制度规定，地勘单位需要编制的会计报表包括：资产负债表、节余与收益及分配表、地质项目拨款与支出表、其他经费支出明细表。内部独立核算单位需要编制独立核算单位会计报表，并且需要与地勘单位会计报表一起编制汇总会计报表；地勘单位对外投资如占被投资企业（含所属多种经营企业）资本50%以上或者实质上拥有被投资企业控制权的，应当将其会计报表一并报送。

依据地勘单位财务会计报告设置的原则，上述地勘单位财务报告体系存在以下问题：①地质项目拨款与支出表反映地勘单位承担各类国家预算内地质项目取得的预算拨款和发生的支出及预算拨款结余情况，其他经费支出明细表反映地勘单位本年度发生的应由地勘工作拨款核销的各种其他经费支出总额及其明细情况。两个报表都是反映地勘工作拨款与支出的明细表，不同的是前者反映的是预算内地质项目拨款与支出明细表，后者是反映除地质项目支出以外的应由地勘工作拨款（其他拨款）核销的其他经费支出明细表。所以，应将两者合并为地勘工作拨款与支出明细表。②现行地勘单位会计制度制定时，地勘单位多种经营业务刚刚起步，主要资金是地勘工作拨款，没有编制现金流量表的必要。由于现在地勘单位的多种经营业务越来越多，多种经营资金在地勘单位营运资金中所占比例越来越多。因此，地勘单位需要增设现金流量表。③现行地勘会计制度规定：地勘单位对外投资如占被投资企业资本50%以上或者实质上拥有被投资企业控制权的，应当将被投资企业会计报表与地勘单位会计报表一并报送。这一规定存在的问题是没有将地勘单位独资设立的具有法人地位的多种经营企业与其他被投资企业区分对待，地勘单位独资设立的具有法人地位的多种经营企业，由于对多种经营企业是100%投资，能够左右多种经营企业的财务和经营决策，能够支配多种经营企业的资产和利润；同时多种经营企业报表的使用者与地勘单位自身会计报表的使用者相同。因此，对于该类企业需要依据小企业会计准则，编制多种经营企业会计报表并与地勘单位自身会计报表一同对外附送；如果地勘单位设置有多个多种经营企业，应该将多个多种经营企业会计报表编制汇总报表并与地勘单位自身会计报表一同对外附送。对其他被投资企业的股权投资和其他投资，需要采用成本法核算，反映地勘单位的长期股权投资和投资收益，不需要对外提供会计报表。综上所述，修订后的地勘单位会计制度应做出如下规定：

地勘单位对外报送的会计报表至少应包括：资产负债表（月报、年报）、节余与收益及分配表（月报、年报）、地勘工作拨款与支出明细表（年报）和现金流量表（年报）；对于独立投资的多种经营企业，应借鉴小企业会计准则的规定，编制资产负债表（月报、年报）、利润表（月报、年报）和现金流量表（年报），并随同地勘单位会计报表一同报送。

（2）地勘单位会计报表附注

地勘单位会计报表附注是财务报告的重要组成部分，是为了便于会计报表使用者理解会计报表的内容而对会计报表的编制基础、编制依据、编制原则和方法及主要项目等所做的解释。编制会计报表附注的意义体现为：①附注提供的更加详细的财务信息和非财务信息有利于地勘单位上级主管部门、国有资产管理部门考核地勘单位经济责任的履行情况。②附注提供的对重要报表项目说明的附表更有利于报表使用者（外部、内部）全面详细了解报表项目的内在信息和其揭示的内在经济实质，为外部报表使用者、内部使用者提供更加充实的决策和管理信息。③报表附注对会计政策与方法的选择、会计差错更正的说明，有利于报表使用者正确理解地勘单位不同时期和不同行业财务信息变动的原因，便于报表使用者的决策。

现行地勘单位会计制度要求，地勘单位在资产负债表和节余与收益及分配表下面提供补充资料，并对补充资料的编制做出说明。其中资产负债表补充资料包括已贴现的商业承兑汇票的金额、融资租入固定资产的原价，节余与收益及分配表补充资料包括本年累计国家地质成果投资总额、本年累计投资收益、接受投资单位数、本年累计地质成果转让净收入。现行《地勘单位财务制度》第七十五条要求地勘单位编制财务情况说明书，第七十六条要求提供主要指标表，其中财务情况说明书的主要内容包括地勘工作拨款与支出、经营收入与支出、节余与收益及其分配、资金增减和周转、税金缴纳、各项财产物资变动等情况；对本期或者下期财务状况发生重大影响的事项；其他需要说明的事项。主要指标表包括资产负债率、流动比率、速动比率、国家预算内地勘工作节余率、经营收入利税率、国家基金节余收益率、总资产周转率等。上述规定相当于会计报表附注但并未完全体现会计报表附注的内容，修订后的地勘会计制度应依据新准则、借鉴小企业会计准则等相关规定，结合地勘单位目前的实际会计环境，对地勘单位会计报表附注做出详细规定。

新准则第四十五条规定，附注至少应当包括下列内容：遵循事业单位会计准则、事业单位会计制度（行业事业单位会计制度）的声明；会计报表中列示的重要项目的进一步说明，包括其主要构成、增减变动情况等；其他事项。小企业会计准则第八十六条规定，小企业会计报表附注的内容及披露顺序是：遵循小企业会计准则的声明；短期投资、应收账款、存货、固定资产项目的说明；应付职工薪酬、应交税费项目的说明；利润分配的说明；用于对外担保的资产名称、账面余额及形成的原因；未决诉讼、未决仲裁以及对外提供担保所涉及的金额；发生严重亏损的，应当披露持续经营的计划、未来经营的方案；对已在资产负债表和利润表中列示项目与企业所得税法规定存在差异的纳税调整过程；其他需要在附注中说明的事项。

修订后的地勘单位会计制度应对会计报表附注的概念、主要内容做出规定。附注是指对在资产负债表、节余与收益及分配表、地勘工作拨款与支出明细表和现金流量表等报表中列示项目的文字描述或明细资料，以及对未能在这些报表中列示项目的说明等。地勘单位财务报表附注的主要内容包括地勘单位基本情况；遵循事业单位会计准则、地勘单位会计制度的声明；重要会计报表项目的构成及增减变动情况；其他事项。

10.2 资产负债表改革

10.2.1 资产负债表项目的改革及格式

资产负债表也称财务状况表，是反映地勘单位在某一特定日期财务状况的报表，地勘单位需要按月、按年提供资产负债表。由于修订后的地勘单位会计制度制定依据由企业会计准则转变为事业单位会计准则、会计规范体系和内容的变化、地勘单位经营业务的变化、地勘工作拨款支付方式的变化等，地勘单位资产负债表应体现这些变化。修订后的地勘会计制度需要在以下方面做出修改。

1）增设零余额账户用款额度、财政应返还额度报表项目。为了适应省级财政资金支付方式的变化，需要增加零余额账户用款额度、财政应返还额度项目。

2）取消坏账准备、应收账款净额报表项目。原因是对应收账款不再提取坏账准备金，在实际发生坏账时冲减应收账款。

3）增设应收股利、应收利息报表项目。原因是其他应收款科目不再反映应收股利和应收利息，单独设立应收股利、应收利息科目，反映进行长期投资、短期投资获取的股利或利息。

4）取消备用金、应收内部单位款项目，将这两个项目反映的内容，在其他应收款报表项目中反映，原因是两者反映的内容就其实质看属于其他应收款的性质。

5）调整地质成果项目反映的内容，增设探矿权、采矿权报表项目。原因是地质成果科目仅反映自筹资金形成但尚未用于后续勘探、开采、转让、投资的地质成果。适应矿业权交易的需要，应增设探矿权、采矿权项目。

6）取消待摊费用项目。属于短期待摊费用性质的业务，在其发生后，根据其用途或流向，直接记入有关费用科目。

7）将长期投资报表项目分设为长期债券投资、长期股权投资报表项目。因为长期投资科目核算内容过于繁杂，而且无法在报表内直接区分长期债券投资和长期股权投资的金额。

8）将拨付所属资金项目修改为对内部单位投资项目，因为拨付所属资金实质是地勘单位对内部独立核算单位的长期投资。

9）取消固定资产原价、累计折旧、固定资产净值等项目，直接在固定资产项目中反映固定资产净值。

10）增设工程物资项目。调整在建工程项目反映的内容，将在建工程项目中反映的工程物资内容分离出来，在工程物资项目中反映。因为工程物资与在建工程的含义不同，工程物资成本不代表在建工程成本等。

11）增设研发支出项目。反映地勘单位无形资产研发过程中发生的所有支出，包括资本化支出和费用化支出。

12）设置长期待摊费用项目，替代递延资产项目。因为地勘单位会计制度之外，其他会计准则、制度普遍以长期待摊费用项目替代递延资产项目。

13）取消地勘工作支出和地勘工作拨款类项目，依据新准则，取消与地勘工作支出和地勘工作拨款相关的报表项目，因为事业单位资产负债表项目不反映拨款与支出项目，且拨款与支出项目通过地勘工作拨款与支出明细表反映。

14）取消应付内部单位款项目，将应付内部单位款反映的内容在其他应付款项目反映，因为应付内部单位款反映的内容就其实质看属于其他应付款的性质。

15）取消应付工资、应付福利费项目，将这两个项目反映的内容合并在应付职工薪酬项目反映。

16）将未交税金项目改为应交税费项目。因为地勘单位会计制度之外的其他会计准则、制度普遍设置应交税费项目。

17）增设应交国库款项目，反映处置财政专项拨款和地质项目拨款形成的固定资产、在建工程和无形资产发生的清理净收益（清理收入与清理支出的差额）。

18）增设应付利息项目。反映地勘单位按照合同约定应付未付的各项利息费用。

19）增设应付节余与收益项目。反映地勘单位对财政和上级主管部门应付未付的节余与收益。

20）取消其他未交款项目。因为该项目反映的应交上级款在应付节余与收益项目反映，该项目反映的应交矿产资源补偿费和教育费附加在应交税费项目反映。

21）取消预提费用项目。因为地勘单位会计制度之外，其他会计准则、制度普遍未设置预提费用项目。

22）取消专项应付款项目。因为专项应付款科目一般核算省级财政部门拨给地勘单位采购固定资产等长期资产的各种专项拨款，属于省级财政拨款，应该在属于“地勘工作拨款——财政专项拨款”科目核算。

23）取消住房周转金项目，因为住房周转金管理制度已于2001年取消，住房周转金科目贷方余额结转至有关科目后，已被取消。

24）增设非流动资产基金项目，反映截至报告期末地勘单位财政专项拨款形成的固定资产、无形资产和在建工程等所占用的资金金额和地质项目拨款购置的专项仪器设备所占用的资金金额。

25）增设结余项目，反映截至报告期末已完地质项目，因减少工作项目或工作量而节省的费用金额。

26）增设结转项目，反映截至报告期末未完地质项目，年度工作项目或工作量未完成，或因故未执行，下年需按原用途继续使用的预算资金。

27）将上级拨入资金项目改为接受上级投资项目。因为上级拨入资金就其实质看，是内部独立核算单位接受地勘单位的投资。

28）取消地勘发展基金、公益金等项目，增设盈余公积项目。原因是随着节余与收益分配内容和顺序的调整，地勘单位在每年年末按节余与收益的一定比例提取法定盈余公积和任意盈余公积。

29）增设节余项目。反映截至报告期末实现的已完地质项目（预算内）实现的节余额。

30）增设收益项目。反映截至报告期末实现的主营业务、多种经营业务和其他业务的收益额。

依据上述修改内容，修改后的地质勘查单位资产负债表的格式与内容见表10－1。

表10－1 资产负债表

会地01表

编制单位： 年 月 日 单位：元

资　　产	行次	年初数	期末数	负债及净资产	行次	年初数	期末数
流动资产：				流动负债：			
货币资金	1			短期借款	33		
短期投资	2			应付账款	34		
零余额账户用款额度	3			应付票据	35		
财政应返还额度	4			预收账款	36		
应收票据	5			应付职工薪酬	37		
应收账款	6			应交税费	38		
预付款项	7			应交国库款	39		
应收股利	8			应付利息	40		
应收利息	9			应付节余与收益	41		
其他应收款	10			其他应付款	42		
存货	11			一年内到期的长期负债	43		
其中：未完商业性地勘工作	12			其他流动负债	44		
地质成果	13						
探矿权	14						
待处理流动资产净损失	15						
一年内到期的长期债券投资	16						
其他流动资产	17						
流动资产合计				流动负债合计	45		
非流动资产				流动负债合计	46		
长期债券投资	18			非流动负债			

续表

资　　产	行次	年初数	期末数	负债及净资产	行次	年初数	期末数
长期股权投资	19			长期借款	47		
对内部单位投资	20			长期应付款	48		
固定资产	21			其他长期负债	49		
固定资产清理	22			非流动负债合计	50		
在建工程	23			负债总计	51		
工程物资	24			净资产	52		
研发支出	25			国家基金	53		
无形资产	26			非流动资产基金	54		
采矿权	27			接受上级投资	55		
长期待摊费用	28			盈余公积	56		
待处理固定资产净损失	29			结转	57		
其他非流动资产	30			结余	58		
				节余	59		
				收益	60		
				未分配节余与收益	61		
非流动资产合计	31			净资产合计	62		
资产总计	32			负债与净资产总计	63		

10.2.2　资产负债表项目的填列方法

资产负债表中“年初数”栏内各项数字，应当根据上年末资产负债表“期末数”栏内所列数字填列。如果本年度资产负债表规定的各个项目的名称与内容与上年度不相一致，应对上年度资产负债表各项目的名称和数字按照本年度的规定进行调整，填入报表中的“年初数”项目。

资产负债表各项目期末余额的填列方法有以下几类：

1）直接根据总账科目余额填列的项目有：短期投资、零余额账户用款额度（月报）、财政应返还额度、应收票据、应收股利、应收利息、其他应收款、地质成果、探矿权、长期股权投资、对内部单位投资、固定资产清理、在建工程、工程物资等项目，短期借款、应付票据、应付职工薪酬、应交税费、应交国库款、应付利息、应付节余与收益、其他应付款、国家基金、非流动资产基金、接受上级投资、盈余公积、收益等科目。

2）根据几个总账科目的期末余额计算填列。货币资金项目根据库存现金、银行存款、其他货币资金科目的期末余额相加后的合计数填列；存货项目根据材料采购、材料、管材、委托加工材料、产成品、地勘生产（未完社会地勘工作和自筹地勘工作部分）、辅助生产、多种经营生产等科目的期末借方余额合计数，减去管材摊销科目期末贷方余额，再加上材料成本差异科目的期末的借方余额或减去材料成本差异科目的期末贷方余额后的净数填列；固定资产项目根据固定资产科目的期末借方余额减去累计折旧科目的期末贷方余额填列；无形资产项目根据无形资产科目的期末借方余额减去累计摊销科目的期末贷方余额填列；采矿权项目根据采矿权科目的期末借方余额减去累计折耗科目的期末贷方余额填列。结余、结转、节余项目根据地勘工作拨款科目的贷方期末余额与已完地质项目支出、未完地质项目支出、地质事业经费支出、财政专项支出科目的借方期末余额分析填列。

3）根据明细科目余额填列的项目有：应收账款项目根据应收账款和预收账款科目所属各明细科目的期末借方余额的合计数填列；预付款项目根据预付账款和应付账款科目所属各明细科目的期末借方余额的合计数填列；未完商业性地勘工作项目根据地勘生产科目所属的明细科目填列；待处理流动资产净损失、待处理固定资产净损失项目，根据待处理财产损溢科目的待处理流动资产净损失、待处理固定资产净损失明细科目余额填列；一年内到期的长期债券投资项目根据长期债券投资科目所属明细科目期末余额分析填列；研发支出项目根据研发支出科目中的资本支出明细科目期末余额分析填列；应付账款项目根据应付账款和预付账款科目所属各明细科目的期末贷方余额的合计数填列；预收账款项目根据预收账款和应收账款科目所属各明细科目的期末贷方余额的合计数填列；一年内到期的长期负债项目根据长期借款、长期应付款等科目所属有关科目中属于一年内到期偿还的借款项目和融资租赁项目合计数填列；未分配节余与收益项目（年报）根据节余与收益及分配科目所属未分配节余与收益明细科目的期末贷方余额填列。

4）根据总账科目与明细科目期末余额分析计算填列。长期债券投资项目根据长期债券投资科目的借方期末余额减去明细科目中属于“一年内到期的长期债券投资”的借方期末余额后的差额填列；长期待摊费用项目根据长期待摊费用科目的借方期末余额减去明细科目中属于“一年内分摊的长期待摊费用”的借方期末余额后的差额填列；长期借款项目根据长期借款科目的贷方期末余额后的减去明细科目中属于“一年内到期需要偿还的长期借款”的期末贷方余额后的差额填列；长期应付款项目根据长期应付款科目期末贷方余额减去明细科目中属于一年内到期的长期债券投资的期末贷方余额后的差额填列；未分配节余与收益项目（月报）根据节余与收益及分配科目所属未分配节余与收益明细科目的期初贷方余额填列与节余、收益科目的期末贷方余额的合计数填列。

5）根据增设科目期末余额填列的项目。其他流动资产项目、其他非流动资产项目、其他流动负债项目、其他非流动负债项目等，根据增设的相关会计科目的期末余额的合计数填列，但需要在会计报表附注中说明。

10.3　节余与收益及分配表改革

10.3.1　节余与收益及分配表项目的改革及格式

节余与收益及分配表是总括反映地勘单位在一定时期承担国家预算内地勘工作实现的节余（或发生的超支）和从事市场经营活动实现的收益（或发生的亏损），以及节余与收益的分配情况的会计报表。地勘单位需要按月、按年提供节余与收益及分配表。

由于修订后的地勘单位会计制度制定依据由企业会计准则转变为事业单位会计准则，地勘单位节余与收益及分配表既反映地勘单位本期实现的节余与收益，又反映节余与收益的分配。修订后的地勘单位会计制度关于节余与收益及分配表项目的改革，主要体现在以下方面：

1）删除补贴收入项目。原因是补贴收入科目反映的内容合并至营业外收入科目。

2）删除以前年度损溢调整项目。前期差错采用未来使用法予以更正；对于不重要的期后调整事项，直接作为报告年度次年的事项进行账务处理；对于重要的期后调整事项，则调整报告年度的未分配收益、盈余公积、应交所得税等科目。因此，无论是前期差错还是期后事项，都不涉及以前年度损益调整会计科目，相应地应删除以前年度损益调整项目。

3）未弥补以前年度超支与亏损项目。反映地勘单位用税前收益弥补实现的超支与亏损，弥补的期限为5年。

4）节余与收益分配项目的改革。由于节余与收益分配内容和顺序的改革，节余与收益分配项目应做如下改革：①地勘发展基金补亏项目改为盈余公积补亏项目。②取消提取地勘发展基金、提取公益金、提取奖金等项目，增设提取法定盈余公积、提取任意盈余公积项目。③取消应交上级款项目，增设应付节余与收益项目。

5）未弥补超支与亏损项目改为未分配节余与收益项目。因为地勘单位节余与收益分配按照《公司法》的规定进行改革，节余与收益的分配不再实行“四三三”的比例分配，“节余与收益及分配表”的最后一项的金额一般表现为“未分配的节余与收益”；如果为负数，则表现为“未弥补的超支与亏损”。依据上述修改内容，修改后的地质勘查单位节余与收益及分配表的格式与内容见表10－2。

表10－2　节余与收益及分配表

会地02表

编制单位：　　　　　　　　　　　　　　年度　　　　　　　　　　　　　　单位：元

项　　目	行次	本年发生数	上年发生数
一、预算内地勘工作节余	1		
二、收益	2		
（一）经营收入	3		
减：经营成本	4		
经营税金及附加	5		
（二）经营净收入	6		
减：经营费用	7		
管理费用	8		
财务费用	9		
（三）经营收益	10		
加：投资收益	11		
营业外收入	12		
减：营业外支出	13		
（四）收益总额	14		
减：所得税	15		
（五）净收益	16		
三、节余与收益合计	17		
减：未弥补以前年度超支与亏损	18		
四、可分配的节余与收益	19		
加：盈余公积补亏	20		
减：提取法定盈余公积	21		
提取任意盈余公积	22		
应付节余与收益	23		
五、未分配节余与收益	24		

10.3.2 节余与收益及分配表项目的填列方法

（1）节余与收益及分配表的编制方法

地勘单位在损益类科目余额结转时，一般有账结法和表结法两种方法：①账结法即每月月末将各经营性收入、支出类科目的期末余额转入收益科目，通过收益科目反映本期和本年本期止实现的收益额（或亏损额）；对已完国家地质项目实现的节余，在完成月份转入节余科目。编制节余与收益及分配表时，可以直接根据收益科目的借贷方发生额和节余科目余额进行编制。②表结法即每月月末各经营性收入、支出类科目的期末余额不向收益科目结转；对已完国家地质项目实现的节余，在完成月份也不结转，年度终了时一并结转。编制月度节余与收益及分配表时，根据各损益类科目本月发生额和期末余额分析计算填列。节余与收益分配项目则根据节余与收益分配科目的借贷方发生额填列。

（2）节余与收益及分配表各项目数据的填列方法（表结法）

在编制月报时，本月数、本年累计数的填列。本月数是反映各项目的本月实际发生数，应根据有关损益类科目的本月发生数填列。在编制年度报表时，应将本月数栏改为上年数栏，填列上年度全年实际发生数应同上年度报表的本年数相一致。本年累计数是反映各项目的本年本月止累计实际发生数，应根据有关损益类科目的本年本月止累计实际发生数填列，或直接根据上月的累计发生数加本月数之和填列。本月数和累计发生数应与有关损益类科目的账面数保持一致。

直接根据总账科目发生额填列的项目有：经营税金及附加、经营费用、管理费用（收益负担部分）、财务费用、投资收益、营业外收入、营业外支出、所得税等科目。

根据几个总账科目的发生额计算填列。经营收入项目根据主营业务收入、多种经营收入、其他业务收入科目的本期发生额相加后的合计数填列；经营成本项目根据主营业务成本、多种经营成本、其他业务支出科目的本期发生额相加后的合计数填列。

直接根据节余与收益分配科目所属明细科目发生额填列的项目有（适用于年报）：未弥补以前年度超支与亏损、盈余公积补亏、提取法定盈余公积、提取任意盈余公积、应付节余与收益、未分配节余与收益等。

根据明细科目发生额计算填列的项目有：预算内地勘工作节余项目，根据地勘工作拨款科目所属明细科目的本年累计贷方发生额的合计数与未完地质项目支出、已完地质项目支出科目所属明细科目的本年累计借方发生额合计数（制造成本 + 管理费用）之差填列。

根据报表内项目计算填列的项目有：经营净收入、经营收益、收益总额、净收益、节余与收益合计、可供分配的节余与收益合计、未分配节余与收益合计等项目，各项目的计算见表 10 - 2。

（3）节余与收益及分配表各项目数据的填列方法（账结法）

账结法与表结法的区别在于损益类项目数据的填列，损益类项目金额的填列依据节余、收益科目分析填列。其他项目的填列与表结法相同。

根据节余总账科目发生额填列的项目有：预算内地勘工作节余项目。

根据收益总账科目贷方发生额填列的项目有：主营业务收入、多种经营收入、其他业务收入、投资收益、营业外收入等。根据收益总账科目借方发生额填列的项目有：主营业务成本、多种经营成本、其他业务支出、经营税金及附加、经营费用、管理费用（收益负担部分）、财务费用、营业外支出、所得税等。

10.4 现金流量表的设立

10.4.1 现金流量表的基本概念

现金流量表是反映地勘单位一定会计期间现金及现金等价物流入流出情况的报表。

现金流量表的编制基础是现金及等价物。对于地勘单位，现金及等价物是指库存现金以及可以随时用于支付的存款，包括库存现金、可以随时用于支付的银行存款、其他货币资金和零余额账户用款额度。

列报经营活动现金流量的方法包括直接法和间接法。直接法是按现金流入和现金流出的主要类别直接反映经营活动产生的现金流量的方法；间接法则是以节余与收益为起算点，调整不涉及现金的收入、费用、营业外收支等有关项目，剔除投资活动、筹资活动和预算内地勘工作对现金流量的影响，据此计算出经营活动产生的现金流量的方法。借鉴小企业会计准则的做法，地勘单位应当采用直接法编制经营活动产生的现金流量。

依据地勘单位日常经营活动的性质和现金流量的来源，现金流量表将地勘单位的现金流量分为四类：预算内地勘工作产生的现金流量、经营活动产生的现金流量、投资活动产生的现金流量和筹资活动产生的现金流量。

地勘单位一般应对外提供年度现金流量表，为了满足管理的需要，也可以按季度、月份向管理当局提供季度或月度现金流量表。

现金流量表提供的会计信息资料，对地勘单位管理者、上级主管机构以及其他经济监督部门等具有以下作用：有助于评价地勘单位的支付能力、偿还能力和周转能力；有助于预测地勘单位未来的现金流量；有助于分析地勘单位的收益质量及影响现金净流量的因素。

10.4.2 现金流量表的格式

地质勘查单位现金流量表的格式及反映的内容见表 10－3。

表 10－3 现金流量表

会地 03 表

编制单位：　　　　　　　　　　年度　　　　　　　　　　单位：元

项　　目	行次	金额
一、预算内地勘工作产生的现金流量：		
地质项目拨款收到的现金	1	
地质事业基本支出拨款收到的现金	2	
收到的其他与地质工作拨款有关的现金	3	
现金流入小计	4	
地质项目支出支付的现金	5	

续表

项　　目	行次	金额
地质事业基本支出支付的现金	6	
支付的其他与地质工作拨款有关的现金	7	
现金流出小计	8	
预算内地勘工作产生的现金流量净额	9	
二、经营活动产生的现金流量：		
从事地勘主营业务、多种经营活动和其他业务活动收到的现金	10	
收到的税费返还	11	
收到的其他与经营活动有关的现金	12	
现金流入小计	13	
从事地勘主营业务、多种经营活动和其他业务活动而支付的现金	14	
支付的各种税费	16	
支付的其他与经营活动有关的现金	17	
现金流出小计	18	
经营活动产生的现金流量净额	19	
三、投资活动产生的现金流量：		
收回投资所收到的现金	20	
取得投资收益所收到的现金	21	
处置固定资产、无形资产和其他长期资产所收回的现金净额	22	
收到的其他与投资活动有关的现金	23	
现金流入小计	24	
购建固定资产、无形资产和其他长期资产所支付的现金	25	
对外投资所支付的现金	26	
支付的其他与投资活动有关的现金	27	
现金流出小计	28	
投资活动产生的现金流量净额	29	
四、筹资活动产生的现金流量		
吸收投资所收到的现金	30	
借款所收到的现金	31	
收到的其他与筹资活动有关的现金	32	
现金流入小计	33	
偿还债务所支付的现金	34	
支付节余与收益或偿付利息所支付的现金	35	
支付的其他与筹资活动有关的现金	36	
现金流出小计	37	
筹资活动产生的现金流量净额	38	

续表

项　　目	行次	金额
五、汇率变动对现金及现金等价物的影响	39	
六、现金及现金等价物净增加额	40	
加：期初现金余额	41	
七、现金及现金等价物期末余额	42	

10.4.3　现金流量表项目及填列方法

（1）预算内地质工作产生的现金流量

1）地质项目拨款收到的现金项目。本项目反映地勘单位从事省级预算资金地质项目获得的财政补助拨款和从事中央财政预算资金地质项目获得的资金。本项目可以根据银行存款、零余额账户用款额度、地勘工作拨款等科目及其所属明细科目的记录分析填列。

2）地质事业基本支出拨款收到的现金项目。本项目反映地勘单位开展基本活动收到的财政基本补助支出，如在职人员工资、日常运行经费、离退休经费拨款等。本项目可以根据库存现金、银行存款、零余额账户用款额度、地勘工作拨款——基本支出拨款等科目及其所属明细科目的记录分析填列。

3）收到的其他与地质工作拨款有关的现金项目。本项目反映地勘单位收到的除地质项目拨款和地质事业基本支出拨款之外的其他与地质工作拨款有关的现金，如财政专项拨款，经国家授权批准转让国家预算资金地质项目获取的地质信息、探矿权、采矿权等获取的收入。本项目可以根据库存现金、银行存款、地勘工作拨款、营业外收入等科目及其所属明细科目的记录分析填列。

4）地质项目支出支付的现金项目。本项目反映地勘单位从事省级预算资金地质项目获得的财政补助拨款和从事中央财政预算资金地质项目支付的现金。本项目可以根据库存现金、银行存款、零余额账户用款额度、地勘生产等科目及其所属明细科目的记录分析填列。

5）地质事业基本支出支付的现金项目。本项目反映地勘单位为保证机构正常运转和完成日常工作任务所必需的支出，如在职人员工资支出、日常公用支出、离退休人员支出等。本项目可以根据库存现金、银行存款、零余额账户用款额度、地质事业基本支出等科目及其所属明细科目的记录分析填列。

6）支付的其他与地质工作拨款有关的现金项目。本项目反映地勘单位支付的除地质项目拨款和地质事业基本支出拨款之外的其他与地质工作拨款有关的现金，如财政专项支出支付的现金、上交的地质项目拨款结余等。本项目可以根据库存现金、银行存款、地质事业基本支出、地勘工作拨款等科目及其所属明细科目的记录分析填列。

（2）经营活动产生的现金流量

1）从事地勘主营业务、多种经营活动和其他业务活动获得的现金项目。本项目反映商业资金地质项目获得的收入，转让预算资金地质项目获取的地质信息、探矿权、采矿权获得的收入，出售自筹资金地质项目获取的地质信息、探矿权、采矿权获得的收入，多种经营活动和其他业务活动获得的现金等。本项目可以根据库存现金、银行存款、应收账款、预收账款、主营业务收入、多种经营收入、其他业务收入等科目的记录分析填列。

2）收到的税费返还项目。本项目反映地勘单位收到返还的各种税费，如收到的政策性补贴、增值税、消费税、所得税、教育费附加返还等。本项目可以根据库存现金、银行存款、主营业务收入、多种经营收入、营业外收入等科目的记录分析填列。

3）收到的其他与经营活动有关的现金项目。本项目反映地勘单位除了上述各项目外，收到的其他与经营活动有关的现金流入，如罚没收入、流动资产损失中由个人赔偿的现金收入等。其他现金流入如价值较大的，应单列项目反映。本项目可以根据库存现金、银行存款、营业外收入等科目的记录分析填列。

4）从事地勘主营业务、多种经营活动和其他业务活动而支付的现金项目。本项目反映地勘单位从事预算性地勘工作、投资活动、筹资活动之外的自筹资金地勘工作、商业性地勘工作、多种经营活动和其他业务活动而支付的现金，包括：购买材料、管材、商品、接受劳务支付的现金，支付给职工以及为职工支付的现金。“购买材料、管材、商品、接受劳务支付的现金”根据库存现金、银行存款、应付账款、应付票据、主营业务成本、多种经营成本、其他业务支出等科目的记录分析填列；“支付给职工以及为职工支付的现金”根据应付职工薪酬、库存现金、银行存款等科目的记录分析填列。

5）支付的各种税费项目。本项目反映地勘单位从事非预算内地勘工作、多种经营活动和其他业务活动而支付的各种税费，包括本期发生并支付的税费，以及本期支付以前各期发生的税费和预交的税金。本项目可以根据应交税费、库存现金、银行存款等科目的记录分析填列。

6）支付的其他与经营活动有关的现金项目。本项目反映地勘单位除了上述各项目外，支付的其他与经营活动有关的现金，如罚款支出、支付的差旅费、业务招待费、支付的保险费等；其他现金流出如价值较大的，应单列项目反映。本项目可以根据库存现金、银行存款、营业外支出等科目有关科目的记录分析填列。

（3）投资活动产生的现金流量

1）收回投资所收到的现金项目。本项目反映地勘单位出售、转让或到期收回除现金等价物以外的短期投资、长期股权投资而收到的现金，以及收回长期债权投资本金而收到的现金。不包括长期债权投资收回的利息以及收回的非现金资产。本项目可以根据短期投资、长期股权投资、长期债券投资、库存现金、银行存款等科目的记录分析填列。

2）取得投资收益所收到的现金项目。本项目反映地勘单位因股权性投资和债权性投资而取得的现金股利、利息，以及从独立经营企业、被投资单位分回利润收到的现金。不包括股票股利。本项目可以根据库存现金、银行存款、投资收益等科目的记录分析填列。

3）处置固定资产、无形资产和其他长期资产所收回的现金净额项目。本项目反映地勘单位处置固定资产、无形资产和其他长期资产所取得的现金，减去为处置这些资产而支付的有关费用后的净额。由于自然灾害所造成的固定资产等长期资产损失而收回的保险赔偿收入，也在本项目反映。本项目可以根据固定资产清理、库存现金、银行存款等科目的记录分析填列。

4）收到的其他与投资活动有关的现金项目。本项目反映地勘单位除了上述各项以外，收到的其他与投资活动有关的现金流入，如收回购买股票和债券时支付的已宣告但尚未领取的现金股利或已到付息期但尚未领取的债券的利息，其他现金流入如价值较大的，应单列项目反映。本项目可以根据有关科目的记录分析填列。

5）购建固定资产、无形资产和其他长期资产所支付的现金项目。本项目反映地勘单位购买、建造固定资产、取得无形资产和其他长期资产所支付的现金，不包括为购建固定资产而发生的借款利息资本化的部分以及融资租入固定资产支付的租赁费，借款利息和融资租入固定资产支付的租赁费，在筹资活动产生的现金流量中反映，本项目可以根据固定资产、在建工程、无形资产、库存现金、银行存款等科目的记录分析填列。

6）投资所支付的现金项目。本项目反映地勘单位进行权益性投资和债权性投资支付的现金，包括取得的除现金等价物以外的短期投资、长期股权投资、长期债权投资支付的现金，以及支付的佣金、手续费等附加费用。本项目可以根据长期股权投资、长期债权投资、短期投资、库存现金、银行存款等科目的记录分析填列。

7）支付的其他与投资活动有关的现金项目。本项目反映地勘单位除了上述各项以外，支付的其他与投资活动有关的现金流出。如购买股票和债券时，实际支付的价款中包含的已宣告但尚未领取的现金股利或已到付息期但尚未领取的债券的利息。其他现金流出如价值较大的，应单列项目反映。本项目可以根据有关科目的记录分析填列。

（4）筹资活动产生的现金流量

1）吸收投资所收到的现金项目。本项目反映地勘单位收到的国家财政部门或上级主管部门以货币资金形式投入给地勘单位的现金。本项目可以根据国家基金、库存现金、银行存款等科目的记录分析填列。

2）借款所收到的现金项目。本项目反映地勘单位举借各种短期、长期借款所收到的现金。本项目可以根据短期借款、长期借款、库存现金、银行存款等科目的记录分析填列。

3）收到的其他与筹资活动有关的现金项目。本项目反映地勘单位除上述各项目外，收到的其他与筹资活动有关的现金流入等。其他现金流入如价值较大的，用单列项目反映。本项目可以根据有关科目的记录分析填列。

4）偿还债务所支付的现金项目。本项目反映地勘单位以现金偿还债务的本金，包括偿还金融企业的借款本金、偿还债券本金等。偿还的借款利息、债券利息，在分配股利、利润或偿付利息所支付的现金项目反映，不包括在本项目内。本项目可以根据短期借款、长期借款、库存现金、银行存款等科目的记录分析填列。

5）支付节余与收益或偿付利息所支付的现金项目。本项目反映地勘单位实际支付的节余与收益、支付的借款利息、债券利息等。本项目可以根据应付节余与收益、财务费用、长期借款、应付利息、库存现金、银行存款等科目的记录分析填列。

6）支付的其他与筹资活动有关的现金项目。本项目反映地勘单位除了上述各项目外，支付的其他与筹资活动有关的现金流出，如融资租入固定资产支付的租赁费等。其他现金流出如价值较大的，应单列项目反映。本项目可以根据有关科目的记录分析填列。

7）汇率变动对现金的影响项目。本项目反映地勘单位外币现金流量及境外子公司的现金流量折算为人民币时，所采用的现金流量发生日的汇率或平均汇率折算的人民币金额与“现金及现金等价物净增加额”中外币现金净增加额按期末汇率折算的人民币金额之间的差额。

（5）现金及现金等价物净增加额项目

本项目反映地勘单位本年度现金及现金等价物变动的金额。本项目应当根据本表预算内地质工作产生的现金流量净额、经营活动产生的现金流量净额、投资活动产生的现金流量净额、筹资活动产生的现金流量净额和汇率变动对现金的影响额项目的金额合计填列。

10.5 地勘工作拨款与支出明细表改革

10.5.1 地勘工作拨款与支出明细表的基本概念

地勘工作拨款与支出明细表是反映地勘单位一定会计期间获取的地勘工作预算拨款、发生的支出及结余情况的报表，该表相当于事业单位的财政补助收入支出表，一般应按年编制。

地勘工作拨款与支出明细表包括地质事业基本支出拨款、地质项目拨款和其他财政专项拨款 3 个部分。地质项目拨款与支出部分反映地勘单位承担预算内地质项目任务取得的拨款、发生的支出（含节余）及结转结余情况。地质事业基本支出拨款反映地勘单位用于基本支出的拨款、支出及结转情况，如离退休人员经费、在职人员经费和日常公用经费等。其他财政专项拨款反映地勘单位除地质项目拨款和基本支出拨款以外的其他财政专项拨款的拨款、支出及结转结余情况

10.5.2 地勘工作拨款与支出明细表的格式

修订后的地勘工作拨款与支出明细表的格式见表 10－4。

表 10－4 地勘工作拨款与支出明细表

会地 04 表

编制单位： 年度 单位：元

项目	行次	预算拨款		支出		结余	结转
		本年预算拨款	上年结转转入	本年数	其中：节余		
一、地质事业基本支出拨款							
一）在职人员费用							
二）离退休人员							
三）公用经费拨款							
二、地质项目拨款							
1. 未完地质项目							
××地质项目							
2. 已完地质项目							
××地质项目							
三、财政专项拨款							
一）已完项目							
××项目							
二）未完项目							
××项目							

10.5.3 地勘工作拨款与支出明细表的填列方法

该表的填制依据主要是地质工作拨款、已完地质项目支出、未完地质项目支出、地质事业基本支出、财政专项支出等科目的明细科目发生额和上级主管部门批准的年度地勘工作计划。

（1）地质事业基本支出拨款部分

项目栏填列：根据上级主管部门下达的地质事业基本支出拨款项目填列并保持一致。

本部分各项目仅填写预算拨款“本年预算拨款”、支出“本年数”、“结转”栏，上述栏次分别依据地质工作拨款、地质事业基本支出等科目的明细科目发生额分析填列。因为基本支出拨款一般不存在结转，如果存在结转作为下年度预算拨款的部分，或上缴财政或注销额度。基本支出拨款不存在结余或节余。

（2）地质项目拨款部分

1）各栏的填列方法。项目栏的填列：将省级财政部门下达的地质项目拨款，分为已完地质项目和未完地质项目填列。“本年预算拨款”反映为完成本年度地质项目任务而拨入的款项，依据“地质工作拨款——省级财政地质项目拨款”分析填列；“上年结转转入”反映上年度未完成地质任务结转至本年的款项，依据“地质工作拨款——结转结余转入”科目分析填列；支出“本年数”栏反映本年度该地质项目发生的支出数，依据已完地质项目支出、未完地质项目支出科目的发生额填列；支出节余栏反映本年度本地质项目完成本年度地质项目任务后实现的经费节余，依据节余科目的本年发生额填列；结余针对已完地质项目，反映该地质项目因减少工作项目或工作量而节省的经费，依据结余科目分析填列；结转针对未完地质项目，反映该地质项目本年度因未完成工作项目或工作量而节省的经费，需要以后年度继续完成，依据结转科目分析填列。

2）特殊情况的处理。对于使用几种资金来源的地质项目（所谓拼盘项目），由于管理要求不同，为便于掌握各预算拨款的使用情况，应分别予以反映。具体方法是：在归集成本费用时，应作为一个地质项目进行核算；当编制会计报表时，再按照各种资金来源的所占比例确定。对于一些零星项目，可以适当合并填列，但必须是同一种资金来源的项目。

（3）财政专项拨款部分

项目栏填列：根据财政专项拨款购置固定资产、在建工程、无形资产项目分列，固定资产、无形资产属于已完项目，在建工程应区分已完项目和未完项目。

固定资产、无形资产项目仅填列本年预算拨款、支出“本年数”、“结余”栏，上述栏次分别依据“地质工作拨款——财政专项拨款”、财政专项支出等科目的明细科目发生额分析填列。在建工程项目需将“上年结转转入”改为“上年累计”，支出“其中节余”栏改为“上年累计”栏，对于未完工程，拨款累计与支出累计的差额，为未完工程本年结转，对于已完工程，拨款累计与支出累计的差额，为已完工程本年结余。

修订后的《地勘单位会计制度》应编制资产负债表、节余与收益及分配表、现金流量表、地勘工作拨款与支出明细表等。上述报表中的某些项目之间存在勾稽关系，编制会计报表时应加以注意。主要有：年度资产负债表的结余项目的期末数应和地勘工作拨款与支出明细表的已完项目和未完项目的“累计结余”数相一致；年度资产负债表的未分配节余与收益项目同节余与收益及分配表中的未分配节余与收益项目一致；“节余与收益及分配表”的“预算内地勘工作节余”项目同“地勘工作拨款与支出明细表”中的“本年节余数”合计数一致；“现金流量表”中的“现金及现金等价物”项目的期末余额同“资产负债表”中的货币资金项目和零余额账户用款额度项目的合计数相等。

10.6 地勘单位会计报表附注和财务情况说明书

10.6.1 地勘单位会计报表附注

地勘单位会计报表附注是财务报表的重要组成部分，是为了便于会计报表使用者理解会计报表的内容而对会计报表的编制基础、编制依据、编制原则和方法及主要项目等所做的解释。依据新准则，借鉴小企业会计准则，结合地勘单位的实际情况，修订后的地勘单位会计制度应增设会计报表附注，会计报表附注应说明以下内容：

地勘单位会计报表附注，是指对在资产负债表、节余与收益及分配表、现金流量表和地勘工作拨款与支出明细表等报表中列示项目的文字描述或明细资料，以及对未能在这些报表中列示项目的说明等。

地勘单位会计报表附注至少应包括下述内容：遵循《事业单位会计准则》、《地勘单位会计制度》的声明；地勘单位整体财务状况、业务活动情况的说明；会计报表中列示的重要项目的进一步说明，包括其主要构成、增减变动情况等；重要资产处置情况的说明；重大投资、借款活动的说明；地质项目结余调整及处置情况的说明；或有事项的种类、会计处理及对会计报表的影响；重要会计政策变更、会计估计变动和会计差错更正采用的方法（未来使用法）及对会计报表的影响；有助于理解和分析会计报表需要说明的其他事项。

会计报表附注应对下列重要项目做出说明：①短期投资，按投资的种类说明期末市价、成本价及其差额。②应收账款，按账龄分类反映各期间段应收账款期末期初的账面余额。③存货明细表，按存货的种类说明各类存货的账面余额、市价和差额，对明显高于市价或低于市价的存货应单独说明。④地质成果，按地质项目分别反映自筹资金形成的地质成果的增加、减少及余额，即反映应用于地质项目的自筹资金的适用效果，是否形成地质成果、地质成果转换为探矿权、采矿权的情况。⑤探矿权，按自筹资金、预算资金和地质项目分别反映探矿权的取得、分摊及高级别探矿权的运用情况。⑥采矿权，按自有采矿权、国家采矿权和地质项目分别反映采矿权的取得、摊销、减少及账面价值。⑦长期股权投资，说明被投资单位、投资增减、投资账面金额、投资收益，重点说明多种经营企业、采矿权投资，以反映地质成果转换为生产力、创造经济效益和社会效益的情况。⑧固定资产，说明固定资产的标准、分类、计价方法和折旧方法，各类固定资产的预计使用年限、预计净残值率和折旧率，按固定资产的类别说明固定资产的原价、累计折旧和净值的期初余额、本期增加额、本期减少额和期末余额。⑨应付职工薪酬，按职工薪酬的构成内容反映期初账面余额和期末账面余额。⑩应付税费，按应交税费的类别反映期初账面余额和期末账面余额。⑪经营收入，分别主营业务收入、多种经营收入、其他业务收入反映上期发生额和本期发生额，其中主营业务收入应该分别反映自筹资金地质项目、商业性资金地质项目获取的收入。⑫经营成本，分别主营业务成本、多种经营成本、其他业务支出反映上期发生额和本期发生额，其中主营业务成本应该分别反映从事自筹资金地质项目、商业性资金地质项目支付的成本。⑬营业外收入，说明预算资金地质成果、探矿权、采矿权转让的分成收入，经授权批准转让预算资金地质工作形成的地质信息、探矿权、采矿权所取得的收入。⑭投资收益，分别说明长短期投资收益的上期发生额和本期发生额，重点说明矿业权投资收益和对多种经营企业投资收益。⑮所得税，说明采用应付税款法计算当期的所得税费用，说明由节余与收益总额调整为应纳税所得额的计算过程。⑯说明节余与收益的分配顺序、分配内容和提取比例。

10.6.2 财务情况说明书

修订后的地勘单位会计制度“财务情况说明书”应做出如下规定：

财务情况说明书是财务报告的重要组成部分，是为了了解和评价地勘单位财务状况、经营成果和现金流量提供的书面资料。主要说明：地勘单位的基本情况，地质项目构成及其完成情况，财务收支及预算执行情况，财务情况说明，税金缴纳情况，自筹资金地质成果转换为探矿权、采矿权情况，自有探矿权与采矿权转让投资情况，国家探矿权、采矿权转让投资情况，自筹资金对本期或下期财务状况产生重大影响的事项，财务指标分析及其他需要说明的事项。

11 地质勘查企业会计处理补充规范

11.1 地质勘查企业会计处理补充规范概述

11.1.1 地质勘查企业会计处理补充规范的概念

地质勘查企业（下文称地勘企业）会计处理补充规范（下文简称补充规范），是针对地勘企业在执行小企业会计准则的基础上制定的会计处理规定；或在执行企业会计准则的基础上制定的具体会计准则。

省属地质系统的地勘单位改制为地勘企业（下文简称属地化地勘企业），由于其投资者比较单一，不面向资本市场发行股票、债券，其提供财务报表的对象主要是国有资产管理部门、财政部门、税务部门等，提供财务报表的目的是满足有关部门绩效考核、税收征缴的需要。财务会计的目标应侧重于受托责任观，而不是侧重于决策有用观。因此，该类地勘企业应在执行小企业会计准则的基础上，执行针对矿业权、地质项目核算等特殊业务制定的会计处理规定。

国务院国资委系统的地勘企业（下文称属委化地勘企业）、省属地勘企业集团和具有上市资格的地勘企业，由于其隶属关系直属中央直属企业或能够面向资本市场发行股票债券，财务报表的提供对象不仅包括国有资产管理部门、财政部门、税务部门等，还包括其他的投资者、债权人或潜在的投资者或债权人等。财务会计的目标应侧重于决策有用观，而不是受托责任观。因此，该类地勘企业应在执行企业会计准则的基础上，执行针对矿业权益核算制定的具体会计准则“矿业权益”。

11.1.2 制定地勘企业会计处理补充规范的必要性

地勘企业不同于地质事业单位和地质勘查单位，其会计核算的依据应该是企业会计规范体系和地质勘查企业会计处理补充规范。制定地质勘查企业会计处理补充规范的必要性在于：

1）地勘企业多数普通业务需要执行小企业会计准则或企业会计准则，无须专门制定地勘企业会计制度。为了适应市场经济的需要，地勘企业除了从事预算内地质项目外，还从事大量的商业性地质项目和多种经营业务。由于地勘企业自身的企业属性，属地化地勘企业应该执行小企业会计准则，属委化地勘企业、改组为企业集团的地勘企业和具有上市资格的地勘企业应该执行企业会计准则体系，包括基本准则、具体准则、应用指南和解释。

2）对于地勘企业开展的公益性、战略性和基础性地质项目，需要制定会计处理补充规范。地勘企业有时也承担部分公益性、战略性和基础性地质项目，获得财政部门的预算资金拨款，这部分地质普查勘探不同于一般企业的产品生产业务，具有周期长、风险大、投资多等特点，其提供的产品表现为地质信息、探矿权、采矿权等知识性成果，地勘企业从事的预算内地质项目是地勘企业向政府提供的有偿公益服务等。财政部应该制定会计处理规定或具体会计准则，以满足该类特殊业务的会计处理。

11.2 属地化地质勘查企业会计处理规范

属地化地勘企业会计科目设置、主要账务会计处理和财务报表的编制，既需要确定《小企业会计准则——会计科目设置、主要账务处理和财务报表》可以直接引用的部分，也需要确定特殊业务会计处理规定。由于修订后的《地质勘查单位会计制度》是依据新准则、借鉴小企业会计准则制定的，因此，属地化地勘企业会计处理，需要沿用修订后的《地质勘查单位会计制度》（本书第3章至第9章）中按小企业会计准则设置的会计科目、账务处理和财务报表列报，需要改变《地质勘查单位会计制度》（本书第3章至第10章）中按新准则设置的会计科目、账务处理和财务报表列报的内容。因此，本节目的在于为地质勘查企业会计处理规范的制定提供思路，而不是提供一套地质勘查企业会计制度。

11.2.1 延用修订后的《地质勘查单位会计制度》中的会计科目和账务处理

地勘企业会计处理规范中需要延用修订后的地质勘查单位会计制度中的会计科目和账务处理部分，是因为该部分会计科目和账务处理是对《小企业会计准则——会计科目设置、主要账务处理和财务报表》的借鉴。需要延用修订后的《地质勘查单位会计制度》中的会计科目和使用说明包括：

资产负债类会计科目：库存现金、银行存款、其他货币资金、短期投资、应收票据、应收账款、预付账款、应收股利、应收利息和其他应收款等科目；存货类会计科目包括材料采购、在途材料、材料、管材、管材摊销、材料成本差异、委托加工材料、地质成果、探矿权、库存商品（产成品）等科目；长期债券投资、长期股权投资、对内部单位投资、固定资产、累计折旧、固定资产清理、在建工程、工程物资、研发支出、无形资产、累计摊销、采矿权、累计折耗、长期待摊费用、待处理财产损溢等科目；短期借款、应付账款、应付票据、预收账款、应付职工薪酬、应交税费、应付利息、其他应付款等科目；长期借款、长期应付款、递延收益等科目。

利润表及附表类会计科目：主营业务收入（多种经营收入并入本科目）、其他业务收入、投资收益、营业外收入、主营业务成本（多种经营成本并入本科目）、其他业务支出、营业税金及附加、销售费用（经营费用）、财务费用、管理费用、营业外支出、所得税费用、本年利润（节余与收益）、利润分配（节余与收益分配）等科目。

11.2.2 地勘企业特殊业务补充会计处理规定

（1）地勘企业预算内地质项目会计处理规定

地勘企业承担的预算资金地质项目表现为地勘企业承担的政府劳务，地勘企业预算资金地质项目的会计处理包括地质项目资金的取得、地质项目成本的核算与结转、收入的确认等。会计处理涉及的科目包括：预收账款、地勘生产、主营业务成本、主营业务收入等科目，不采用修订后地勘单位会计制度中的零余额账户用款额度、财政应返还额度、未完地质工作支出和已完地质工作支出等科目。地勘企业预算资金地质项目会计处理应做出如下规定：

第一，地勘企业获得的预算内地质项目资金，通过预收账款、银行存款科目核算。地勘企业获取的地质项目资金，是地勘企业承揽政府劳务，从财政部门获取的劳务补偿，应通过资金划拨的方式取得，通过预收账款、银行存款科目核算；不通过地勘工作拨款及与其相关的零余额账户用款额度、财政应返还额度等科目核算。即地勘企业预先收到地质项目预算资金时，借记银行存款科目，贷记预收账款——××地质项目科目。

第二，地勘企业从事预算资金地质项目成本的核算通过地勘生产科目，按照地质项目设置明细账，核算各类地质项目的制造费用。地勘生产账户应实行费用项目、工作项目和地质项目三级核算，费用项目按人工费、材料和燃料费、其他直接费用和间接费用设置。即为完成地质项目发生的费用成本支出，借记地勘生产——××地质项目科目，贷记材料、管材摊销、应付职工薪酬等科目。

第三，地勘企业预算资金地质项目收入的确认与成本的结转。地勘企业预算资金地质项目收入的确认，应该借鉴小企业会计准则第六十三条规定，对于在一个年度内开始并完成的地质项目，应该在地质项目完成且提交经过验收的地质报告，收到款项或收到索取款项的权利时，确认收入，并同时结转地质项目的成本。对于跨年度的地质项目，应该按照本年度地质项目应结算价款确认收入，按照本年度完成地质项目阶段性任务的实际成本结转地质项目成本。即地勘企业按照与政府有关部门签订的劳务合同，按照地质项目应结算价款和完成并经验收的地质项目阶段性任务，借记预收账款、应收账款等科目，贷记主营业务收入、应交税费——应交增值税（销项税额）等科目；在确认收入的同时，按照本年度完成地质项目阶段性任务的实际成本结转地质项目成本，借记主营业务成本科目，贷记地勘生产——××地质项目科目。

（2）地勘企业所有者权益

地质勘查单位改制为地勘企业后，无论执行现行《地质勘查单位会计制度》还是修订后的《地质勘查单位会计制度》，都应依据小企业会计准则将净资产项目调整为所有者权益项目。具体调整如下：

第一，国家基金与非流动资产基金合并调整为实收资本。对于执行修订后的地质勘查单位会计制度的地勘企业，应将国家基金与非流动资产基金合并调整为实收资本。地勘企业的实收资本除了国家资本外，还可能接受其他投资者的投资，表现为法人资本或个人资本。因此，地勘企业的实收资本包括国家资本、法人资本和个人资本。对于执行现行地勘会计制度的地勘企业，应将国家基金调整为实收资本。

第二，取消对内部单位投资和接受上级投资。对于执行依据新准则制定的修订后地质勘查单位会计制度的地勘企业，应取消对内部单位投资和接受上级投资。因为，对内部单位投资是地勘企业对其所属的二级单位投资，接受上级投资是地勘企业所属独立核算单位接受地勘企业的投资，编制资产负债表时对内部单位投资和接受上级投资相互抵消，所以，接受上级投资并不构成净资产的内容。同理，现行地勘单位会计制度中的上级拨入资金和拨付所属资金也应相互抵消。

第三，增设资本公积项目。地勘企业改制为企业后，地勘企业应增设资本公积项目，核算地勘企业收到的国家之外的其他投资者出资额超过其在注册资本或股本中所占份额的部分。

第四，保留或增设盈余公积项目，反映地勘企业从净利润中提取的留存于单位的内部积累。对于执行修订后的地勘单位会计制度的地勘企业，应保留盈余公积项目；对于执行现行地勘单位会计制度的地勘企业，应将地勘发展基金、公益金项目反映的内容调整为盈余公积。地勘企业利润分配应执行公司法的规定，即按照税后利润的10%提取法定盈余公积后，然后再根据地勘企业的实际情况提取一定比例的任意盈余公积，提取公积金之后，决定应向投资者支付的利润，最后形成未分配利润。

第五，取消节余、收益项目，将节余和收益项目反映的内容合并为本年利润项目。其中：节余项目的内容有所变化，因为预算内地质项目与商业性地质项目、自筹资金地质项目一样，均需要确认实现的主营业务收入，并同时结转主营业务成本，均需要按地质项目设置主营业务收入、主营业务成本明细账，商业性地质项目、自筹资金地质项目收入的确认与成本的结转可以参照本书第九章。

第六，未分配节余与收益项目调整为未分配利润项目，因为地勘单位改制为企业后，由于预算内地质项目节余已经不复存在，其实现的收益构成地勘企业的本年利润，相应地，未分配节余与收益项目应调整为未分配利润项目。

第七，取消结转、结余科目，因为结转、结余科目反映的内容已经在收入确认和成本结转时考虑。

综上所述，地质勘查企业的所有者权益会计处理补充规定为：

地勘企业的所有者权益，是指地勘企业资产扣除负债后由所有者享有的剩余权益，地勘企业的所有者权益包括：实收资本、资本公积、盈余公积和未分配利润。

实收资本，是指投资者按照合同协议约定或相关规定投入到地勘企业、构成地勘企业注册资本的部分。地勘企业收到投资者以现金或非货币性资产投入的资本，应当按照其在本企业注册资本中所占的份额计入实收资本，超出的部分，应当计入资本公积；投资者根据有关规定对地勘企业进行增资或减资，应当增加或减少实收资本。

资本公积，是指地勘企业收到的投资者出资额超过其在注册资本或股本中所占份额的部分；地勘企业用资本公积转增资本，应当冲减资本公积；地勘企业的资本公积不得用于弥补亏损。

盈余公积，是指地勘企业按照法律规定在税后利润中提取的法定公积金和任意公积金；地勘企业用盈余公积弥补亏损或者转增资本，应当冲减盈余公积；地勘企业的盈余公积还可以用于扩大生产经营。

未分配利润，是指地勘企业实现的净利润，经过弥补亏损、提取法定公积金和任意公积金、向投资者分配利润后，留存在本企业的、历年结存的利润。

11.2.3 地勘企业财务报表的设置

地勘企业财务报表的设置应借鉴小企业会计准则第七十九条规定，编制资产负债表（月报、年报）、利润表（月报、年报）、现金流量表（年报）和附注。

（1）资产负债表

是指反映地勘企业在某一特定日期的财务状况的报表。地勘企业资产负债表格式见表11－1。

表 11－1 资产负债表

会地勘企 01 表

编制单位： 年 月 日 单位：元

资 产	行次	年初数	期末数	负债及净资产	行次	年初数	期末数
流动资产：				流动负债：			
货币资金	1			短期借款	31		
短期投资	2			应付账款	32		
应收票据	3			应付票据	33		
应收账款	4			预收账款	34		
预付款项	5			应付职工薪酬	35		
应收股利	6			应交税费	36		
应收利息	7			应付利息	37		
其他应收款	8			应付利润	38		
存货	9			其他应付款	39		
其中：未结转地质项目成本	10			一年内到期的长期负债	40		
地质成果	11			其他流动负债	41		
探矿权	12						
待处理流动资产净损失	13						
一年内到期的长期债券投资	14						
其他流动资产	15						
流动资产合计	16			流动负债合计	42		
非流动资产：				非流动负债：			
长期债券投资	17			长期借款	43		
长期股权投资	18			长期应付款	44		
固定资产	19			递延收益	45		
固定资产清理	20			其他长期负债	46		
在建工程	21			非流动负债合计	47		
工程物资	22			负债总计	48		
研发支出	23			所有者权益			
无形资产	24			实收资本	49		
采矿权	25			资本公积	50		
长期待摊费用	26			盈余公积	51		
待处理固定资产净损失	27			未分配利润	52		
其他非流动资产	28			所有者权益合计	53		
非流动资产合计	29						
资产总计	30			权益总计	54		

资产负债表项目及填列方法是：

第一，直接根据总账科目余额填列的项目有：短期投资、应收票据、应收股利、应收利息、其他应收款、地质成果、探矿权、长期股权投资、固定资产清理、在建工程、工程物资等项目，短期借款、应付票据、应付职工薪酬、应交税费、应付利息、应付利润、其他应付款、递延收益、实收资本、资本公积、盈余公积等科目。

第二，根据几个总账科目的期末余额计算填列有：货币资金、存货、固定资产、无形资产、采矿权等项目，上述项目的填列参见第十章相关内容。

第三，根据明细科目余额填列的项目有：应收账款、预付款项、未结转地质项目成本、待处理流动资产净损失、待处理固定资产净损失、一年内到期的长期债券投资、研发支出、应付账款、预收账款、一年内到期的长期负债等项目，上述项目的填列参见第十章相关内容。另外，未分配利润项目（年报）根据利润分配科目所属未分配利润明细科目的期末贷方余额填列。

第四，根据总账科目与明细科目期末余额分析计算填列有：长期债券投资、长期待摊费用、长期借款、长期应付款等项目，上述项目的填列参见第十章相关内容。

第五，根据增设科目期末余额填列的项目。其他流动资产项目、其他非流动资产项目、其他流动负债项目、其他非流动负债项目等，上述项目的填列及说明参见第十章相关内容。

（2）利润表

是指反映地勘企业在一定会计期间的经营成果的报表。地勘企业利润表项目应该包括：营业收入、营业成本、营业税金及附加、销售费用、管理费用、财务费用、投资收益、营业外收入、营业外支出、所得税费用、净利润等项目。地勘企业利润表格式见表11－2。

表11－2　利润表

会地勘企02表

编制单位：　　　　　年度　　　　　单位：元

项　　目	行次	本年发生数	上年发生数
一、营业收入	1		
减：营业成本	2		
营业税金及附加	3		
销售费用	4		
管理费用	5		
财务费用	6		
加：投资收益	7		
二、营业利润	8		
加：营业外收入	9		
减：营业外支出	10		
三、利润总额	11		
减：所得税费用	12		
四、净利润	13		

上述利润表项目的填列方法是：

第一，直接根据总账科目发生额填列的项目有：营业税金及附加、销售费用、管理费用、财务费用、投资收益、营业外收入、营业外支出、所得税等科目。

第二，根据几个总账科目的发生额计算填列。营业收入项目根据主营业务收入、其他业务收入科目的本期发生额相加后的合计数填列；营业成本项目根据主营业务成本、其他业务支出科目的本期发生额相加后的合计数填列。

第三，根据报表内项目计算填列的项目有：营业利润、利润总额和净利润等项目，各项目的计算见表11－2。

（3）现金流量表

是指反映地勘企业在一定会计期间现金流入和流出情况的报表。修订后的《地质勘查单位会计制度》中“现金流量表”包括：预算内地勘工作产生的现金流量、经营活动产生的现金流量、投资活动产生的现金流量、筹资活动产生的现金流量。地勘单位改制为企业后，“预算内地勘工作产生的现金流量”应调整为“经营活动产生的现金流量”，具体调整内容是：“地质项目拨款收到的现金”调整为“从事地勘工作、多种经营活动和其他业务活动收到的现金”，“地质项目支出的现金”调整为“从事地勘工作、多种经营活动和其他业务活动支付的现金”，“地质事业经费拨款收到的现金”、“地质事业经费支付的现金”在“经营活动产生的现金流量”单设项目反映，“收到的其他与地质工作拨款有关的现金”调整为“收到的其他与经营活动有关的现金”，“支付的其他与地质工作拨款有关的现金”调整为“支付的其他与经营活动有关的现金”。地勘企业现金流量表格式见表11－3。

表11－3 现金流量表

会地勘企03表

编制单位：　　　　年度　　　　单位：元

项　目	行次	金额
一、经营活动产生的现金流量：		
从事地勘工作、多种经营活动和其他业务活动收到的现金	1	
收到的税费返还	2	
收到的其他与经营活动有关的现金	3	
现金流入小计	4	
从事地勘工作、多种经营活动和其他业务活动而支付的现金	5	
支付的各种税费	6	
支付的其他与经营活动有关的现金	7	
现金流出小计	8	
经营活动产生的现金流量净额	9	
二、投资活动产生的现金流量：		
收回投资所收到的现金	10	
取得投资收益所收到的现金	11	
处置固定资产、无形资产和其他长期资产所收回的现金净额	12	

续表

项　　目	行次	金额
收到的其他与投资活动有关的现金	13	
现金流入小计	14	
购建固定资产、无形资产和其他长期资产所支付的现金	15	
对外投资所支付的现金	16	
支付的其他与投资活动有关的现金	17	
现金流出小计	18	
投资活动产生的现金流量净额	19	
三、筹资活动产生的现金流量：		
吸收投资所收到的现金	20	
借款所收到的现金	21	
收到的其他与筹资活动有关的现金	22	
现金流入小计	23	
偿还债务所支付的现金	24	
支付节余与收益或偿付利息所支付的现金	25	
支付的其他与筹资活动有关的现金	26	
现金流出小计	27	
筹资活动产生的现金流量净额	28	
四、汇率变动对现金及现金等价物的影响：	29	
五、现金及现金等价物净增加额：	30	
加：期初现金余额	31	
六、现金及现金等价物期末余额：	32	

现金流量表项目及填列方法：

第一，经营活动产生的现金流量。

从事地勘工作、多种经营活动和其他业务活动获得的现金项目。本项目反映地勘企业从事预算内地质项目、商业资金地质项目获得的收入，出售自筹资金地质项目获取的地质信息、探矿权、采矿权获得的收入，多种经营活动和其他业务活动获得的现金等。本项目可以根据库存现金、银行存款、应收账款、预收账款、主营业务收入、其他业务收入等科目的记录分析填列。

从事地勘工作、多种经营活动和其他业务活动而支付的现金项目。本项目反映地勘企业从事地勘工作、多种经营活动和其他业务活动而支付的现金，包括：购买材料、管材、商品、接受劳务支付的现金，支付给职工以及为职工支付的现金。“购买材料、管材、商品、接受劳务支付的现金”根据库存现金、银行存款、应付账款、应付票据、主营业务成本、其他业务支出等科目的记录分析填列；“支付给职工以及为职工支付的现金”根据应付职工薪酬、库存现金、银行存款等科目的记录分析填列。

经营活动产生的现金流量其他项目反映的内容及填列方法见第十章相关内容。

第二，投资活动产生的现金流量。投资活动产生的现金流量各项目反映的内容及填列方法见第十章相关内容。

第三，筹资活动产生的现金流量。吸收投资所收到的现金项目。本项目反映地勘企业收到的国家或其他投资者以货币资金形式投入给地勘企业的现金。本项目可以根据实收资本、资本公积、库存现金、银行存款等科目的记录分析填列。

分配利润或偿付利息所支付的现金项目。本项目反映地勘企业实际支付的节余与收益、支付的借款利息、债券利息等。本项目可以根据应付利润、应付利息、库存现金、银行存款等科目的记录分析填列。

筹资活动产生的现金流量其他项目反映的内容及填列方法见第十章相关内容。

第四，现金及现金等价物净增加额项目。本项目反映地勘企业本年度现金及现金等价物变动的金额。本项目应当根据本表经营活动产生的现金流量净额、投资活动产生的现金流量净额、筹资活动产生的现金流量净额和汇率变动对现金的影响额项目的金额合计填列。

（4）附注

地勘企业会计报表附注应依据小企业会计准则、结合地勘单位的实际情况来制定，地勘企业会计报表附注应说明以下内容：

地勘企业会计报表附注，是指对在资产负债表、利润表、现金流量表等报表中列示项目的文字描述或明细资料，以及对未能在这些报表中列示项目的说明等。

地勘企业会计报表附注至少应包括下述内容：遵循小企业会计准则和有关会计处理补充规定的声明；地勘单位整体财务状况、业务活动情况的说明；会计报表中列示的重要项目的进一步说明，包括其主要构成、增减变动情况等；重要资产处置情况的说明；重大投资、借款活动的说明；或有事项的种类、会计处理及对会计报表的影响；重要会计政策变更、会计估计变动和会计差错更正采用的方法（未来使用法）及对会计报表的影响；有助于理解和分析会计报表需要说明的其他事项。

会计报表附注应说明的重要项目见第 10 章，其中第十六项应改为：说明利润的分配顺序、分配内容和提取比例。

11.3 属委化地勘企业、地勘企业集团或上市地勘企业会计处理规范

国务院国资委地质系统的地勘单位改制为地勘企业、省属地勘系统的地勘单位改制为企业集团或具有上市资格的地勘企业，应该在执行企业会计准则的基础上，针对地勘企业的特殊业务制定具体会计准则。

11.3.1 需要执行的企业会计准则体系

（1）执行企业会计准则体系的原因

属委化地勘单位分别隶属于中国煤炭地质总局、中国冶金地质总局、中国核工业地质总局、中国建材工业地勘中心、中石油中国石油勘探开发研究院、有色金属矿产地质调查中心等，现阶段被称为中央企业直属事业单位。该类地勘单位改制为企业后，属于中央企

业所属地勘企业。由于中央企业执行企业会计准则体系，地勘企业也应执行企业会计准则体系，以便与上级企业在会计规范方面保持一致，利于编制汇总会计报表。

地勘企业如果具有上市资格或省属地勘系统的地勘单位改制为企业集团，可以面向市场发行股票和有价债券，应该针对股东、债权人、其他报表使用者或潜在的股东、债权人、其他报表使用者提供会计报表，因此，该类企业也应该执行企业会计准则体系。

（2）地勘企业执行的企业会计准则体系

地勘企业执行的会计准则体系包括：企业会计基本准则、具体准则、应用指南和解释。地勘企业应执行的具体会计准则主要包括：金融资产、存货、长期股权投资、投资性房地产、固定资产、无形资产、非货币性资产交换、资产减值、职工薪酬、企业年金基金、股份支付、债务重组、或有事项、收入、建造合同、政府补助、借款费用、所得税、外币折算、企业合并、租赁、金融工具确认和计量、会计政策、会计估计变更和差错更正、资产负债表日后事项、财务报表列报、现金流量表、关联方披露等，另外还包括针对地勘企业制定的矿业权益具体会计准则。

（3）制定适用于地勘企业的具体会计准则《企业会计准则第×号——矿业权益》

我国现行企业会计准则体系中的《企业会计准则第27号——石油天然气开采》，涉及矿区权益的取得、计量、折耗、减值和转让等，矿区权益类似于矿业权，其中未探明矿区权益类似于探矿权，探明矿区权益类似于采矿权。然而，该准则仅适用于中石油、中海油和中石化等探采一体化的石油天然气开采企业。对于以从事矿产资源普查勘探为主的地勘企业则不适用。因为前者属于探采一体化的石油天然气开采企业，后者则以矿产资源普查勘探为主，很少开采矿产资源。

对于矿业权益的核算，现阶段我国地勘单位或地勘企业执行的现行《地勘单位会计制度》和《地质勘查单位探矿权采矿权会计处理规定》或《企业探矿权采矿权会计处理规定》。由于地勘单位实行属地化属委化企业化管理、地勘单位行政隶属关系、财政拨款关系的变化，我国会计规范体系的变化，这一规定已经不完全适用于地质勘查单位或地勘企业。对于地质勘查单位，本书第8章对矿业权益的核算已有论述，相应规定体现在修订后的地勘单位会计制度中；属地化地勘企业对矿业权的会计核算应该执行修订后的地勘单位会计制度的有关规定，因为该部分是按照小企业会计准则进行修订的；属委化的地勘企业、省属地勘单位改制为地勘企业集团或具有上市资格的地勘企业，需要执行财政部颁布的会计准则《企业会计准则第×号——矿业权益》。

制定《企业会计准则第×号——矿业权益》的原因是：①上述地勘企业执行企业会计准则体系，企业会计准则体系包括基本准则、具体准则、准则指南和解释；对于矿业权益核算的规定，只能以具体会计准则、指南或解释的形式存在，而不能以会计处理规定的形式存在。②地勘企业不同于石油天然气开采企业或矿山企业，不是探采一体化企业，地勘企业主要从事矿产资源的普查勘探，地质普查勘探活动的成果的转让、投资或租赁，表现为矿业权益的转让、投资或租赁，地勘企业矿业权取得后发生的普查勘探支出和支付的矿区使用费应构成地质成果的成本，进而形成新的矿业权益成本。因而，地勘企业取得矿业权益后的会计处理如矿业权形成、折耗、减值或转让，不同于石油天然气开采企业。所以，《企业会计准则第27号——石油天然气开采》不适用于地勘企业，需要为地勘企业制定矿业权益准则。

11.3.2 《企业会计准则第×号——矿业权益》的制定思路及主要内容

（1）制定依据

《企业会计准则第×号——矿业权益》（以下简称“矿业权益准则”）主要规范地质勘查企业矿业权取得、折耗、减值、转让及列示与披露等。该准则专门规范地勘企业矿业权益的会计处理，是适用于地勘企业的具体会计准则，其制定的依据包括《企业会计准则——基本准则》、《国际会计准则第6号——矿产资源的勘探与评价》、《企业会计准则第27号——石油天然气开采》和矿产资源法及相关规范。

《企业会计准则——基本准则》第二十条、第二十一条、第二十二条界定地勘企业拥有的矿业权符合资产的定义、确认条件，应当列入资产负债表。

《国际会计准则第6号——矿产资源的勘探与评价》（IFRS6）（以下简称IFRS6），该准则的内容包括目标、范围、勘探和评价资产的确认、勘探和评价资产的计量（包含确认后的计量、会计政策变更）、列报、减值、披露、生效日期与过渡性规定等。其中：勘探与评价资产概念的规定、勘探与评价资产确认时以成本计量的规定、勘探和评价资产成本的构成要素和减值确认计量的规定，分别为矿业权益准则规范的“资产”范围、探矿权、地质成果和采矿权取得时的计量、地质项目成本的构成和地质成果的计量，以及矿业权的减值等提供了参考依据。

《企业会计准则第27号——石油天然气开采》，该准则的内容包括总则、矿区权益的会计处理、油气勘探的会计处理、油气开发的会计处理、油气生产的会计处理、披露。其中矿区权益划分为探明矿区权益和未探明矿区权益、取得矿区权益时的成本计量、矿区权益的折耗、矿区权益的减值等均可作为制定矿业权益准则的依据。

《中华人民共和国矿产资源法》（1996）和矿产资源勘查区块登记管理办法、矿产资源开采登记管理办法、探矿权、采矿权转让管理办法等，在强调矿产资源的国家所有权的同时，建立了矿业权（探矿权、采矿权）的有偿取得制度。“矿业权益准则”需要依据上述法律规范来规定探矿权、采矿权的会计处理。

另外，地质勘查企业的主营业务是从事矿产资源的普查勘探，发现矿产资源的探明储量或经济可采储量，少数地质勘查企业从事矿产资源的开采。矿山企业的主营业务是从事矿产品的开采，矿产资源的普查勘探是其辅助工作。因此，地质勘查企业矿业权的会计处理在某些方面不同于一般的矿山企业。如矿区权益取得后发生的探矿权使用费、采矿权使用费的会计处理，地质勘查企业需要资本化形成地质成果的成本，矿山企业则需要费用化计入当期损益。制定矿业权益准则需要考虑地勘企业与矿山企业的不同。

（2）主要内容

《企业会计准则第×号——矿业权益》的主要内容应包括：

1）总则。规定矿业权益准则制定的依据、规范的内容和适用范围，其中规范的范围包括探矿权、地质成果和采矿权。三者的关系是探矿权是地勘企业从事矿产资源普查勘探的前提条件；地勘企业要在探矿权许可的区域内从事地质工作，发生的支出先在地勘生产会计科目核算，完成阶段任务具有进一步工作价值或探明经济可采储量的形成地质成果，地质成果被投入使用或转让后则形成探矿权或采矿权；没有进一步工作价值或没有发现矿产资源时，则应反映为当期损益。由于三者均具有所有权的排他性、发生的支出能够计量且能够给地勘企业带来经济利益流入，因此其符合资产的定义。

2）探矿权属于存货（见第八章），取得探矿权的途径有两种：一是从矿业权一级市场申请取得；二是从矿业权二级市场购买取得。申请取得探矿权需要支付矿权使用费、中介费以及可直接归属于探矿权的其他支出，申请取得国家出资勘查形成的探矿权，还应交纳探矿权价款，购买取得探矿权的成本包括购买价款、中介费以及可直接归属于探矿权的其他支出。

3）取得探矿权后，需要核算地质项目的制造成本，地质项目的制造成本按地质项目、工作项目和成本项目组织核算。地质项目的制造成本包括直接材料、直接人工、其他直接费用和间接费用，其中包括探矿权折耗、取得探矿权后每年支付的探矿权使用费。

4）地质普查勘探结束后，自筹资金地质项目能够确定具有矿产资源开采价值或进一步勘探价值的，形成地质成果。地质成果的初始计量需要反映取得该地质成果发生的实际成本。自筹资金地质项目能够确定不具有矿产资源开采价值或没有进一步勘探价值的，所发生的支出形成当期损益。

5）地质成果是地质勘查企业的存货，当地质成果出现贬值的迹象时，需要计提地质成果跌价准备，同时反映资产减值损失。

6）自筹资金形成的具有进一步勘探价值的地质成果被用于后续勘探或转让时，应当按照地质成果的账面价值结转至探矿权；用于投资时，按照地质成果的评估价或协议价结转至探矿权，评估价或协议价与账面价值两者之间的差额，贷记营业外收入科目，借记营业外支出科目。

国家授权地勘企业将预算资金形成的具有进一步勘探价值的前期成果用于后续勘探时，按照不低于评估价款的购买价款反映探矿权和实收资本（国家资本）的增加。将前期成果用于投资、转让、出租或抵押时，实质是国家对矿业权益（含探矿权、采矿权）所有权的让渡，应该按矿业权益的评估价款，反映探矿权和实收资本（国家资本）的增加。

7）采矿权属于无形资产（见第八章），自筹资金形成的具有矿产资源开采价值的地质成果被用于矿产品开采时，即地勘企业享有优先采矿权时，应当按照地质成果的账面价值由地质成果转入采矿权。国家授权地勘企业将预算资金形成的具有矿产资源开采价值的地质成果用于矿产品开采、投资、转让、出租或抵押时，应当依据不低于采矿权的评估价值由地质成果转入采矿权，同时增加实收资本。

8）探矿权与采矿权转让，应参照《企业会计准则第 14 号——收入》；探矿权与采矿权投资，应执行《企业会计准则第 2 号——长期股权投资》；探矿权与采矿权融资，应注意区分引入资金的运作方式，进行不同的会计处理。

9）探矿权与采矿权减值，可参照《企业会计准则第 1 号——存货》、《企业会计准则第 6 号——无形资产》和《企业会计准则第 8 号——资产减值》。

10）采矿权折耗，可参照《企业会计准则第 6 号——无形资产》和《企业会计准则第 27 号——石油天然气开采》。

综上所述，《企业会计准则第×号——矿业权益》的内容如下：

第一章　总　　则

第一条　为了规范地质勘查企业矿业权取得及与矿业权相关的会计处理和相关信息的披露，根据《企业会计准则——基本准则》，制定本准则。

第二条　矿业权及与矿业权相关的活动包括探矿权的取得、折耗、减值、转让与列报，地质成果的形成及跌价准备的计提，采矿权的取得、折耗、减值、转让与列报。

第三条　地勘企业矿业权及与矿业权相关活动之外的会计处理，适用其他相关会计准则。

第二章　探矿权

第四条　探矿权，是指地质勘查企业依法取得勘查许可证规定的范围内勘查矿产资源的权利；依法取得探矿权的地质勘查企业为探矿权人。

第五条　探矿权按照取得时的成本进行初始计量，探矿权是地质勘查企业从事矿产资源勘探的前提条件，按照《企业会计准则第1号——存货》的相关规定，组织核算。

申请取得探矿权的成本包括探矿权使用费、中介费以及可直接归属于探矿权的其他支出；申请取得国家出资勘查形成的探矿权，还应交纳探矿权价款。

购买取得探矿权的成本包括购买价款、中介费以及可直接归属于探矿权的其他支出。

第六条　取得探矿权后，地质勘查企业应在勘查许可证规定的区域范围内开展地质工作，核算地质项目的制造成本。

地质项目的制造成本按地质项目、工作项目和成本项目组织核算。

地质项目是指根据需要，在指定地区、以客观地质体为研究对象，独立编制地质设计预算、进行地质作业和施工、提交地质报告，进行经营管理找矿成果和社会经济效益考核的工作地区或矿产地。

工作项目是指完成既定的地质项目任务，取得预期地质和科研成果，所施用的工作手段和技术方法。工作项目一般包括地质测绘、地质测量、物化探、槽井探、坑探、钻探、岩矿测试、其他地质工作、综合研究及报告编写和工地建筑。

成本项目包括直接材料、直接人工、其他直接费用和间接费用

探矿权折耗和在探矿期限内每年支付的探矿权使用费也构成地质项目的成本。

第七条　地质勘查企业应当采用年限平均法对探矿权计提折耗。

第八条　探矿期限结束后，自筹资金地质项目能够确定具有矿产资源开采价值或进一步勘探价值的，形成地质成果；自筹资金地质项目能够确定不具有矿产资源开采价值或没有进一步勘探价值的，所发生的支出形成当期损益。

第九条　地质勘查企业应当在资产负债表日判断地质成果是否发生减值的迹象，如果发生减值，应该计提地质成果跌价准备。当地质成果的可收回金额低于其账面价值时，应按照两者的差额计提地质成果跌价准备。

地质成果的可收回金额应当根据该地质成果的公允价值减去处置费用后的净额与该地质成果的预计未来现金的现值两者之间的较高者确定。处置费用包括与资产处置相关的法律费用、相关税费等以及矿权达到可转让状态所发生的直接费用等。

第十条　国家授权地勘企业将预算资金形成的具有进一步勘探价值的地质成果用于后

续勘探、投资、转让、出租或抵押时，应当依据不低于探矿权的评估价值计量。

地勘企业将前期成果用于后续勘探时，按照不低于评估价款的购买价款反映探矿权和实收资本（国家资本）的增加。用于后续勘探时，依据本准则第六条、第七条、第八条进行账务处理。

地勘企业将前期成果用于投资、转让、出租或抵押时，实质是国家对矿业权益（含探矿权、采矿权）所有权的让渡，应该按矿业权益的评估价款，反映探矿权和实收资本（国家资本）的增加。

第十一条 自筹资金形成的具有进一步勘探价值的地质成果被用于后续勘探时，按地质成果的账面价值结转至探矿权；将地质成果用于转让时，应当按照地质成果的账面价值结转至探矿权；将地质成果用于投资时，按照地质成果的评估价或协议价结转至探矿权，评估价或协议价与账面价值两者之间的差额，贷记“营业外收入”科目。

第十二条 探矿权用于后续勘探时，依据本准则第六条、第七条、第八条进行账务处理。

第十三条 探矿权转让收入确认的条件。探矿权转让收入确认应同时满足下列条件：企业将探矿权所有权上的主要风险和报酬转移给购买方；企业既没有保留通常与所有权相联系的继续管理权，也没有对已售出的探矿权实施有效控制；收入的金额能够可靠地计量；相关的经济利益很可能流入企业；相关的已发生或将发生的成本能够可靠地计量。

第十四条 以转让股权的方式转让“探矿权”的，按照长期股权投资处置规定处理。

第十五条 引入合作者资金共同运作探矿权的，且合同规定合作勘探的资金仅是投入不回收资金，仅参与探矿权处置收益分配的，应将引入资金作为长期应付款核算。

合作运作的探矿权发生处置行为（如转让、废止）时，作如下处理：探矿权依法转让时，按规定分配合作方收益时，先扣除投入资金后余额计入当期损益；探矿权废止时，引入的合作方资金计入当期损益。

第十六条 引入合作者资金共同运作探矿权的，且合同规定以股权（股份）合作方式运作探矿权，收到的资金，按照合作方的出资额增加实收资本或资本公积，按照投资方应享有的份额进行股利分配。

第十七条 地勘企业应当在资产负债表日判断探矿权是否存在可能发生减值的迹象。存在下列迹象的，表明探矿权可能发生了减值：探矿权转让回收金额可能低于其实际成本的；探矿权所处的经济、技术、法律和政策变化等环境以及探矿权运作项目所处市场在当期或将近期发生重大变化，从而对探矿权产生不利影响；探矿权超过有效期，在规定时间内可能难以办理延续探矿权证的；由于某种原因，近期可能被终止的探矿权运作；其他表明探矿权可能已经发生减值的迹象。

探矿权存在减值迹象的，应当估计其可收回金额。可收回金额应当根据该探矿权的公允价值减去处置费用后的净额与该探矿权预计未来现金的现值两者之间的较高者确定。处置费用包括与资产处置相关的法律费用、相关税费等以及矿权达到可转让状态所发生的直接费用等。

探矿权转让的可收回金额低于其账面价值的，该探矿权的账面价值减记至可收回金额，减记的金额确认为该探矿权的减值损失，计入资产减值损失，同时计入探矿权跌价准备。

第十八条　自筹资金形成的具有矿产资源开采价值的地质成果被用于矿产品开采时，即地勘企业享有优先采矿权时，应当按照地质成果的账面价值由地质成果转入采矿权。

国家授权地勘企业将预算资金形成的具有矿产资源开采价值的地质成果用于矿产品开采、投资、转让、出租或抵押时，应当依据不低于采矿权的评估价值由地质成果转入采矿权，同时增加实收资本。

第三章　采矿权

第十九条　采矿权是指在依法取得的采矿权许可证规定的矿区范围和期限内，开采矿产资源和获得所开采矿产品的权利。依法取得采矿许可证的地质勘查企业，被称为采矿权人。

第二十条　采矿权属于地质勘查企业的无形资产，按照《企业会计准则第6号—无形资产》有关规定核算。

第二十一条　采矿权按成本进行初始计量。外购采矿权成本，包括购买价款、相关税费以及直接归属于该项资产达到预定用途所发生的其他支出。自筹资金地质成果形成的采矿权、预算资金地质成果形成的采矿权，依据本准则第十八条进行账务处理。

第二十二条　地勘企业对采矿权应当计提折耗。采矿权累计折耗的计算方法包括产量法和使用年限法（或直线法）。产量法的计算公式为：采矿权折耗额 = 采矿权的账面价值 × 采矿权折耗率；其中，采矿权折耗率 = 采矿区域内当期产量 ÷（采矿区域期末经济可采储量 + 采矿区域当期产量）。使用年限法的计算公式为：采矿权年折耗额 = 采矿权的账面价值 ÷ 预计探明矿区开采年数。

采矿权摊销方法一经确定，不得随意变更，同时需要在会计报表附注中予以披露。

第二十三条　地勘企业应当在资产负债表日按单个项目判断采矿权是否存在可能发生减值的迹象。存在下列迹象的，表明采矿权可能发生了减值：采矿权限定的开采区域内探明经济可采储量发生明显减少；受国内外市场环境的影响，矿产品销售价格在比较长的时期内呈下降趋势；矿产品开采成本在较长时期内呈上升趋势；由于某种原因，近期可能被终止采矿权的运作；其他表明采矿权可能已经发生减值的迹象。

采矿权存在减值迹象的，应当估计其可收回金额。可收回金额应当根据该采矿权的公允价值减去处置费用后的净额与该采矿权预计未来现金的现值两者之间的较高者确定。处置费用包括与资产处置相关的法律费用、相关税费等，以及矿权达到可转让状态所发生的直接费用等。

采矿权转让的可收回金额低于其账面价值的，该采矿权的账面价值减记至可收回金额，减记的金额确认为该采矿权的减值损失，计入资产减值损失，同时反映采矿权减值准备。

对采矿权计提的减值准备在以后期间一般不予转回。

第二十四条　采矿权转让收入确认应同时满足下列条件：企业将采矿权所有权上的主要风险和报酬转移给购买方；企业既没有保留通常与所有权相联系的继续管理权，也没有对已售出的采矿权实施有效控制；收入的金额能够可靠地计量；相关的经济利益很可能流入企业；相关的已发生或将发生的成本能够可靠地计量。

第二十五条 以转让股权的方式转让采矿权的，按照长期股权投资处置规定处理。

第二十六条 引入合作者资金共同运作采矿权的，且合同规定合作勘探的资金仅是投入不回收资金，仅参与采矿权处置收益分配的，应将引入资金作为长期应付款核算。

合作运作的采矿权发生处置行为（如转让、废止）时，作如下处理：采矿权依法转让时，按规定分配合作方收益时，先扣除投入资金后余额计入当期损益；采矿权废止时，引入的合作方资金计入当期损益。

第二十七条 引入合作者资金共同运作采矿权的，且合同规定以股权（股份）合作方式运作探矿权，收到的资金，按照合作方的出资额增加实收资本或资本公积，按照投资方应享有的份额进行股利分配。

第四章 披 露

第二十八条 企业应当在附注中披露与矿业权有关的下列信息：各类探矿权的期初和期末账面价值；各类地质成果（矿产资源勘探报告）的期初和期末账面价值；各类探矿权跌价准备计提的依据、金额和转回情况；各类地质成果跌价准备计提的依据、金额和转回情况；各类探矿权折耗的计提方法和金额；各类采矿权的期初和期末账面价值；各类采矿权减值准备计提的依据、金额；各类采矿权折耗的计提方法和金额。

11.3.3 执行企业会计准则体系涉及的会计科目及账务处理

资产负债类会计科目及账务处理包括：库存现金、银行存款、其他货币资金、交易性金融资产、应收票据、应收账款、预付账款、应收股利、应收利息、其他应收款、坏账准备等科目；存货类会计科目包括材料采购、在途材料、材料、管材、管材摊销、材料成本差异、委托加工材料、库存商品、存货跌价准备等科目；可供出售金融资产、可供出售金融资产减值准备、持有至到期投资、持有至到期投资减值准备、长期股权投资、长期股权投资减值准备、固定资产、累计折旧、固定资产清理、固定资产减值准备、在建工程、在建工程减值准备、工程物资、研发支出、无形资产、累计摊销、无形资产减值准备、长期待摊费用、递延所得税资产、待处理财产损溢等科目；短期借款、交易性金融负债、应付账款、应付票据、预收账款、应付职工薪酬、应交税费、应付利息、应付股利、其他应付款等科目；长期借款、应付债券、长期应付款、专项应付款、预计负债、递延所得税负债等科目；实收资本、资本公积、盈余公积、利润分配——未分配利润等科目。

利润表及附表类会计科目及账务处理包括：主营业务收入、其他业务收入、投资收益、营业外收入、主营业务成本、其他业务支出、营业税金及附加、销售费用、财务费用、管理费用、资产减值损失、营业外支出、所得税费用、本年利润、利润分配等科目。

综上所述，执行企业会计准则的地勘企业会计处理补充规定，应说明地勘企业应该执行的会计准则体系和会计科目，会计准则体系和会计科目的内容见本章前文论述。

地质勘查企业预算内地质项目会计处理补充规定见 11.2.2

地质勘查企业所有者权益会计处理补充规定见 11.2.2

11.3.4 《企业会计准则第×号——矿业权益》涉及的会计科目及主要账务处理

执行《企业会计准则第×号——矿业权益》需要设置以下账户：地质成果、探矿权、采矿权、累计折耗——探矿权、累计折耗——采矿权、地质成果跌价准备、探矿权跌价准备、采矿权减值准备、地勘生产等账户。以上科目的应用如下：

1）用自筹资金申请取得探矿权，支付探矿权使用费、中介费以及可直接归属于探矿权的其他支出；申请取得国家出资形成的探矿权，还应支付探矿权价款。地勘企业应按实际支付的价款，借记“探矿权——××地质项目”科目，贷记银行存款或其他应付款科目。

用自筹资金从探矿权二级市场购买取得探矿权，按实际支付的购买价款、中介费以及可直接归属于探矿权的其他支出，借记“探矿权——××地质项目”科目，贷记银行存款或其他应付款科目。

2）自筹资金取得探矿权后，地质勘查企业应在勘查许可证规定的区域范围内开展地质工作，核算地质项目的制造成本。地质项目成本的核算详见第七章。

地勘企业应按照探矿权许可证规定的探矿期限，按照使用年限法计提探矿权折耗时，借记“地勘生产——××地质项目”科目，贷记“累计折耗——探矿权”科目。

地勘企业按照应支付的探矿权使用费，借记“地勘生产——××地质项目”科目，贷记银行存款或其他应付款科目。

3）利用自筹资金开展地质项目，形成的地质成果，按形成地质成果实际发生的制造成本和申请登记费用，借记“地质成果——××项目”科目，贷记“地勘生产——××地质项目”、银行存款科目；没有形成地质成果的，借记管理费用科目，贷记“地勘生产——××地质项目”科目。

4）地质成果在资产负债表日发生减值时，应该按地质成果的可收回金额低于其账面价值的差额，借记资产减值损失科目，贷记地质成果跌价准备科目。

5）地质成果用于后续勘探时，按照地质成果的账面价值，借记“探矿权——自筹资金探矿权（××地质项目)”科目，贷记“地质成果——××地质项目”科目。

自筹资金取得探矿权后，地质勘查企业在重新获得探矿权后，在勘查许可证规定的区域范围内开展地质工作，核算地质项目的制造成本。地质项目成本的核算详见第七章。

6）地质成果用于投资时，按照探矿权的评估价或协议价，借记“探矿权——××地质项目”科目；按照地质成果的账面价值，贷记“地质成果——××地质项目”科目；按照两者之间的差额，贷记营业外收入科目。

按照探矿权的评估价或协议价，借记长期股权投资科目，贷记“探矿权——××地质项目”科目。

7）地质成果用于转让时，按照成本价，借记“主营业务成本——××地质项目”科目，贷记“地质成果——××地质项目”科目；同时，借记银行存款等科目，贷记主营业务收入，应交税费等科目。

8）国家授权地勘企业将预算资金形成的具有进一步勘探价值的地质成果用于后续勘探、投资、转让时，应首先按照探矿权的评估价值，借记“探矿权——××地质项目”科目，贷记“实收资本——国家资本”科目；其次，比照自筹资金探矿权的会计处理进行核算。

9）探矿权在资产负债表日发生减值时，应该按探矿权的可收回金额低于其账面价值的差额，借记资产减值损失科目，贷记探矿权跌价准备科目。

10）地勘企业优先取得的由其出资的在原勘查区内的采矿权，应按地质成果的账面价值和成果鉴定登记费用等，借记“采矿权——××项目”科目，贷记地质成果科目、银行存款科目。

国家授权地勘企业将预算资金形成的具有矿产资源开采价值的地质成果用于矿产品开采、投资、转让时，应首先按照采矿权的评估价值及其他相关支出，借记“采矿权——××地质项目”科目，贷记“实收资本——国家资本”、银行存款科目。

11）地勘企业应按照实际支付的采矿权使用费，借记“管理费用——采矿权使用费”科目，贷记银行存款科目或其他应付款科目。

地勘企业按照应分摊的采矿权摊销额，借记管理费用科目，贷记“累计折耗——采矿权（××项目）”科目。

12）采矿权在资产负债表日发生减值时，应该按采矿权的可收回金额低于其账面价值的差额，借记资产减值损失科目，贷记采矿权减值准备科目。

13）地勘企业利用采矿权进行投资，按评估确认的价款，借记长期股权投资科目；按该采矿权的账面价值，贷记采矿权科目；按采矿权评估价款与采矿权账面价值之间的差额，借记营业外支出科目，贷记营业外收入科目。

14）地勘企业转让采矿权的，按实际收取的价款，借记银行存款、累计折耗——采矿权、采矿权减值准备等科目，贷记采矿权、应交税费——应交增值税、营业外收入——采矿权转让收入等科目。

15）地勘企业采矿权使用寿命终结或提前报废时，借记营业外支出科目、累计折耗——采矿权、采矿权减值准备等科目，贷记采矿权科目。

12 地质事业单位会计规范

12.1 地质事业单位执行的会计规范

12.1.1 地质事业单位的概念及特征

地质事业单位是从事基础性、公益性和战略性地质工作的单位，一般包括：隶属于国土资源系统的地勘单位，如中国地质调查局、各区域地调中心（如天津地质调查中心）、专业地调机构（如水文地质环境地质调查中心），各省地质调查院以及被划分为公益一类的其他地勘单位。

地质事业单位与地质勘查单位、地质勘查企业相比，具有如下特征：①管理模式不同。地质事业单位属于纯粹事业单位，实行事业单位管理；地质勘查企业属于纯粹企业性质，实行企业管理；地质勘查单位介于两者之间，是一种过渡形式，实行“事业单位企业化管理”。②资源配置形式不同。地质事业单位所需资金是中央财政资金或省级财政资金；地质勘查单位所需资金部分是财政资金资源，部分是社会资金；地质勘查企业所需资金主要是社会资金。③经营目的不同。地质事业单位承担国家预算内地质任务，由财政资金支持，以提供公益性地质服务为目的，不以盈利为目的；地质勘查企业承担商业性地勘工作和开展多种经营，很少由财政资金支出，以盈利为目的；地质勘查单位介于两者之间，实行自收自支、自负盈亏。④经营范围不同。地质事业单位承担基础性、战略性、公益性地质工作；地质勘查企业承担商业性地勘工作和开展多种经营；地质勘查单位承担部分基础性、战略性、公益性地质工作，部分商业性地勘工作和开展多种经营。⑤地质事业单位与一般事业单位的区别在于，其从事的地质工作是以某区域的地质情况为研究客体，需要计算地质项目的成本，形成地质事业单位的项目支出，是矿业权价款评估和交易的重要依据。

12.1.2 地质事业单位需要执行的会计规范

地质事业单位开展会计核算的依据是《事业单位会计制度》（2012），这是因为：①与地质事业单位的事业属性相符。地质事业单位在管理模式、资源配置、经营目的和经营范围方面的特征，与一般事业单位属性别无二致，决定了其会计核算的依据是事业单位会计制度，无须为地质事业单位专门制定一部行业会计制度。②符合《事业单位会计制度》总说明中使用范围的规定。依据《事业单位会计制度》总说明二的规定，如果事业单位所处的行业存在国家统一规定的行业事业单位会计制度，该事业单位应适用特定的行业事业单位会计制度，如公立医院适用《医院会计制度》；没有国家统一规定的特定行业事业单位会计制度的事业单位，应适用《事业单位会计制度》。③执行《事业单位会计制度》也与地质事业单位现行的普遍做法相符。

12.2 地质事业单位会计科目及其运用

12.2.1 地质事业单位会计科目

地质事业单位需要执行《事业单位会计制度》，依据《事业单位会计制度》的规定，地质事业单位应当按照下列规定运用会计科目：地质事业单位应当按照《事业单位会计制度》的规定，设置和使用会计科目；在不影响会计处理和编报财务报表的前提下，可以根据实际情况自行增设、减少或合并某些明细科目。按照《事业单位会计制度》统一规定会计科目的编号，以便于填制会计凭证、登记账簿、查阅账目，实行会计信息化管理。

根据《事业单位会计制度》规定，地质事业单位使用的会计科目如下：

资产类科目包括：库存现金、银行存款、零余额账户用款额度、短期投资、财政应返还额度、应收票据、应收账款、预付账款、其他应收款、存货、长期投资、固定资产、累计折旧、在建工程、无形资产、累计摊销、待处置资产损溢等科目。其中，财政应返还额度应设置财政直接支付和财政授权支付两个明细科目，存货应设置材料、燃料、包装物、低值易耗品、用具、装具、管材等明细科目，长期投资应设置长期股权投资、长期债券投资等明细科目。

负债类科目包括：短期借款、应缴税费、应缴国库款、应缴财政专户款、应付职工薪酬、应付票据、应付账款、预收账款、其他应付款、长期借款、长期应付款等科目。

净资产类会计科目包括：事业基金、非流动资产基金、专用基金、财政补助结转、财政补助结余、非财政补助结转、事业结余、经营结余、非财政补助结余分配等科目；其中，非流动资产基金科目下设长期投资、固定资产、在建工程、无形资产等明细科目。

收入类会计科目包括财政补助收入、事业收入、上级补助收入、附属单位上缴收入、经营收入、其他收入等会计科目。

支出类会计科目包括：事业支出、上缴上级支出、对附属单位补助支出、经营支出、其他支出等会计科目。

12.2.2 现行《地勘单位会计制度》与地质事业单位会计科目对照表

1）资产负债表项目、科目对照表见表 12－1。

表 12－1　资产负债表项目、科目对照表

地勘单位会计制度（1996 版）		事业单位会计制度	
资产负债表项目	会计科目	会计科目	资产负债表项目
货币资金	现金	库存现金	货币资金
	银行存款	银行存款	
	其他货币资金		
	限额存款		
		零余额账户用款额度	
短期投资	短期投资	短期投资	短期投资

续表

地勘单位会计制度（1996 版）		事业单位会计制度	
资产负债表项目	会计科目	会计科目	资产负债表项目
		财政应返还额度	财政应返还额度
应收票据	应收票据	应收票据	应收票据
应收账款	应收账款	应收账款	应收账款
	坏账准备		
预付账款	预付账款	预付账款	预付账款
应收内部单位款	内部往来	其他应收款	其他应收款
备用金	备用金		
其他应收款	其他应收款		
存货	器材采购	存货——在途材料、材料、管材、管材摊销、委托加工材料、产成品、地质成果	存货
	材料		
	管材		
	管材摊销		
	器材成本差异		
	委托加工器材		
	产成品		
	地质成果		
待处理流动资产净损失	待处理财产损溢	待处置资产损溢	待处置资产损溢
待摊费用	待摊费用		
长期投资	长期投资	长期投资	长期投资
拨付所属资金	拨付所属资金		
固定资产原值	固定资产	固定资产	固定资产原值
累计折旧	累计折旧	累计折旧	累计折旧
固定资产清理	固定资产清理		
待处理固定资产损失	待处理财产损溢	待处置资产损溢	待处置资产损溢
在建工程	在建工程	在建工程	在建工程
无形资产	无形资产	无形资产	无形资产
		累计摊销	
递延资产	递延资产		
其他长期资产			
短期借款	短期借款	短期借款	短期借款
应付票据	应付票据	应付票据	应付票据
应付账款	应付账款	应付账款	应付账款
预收账款	预收账款	预收账款	预收账款
其他应付款	其他应付款	其他应付款	其他应付款

续表

<table>
<tr><th colspan="2">地勘单位会计制度（1996 版）</th><th colspan="2">事业单位会计制度</th></tr>
<tr><th>资产负债表项目</th><th>会计科目</th><th>会计科目</th><th>资产负债表项目</th></tr>
<tr><td>应付工资</td><td>应付工资</td><td rowspan="2">应付职工薪酬</td><td rowspan="2">应付职工薪酬</td></tr>
<tr><td>应付福利费</td><td>应付福利费</td></tr>
<tr><td>未交税金</td><td>应交税金</td><td>应缴税费</td><td>应缴税费</td></tr>
<tr><td rowspan="4">其他未交款</td><td rowspan="4">其他应交款</td><td>应交国库款</td><td>应交国库款</td></tr>
<tr><td>应交财政专户款</td><td>应交财政专户款</td></tr>
<tr><td>应缴税费</td><td>应缴税费</td></tr>
<tr><td>其他应付款</td><td>其他应付款</td></tr>
<tr><td>预提费用</td><td>预提费用</td><td></td><td></td></tr>
<tr><td>一年内到期的长期负债</td><td></td><td></td><td></td></tr>
<tr><td>其他流动负债</td><td></td><td></td><td></td></tr>
<tr><td>长期借款</td><td>长期借款</td><td>长期借款</td><td>长期借款</td></tr>
<tr><td>长期应付款</td><td>长期应付款</td><td>长期应付款</td><td>长期应付款</td></tr>
<tr><td>专项应付款</td><td>专项应付款</td><td>其他应付款</td><td>其他应付款</td></tr>
<tr><td>其他长期负债</td><td></td><td></td><td></td></tr>
<tr><td>其中住房周转金</td><td>住房周转金</td><td>其他应付款</td><td>其他应付款</td></tr>
<tr><td>国家基金</td><td>国家基金</td><td>事业基金</td><td>事业基金</td></tr>
<tr><td></td><td></td><td>非流动资产基金</td><td>非流动资产基金</td></tr>
<tr><td>上级拨入资金</td><td>上级拨入资金</td><td></td><td></td></tr>
<tr><td>地勘发展基金</td><td>地勘发展基金</td><td>事业基金</td><td>事业基金</td></tr>
<tr><td>公益金</td><td>公益金</td><td>专用基金</td><td>专用基金</td></tr>
<tr><td rowspan="4">未分配节余与收益</td><td>节余</td><td>财政补助结余
——项目支出结余</td><td>财政补助结余
——项目支出结余</td></tr>
<tr><td></td><td>事业结余</td><td>非财政补助结余
——事业结余</td></tr>
<tr><td>收益</td><td>经营结余</td><td>非财政补助结余
——经营结余</td></tr>
<tr><td>节余与收益分配</td><td>非财政补助结余分配</td><td>非财政补助结余分配</td></tr>
<tr><td>地勘工作拨款
——××地质项目（未完）
——其他拨款</td><td>地勘工作支出
——××地质项目（未完）
——其他经费支出</td><td>财政补助结转
——项目支出结转
——基本支出结转</td><td>财政补助结转
——项目支出结转
——基本支出结转</td></tr>
<tr><td></td><td></td><td>财政补助结余
——项目支出结余
——基本支出结余</td><td>财政补助结余
——项目支出结余
——基本支出结余</td></tr>
<tr><td></td><td></td><td>非财政补助结转</td><td>非财政补助结转</td></tr>
</table>

地质事业单位执行事业单位会计制度后，相对于现行的地质勘查单位会计制度，在会计科目的设置方面的变化如下：

说明1：取消其他货币资金科目，其核算内容在银行存款科目核算；取消因财政资金支付方式改革而不再使用的限额存款科目；增设零余额账户用款额度，以满足国库集中支付方式下，财政资金拨付的需要。

说明2：保留短期投资科目，但短期投资一般限于国债投资，投资必须遵守国家法律法规以及财政部门和主管部门的有关规定。短期投资按历史成本计价，取得的投资收益和转让短期投资的所得在其他收入——投资收益科目核算。

说明3：增设财政应返还额度科目，核算国库集中支付方式下，地质事业单位应收的财政返还额度。在财政应返还额度科目下设财政直接支付、财政授权支付两个明细科目，进行明细核算。

说明4：取消坏账准备科目，对应收账款、预付账款和其他应收款不提取坏账准备，对于无法收回的应收账款、预付账款和其他应收款，应采用实际冲销法，在符合坏账确认条件时，先在待处置资产损溢科目反映，报经批准后再列入其他支出科目。

说明5：取消内部往来科目，其核算的应收内部单位往来款，在其他应收款科目核算，其核算的应付内部单位往来款，在其他应付款科目核算；取消备用金科目，其核算的内容，在其他应收款科目核算。

说明6：取消器材采购、材料、管材、管材摊销、器材成本差异、委托加工器材、产成品、地质成果等科目，设置存货科目。为了满足不同种类存货的核算，需要在存货科目下设材料、管材、管材摊销、燃料、包装物、低值易耗品、产成品、地质成果等明细科目，组织明细核算。地质事业单位进行存货核算时应注意以下问题：①随买随用的零星办公用品，可以在购进时直接列作支出，不用在存货科目核算。②购买用于构建固定资产的消耗性物资，不作为存货核算，而作为固定资产构建成本的一部分，通过在建工程科目核算。③对于省级预算资金地质项目成本的核算应在事业支出——财政补助支出（项目支出）科目核算，对于中央预算资金地质项目成本的核算应在事业支出——非财政专项资金支出科目中核算。形成的地质成果被转让时，按转让价款（不含增值税），借记存货——地质成果科目，按确定的实际成本，贷记事业基金科目；按转让价款与成本之间的差额，贷记经营收入科目；同时，按取得的价款和增值税税款，借记银行存款科目；按地质成果的实际成本，贷记地质成果科目；按取得的增值税税款，贷记应缴税费——应交增值税科目。④发出存货应根据实际情况采用先进先出法、加权平均法或个别计价法，低值易耗品的成本于领用时一次摊销，存货期末计价采用实际成本计价。

说明7：保留长期投资科目。但地质事业单位必须遵循《事业单位财务规则》的有关规定，如不得使用财政拨款及结余进行对外投资，一般不能从事股票、期货、基金和企业债券投资。长期股权投资的会计处理在以下方面明显不同于现行地勘单位会计制度：①为准确反映预算执行情况，对长期投资实行双分录核算。②无论是否对被投资单位实现控制，长期股权投资的后续计量一律采用成本法，即在收到投资利润时，按实际收到的金额，贷记其他收入——投资收益科目。③有确凿证据表明长期股权投资发生实际损失时，按规定经批准后予以核销。长期债券投资的会计处理在以下方面明显不同于现行地勘单位会计制度：①为准确反映预算执行情况，对长期债券投资实行双分录核算。②长期债券投资取得时，按实际成本计价。③持有期间按实际收到的利息，反映其他收入——投资收益的增加。

说明 8：取消拨付所属资金科目，地勘单位如果选择公益一类事业单位，其所办独立企业无论是否具有法人地位均应实现与地勘单位的脱钩，成为国有企业法人。因此，拨付所属资金科目核算的内容不复存在。

说明 9：取消固定资产清理科目，其反映的内容通过待处置资产损溢科目。继续使用固定资产、累计折旧科目。固定资产的会计处理在以下方面明显不同于现行地勘单位会计制度：①为准确反映预算执行情况，对固定资产实行双分录核算。②对固定资产计提折旧时，借记非流动资产基金科目，贷记累计折旧科目。

说明 10：保留在建工程科目，但其核算内容与会计处理与现行地勘单位会计制度有很大不同。主要区别在于：①基本建设投资与非基本建设项目的不同，对于基本建设项目，应当按照国家有关规定单独建账、单独核算，同时按照制度规定至少每月并入在建工程科目和其他相关科目。②对于非基本建设项目，区分建筑工程和设备安装工程，采取双分录核算。

说明 11：保留无形资产科目，增设累计摊销科目。无形资产的会计处理在以下方面不同于现行地勘单位会计制度：①为准确反映预算执行情况，对无形资产实行双分录核算。②按月对无形资产摊销时，借记非流动资产基金科目，贷记累计摊销科目。

说明 12：以待处置资产损溢科目代替待处理财产损溢科目，取消待摊费用、递延资产等科目，发生的相关费用应于发生时，记入相关的支出科目。

说明 13：取消内部往来科目，内部往来科目核算的应付内部单位款，在其他应付款科目核算。取消应付工资、应付福利费科目，设置应付职工薪酬科目。

说明 14：将应交税金科目改为应缴税费科目。但核算税种与现行地勘单位会计制度不同，包括增值税、城市维护建设税、教育费附加、车船使用税、房产税、城镇土地使用税、代扣代缴的个人所得税等，印花税不需要预提，在实际支付时，计入有关科目，不在本科目核算。

说明 15：取消其他应交款科目，增设应缴国库款科目、应缴财政专户款科目。其他应交款科目反映的内容需要根据其性质分别在应缴国库款、应缴财政专户款、应缴税费和其他应付款科目反映。

说明 16：取消预提费用科目，预提费用科目反映的内容需要在各项费用实际发生时，计入相关的费用成本科目，不再预提。

说明 17：保留长期借款科目，与现行地勘单位会计制度不同，为构建固定资产所发生的专门借款利息符合资本化条件的，应于利息实际支付时，进行双分录会计处理，即按照实际支付的利息，借记在建工程科目，贷记非流动资产基金科目。同时，借记其他支出科目，贷记银行存款科目。不符合资本化条件的，在实际支付利息时，即按照实际支付的利息，借记其他支出科目，贷记银行存款科目。

说明 18：保留长期应付款科目，与现行地勘单位会计制度不同，融资租入或跨年度分期付款购买固定资产，按确定的成本，借记固定资产科目，按租赁协议或合同确定的金额，贷记长期应付款科目，按两者的差额，贷记非流动资产基金科目。支付款项时，按照实际支付的金额，借记事业支出等科目，贷记银行存款等科目。同时，借记长期应付款科目，贷记非流动资产基金科目。

说明19：取消专项应付款科目，其余额根据款项性质转入其他应付款等相关明细科目。取消住房周转金科目，其余额暂转入其他应付款明细科目。

说明20：取消国家基金、地勘发展基金科目，设置事业基金、非流动资产基金科目。将国家基金科目的余额按照长期投资、固定资产（净值）、在建工程、无形资产科目余额分别转入到非流动资产基金科目中对应的明细科目，剩余部分转为事业基金。如果国家基金余额不足，可用地勘发展基金进行弥补。地勘发展基金具有非限定用途的性质，因此，地勘发展基金科目的余额应转入事业基金科目。

说明21：取消上级拨入资金科目，原因见说明8。

说明22：设置专用基金科目，核算事业单位按规定提取或设置的有专门用途的净资产，主要包括修购基金、职工福利基金等。取消公益金科目，其余额转入专用基金科目。按规定提取修购基金时，按提取的金额，借记事业支出、经营支出科目，贷记专用基金——修购基金科目；按规定提取职工福利基金时，按提取的金额，借记非财政结余分配科目，贷记专用基金——职工福利基金科目。按规定使用专用基金时，借记专用基金科目，贷记银行存款科目；使用专用基金形成固定资产的，还应借记固定资产科目，贷记非流动资产基金——固定资产科目。

说明23：增设财政补助结余、财政补助结转、非财政补助结转、事业结余、经营结余等科目，取消现行地勘单位会计制度的节余、收益科目。

结余是指完成既定的地质项目（减少工作量或节省支出）剩余的经费，结转是指本年度未完成的地质项目（工作量）下年度需继续进行的工作量而相对应的预算经费，实质是地质项目的节余、结余与结转。执行事业单位会计制度后，地质事业单位只需正确区分地质项目结余与结转的界限，两者分别在“财政补助结余——项目支出结余”和“财政补助结转——项目支出结转”科目反映。除此之外，地质事业单位还应在“财政补助结余——基本支出结余”和“财政补助结转——基本支出结转”科目核算基本支出结余与基本支出结转。

非财政补助结转科目核算地质事业单位除财政补助以外的各专项资金收入与其相关支出相抵后滚存的、须按规定用途使用的结转资金。其中，对于中央财政预算资金地质项目的核算，包括：①取得地质项目资金时，借记银行存款科目，贷记事业收入——××地质项目科目。②发生支出时，借记事业支出——××地质项目科目，贷记银行存款等科目。③年末结转该地质项目的收入与支出，借记事业收入——××地质项目科目，贷记非财政补助结转科目；借记非财政补助结转科目，贷记事业支出——××地质项目科目。④完成结转后，对于已完成地质项目的剩余资金，缴回原专项资金拨入单位，借记非财政补助结转科目，贷记银行存款科目；留归本单位使用的，借记非财政补助结转科目，贷记事业基金科目。

非财政补助结余科目核算地质事业单位除财政补助以外的各非专项资金收入与其相关支出相抵后的金额，包括事业结余和经营结余。事业结余是指地质事业单位除财政补助收支、非财政专项资金收支和经营收支以外各项收支相抵后的金额。经营结余是指地质事业单位在一定期间各项经营收支相抵后余额弥补以前年度亏损后的金额。

说明24：增设非财政补助结余分配科目，取消现行地勘单位会计制度中的节余与收益分配科目。其中，节余与收益分配科目余额转入非财政补助结余分配科目。

非财政补助结余分配科目核算地质事业单位本年度非财政补助结余分配的情况及结果。非财政补助结余分配科目的主要账务处理包括：①年末结转事业结余、经营结余科目的期末余额，即借记事业结余、经营结余科目，贷记非财政补助结余分配科目。②有缴纳企业所得税义务的，借记非财政补助结余分配科目，贷记应缴税费——应缴所得税科目。③按照有关规定，提取职工福利基金时，借记非财政补助结余分配科目，贷记专用基金——职工福利基金科目。④年末完成分配后，将未分配的非财政补助结余结转至事业基金科目，即借记非财政补助结余分配科目，贷记事业基金科目。

2）收入支出表、节余与收益及分配表主要项目和科目对照表见表12－2。

表12－2　收入支出表、节余与收益及分配表主要项目和科目对照表

现行地勘单位会计制度		事业单位会计制度	
节余与收益表项目	会计科目	会计科目	收入支出表项目
国家地勘工作节余	节余		
			本期财政补助结转结余
	地勘工作拨款（省级财政拨款）	财政补助收入（基本支出、项目支出）	财政补助收入
	地勘生产（省级地质项目），管理费用、间接费用、辅助生产（属于公用经费预算范围的支出），其他经费支出	事业支出——财政补助支出（基本支出、项目支出）	事业支出——财政补助支出
	地勘工作拨款（中央财政预算资金地质项目拨款）	事业收入（中央财政预算资金地质项目拨款）	事业收入（中央财政预算资金地质项目拨款）
	地勘生产（中央财政预算资金地质项目支出）	事业支出（中央财政预算资金地质项目支出）	事业支出（中央财政预算资金地质项目支出）
		事业收入	事业收入
		上级补助收入	上级补助收入
		附属单位上缴收入	附属单位上缴收入
投资收益、财务费用、营业外收入、补贴收入等	投资收益、财务费用（利息收入）、营业外收入等	其他收入	其他收入
		事业支出（非财政补助支出）	事业支出（非财政补助支出）
		上缴上级支出	上缴上级支出
		对附属单位补助支出	对附属单位补助支出
投资收益、财务费用、营业外支出等	投资收益（投资损失）、财务费用（利息支出除外）、营业外支出等	其他支出	其他支出

续表

现行地勘单位会计制度		事业单位会计制度	
节余与收益表项目	会计科目	会计科目	收入支出表项目
经营收入	经营收入	经营收入	经营收入
经营成本	经营成本	经营支出——经营成本	经营支出
经营税金及附加	经营税金及附加	经营支出——经营费用	经营支出
经营费用	经营费用	经营支出——经营费用	经营支出
管理费用	管理费用（公用经费预算范围外的费用支出）	经营支出——经营费用	经营支出
以前年度损益调整	以前年度损益调整		

地质事业单位执行《事业单位会计制度》后，应编制收入支出表，不再编制节余与收益及分配表。相对于现行的《地质勘查单位会计制度》，在会计科目的设置方面的变化如下：

说明 1：地质事业单位不再区分结余与节余，但应区分为结转和结余，结转与本年度未完成的地质任务（工作量）的预算经费相对应，结余是与既定的地质任务（工作量）已完成或未完成且不需要继续完成的地质任务（工作量）相对应的预算经费。

地质项目结转一般需要在下年度继续使用，年末需要做如下会计处理：借记财政补助结转科目，贷记财政应返还额度或零余额账户用款额度科目；经财政部门批准，下年度继续使用时，借记财政应返还额度或零余额账户用款额度科目，贷记财政补助结转科目。地质项目结余的处理方式为上缴或注销、调入，年末需要做如下会计处理：借记财政补助结转——项目支出结转科目，贷记财政补助结余科目；按规定需要上缴或注销地质项目结余时，借记财政补助结余科目，贷记财政应返还额度、零余额账户用款额度、银行存款等科目，经财政部门批准调入财政补助结余资金或额度的，做相反会计分录。

说明 2：现行地勘单位会计制度中的地勘工作拨款（省级财政拨款）科目核算省级财政拨入的款项，用于地质事业单位的基本支出（人员支出、日常公用支出）和项目支出。执行事业单位会计制度后，应在财政补助收入——基本支出、财政补助收入——项目支出等科目中核算。

现行地勘单位会计制度中的地勘生产（省级地质项目），管理费用、间接费用与辅助生产（属于公用经费预算范围内的费用支出）和其他经费支出等科目核算的费用支出，实质内容是地质事业单位的基本支出（日常公用支出、人员支出）和省级预算资金地质项目支出。地质事业单位执行事业单位会计制度后，应在事业支出——财政补助支出（基本支出）、事业支出——财政补助支出（项目支出）等科目中核算。

事业支出——财政补助支出（基本支出）科目分别按人员经费、日常公用经费、对个人和家庭的补助和其他资本性支出。人员经费按下列项目设专栏进行核算：基本工资、津贴补贴、奖金、社会保障缴费、绩效工资和其他工资福利支出等。公用经费按下列项目设专栏进行核算：办公费、印刷费、咨询费、手续费、水费、电费、邮电费、取暖费、物业管理费、差旅费、维修费、租赁费、会议费、培训费、公务接待费、专用燃料和材料费、劳务费、委托业务费、工会经费、福利费、公务用车运行维护费、其他交通费、其他商品和服务支出。对个人和家庭的补助支出按下列项目设专栏进行核算：离休费、退休费、抚恤金、生活补助、医疗费、住房公积金和其他。

事业支出——财政补助支出（项目支出）科目，应按地质项目、工作项目核算支出，工作项目成本应按下列费用项目设专栏进行核算：人员费、专用燃料和材料费、水电费、交通费、差旅费、会议费、印刷费、用地补偿费、劳务费、咨询费、委托业务费、租赁费和其他等。对于综合研究项目即乙类项目，直接按费用的经济属性计入人员费、专用燃料和材料费、水电费、交通费、差旅费、会议费、印刷费、用地补偿费、劳务费、咨询费、委托业务费、租赁费和其他等。

说明3：地质事业单位获得的中央财政预算资金地质项目拨款（中国地调局及各地调中心地质项目拨款），现行地勘会计制度在地勘工作拨款科目中核算，执行事业单位会计制度后，应在事业收入——非财政专项资金收入科目中核算。相应地，为开展此类项目发生的支出，现行地勘单位会计制度在地勘生产科目中核算，执行事业单位会计制度后，应在事业支出——非财政专项资金支出科目中核算。事业支出——非财政专项资金支出科目的明细核算比照事业支出——财政补助支出（项目支出）科目。

说明4：增设事业收入、上级补助收入、附属单位上缴收入等科目，分别核算地质事业单位开展专业活动及辅助活动取得的收入、从主管部门取得的非财政补助收入、附属独立核算单位按有关规定上缴的收入。

对于事业收入、上级补助收入、附属单位上缴收入中的专项资金收入，期末应结转至非财政补助结转科目，即借记事业收入、上级补助收入、附属单位上缴收入等科目，贷记非财政补助结转科目。对于事业收入、上级补助收入、附属单位上缴收入中的非专项资金收入，期末应结转至事业结余科目，即借记事业收入、上级补助收入、附属单位上缴收入等科目，贷记事业结余科目。

增设其他收入科目，核算除财政补助收入、事业收入、上级补助收入、附属单位上缴收入和经营收入以外的各项收入。其他收入具体包括投资收益、银行存款利息收入、租金收入、捐赠收入、现金盘盈收入、存货盘盈收入、收回已核销应收及预付款项、无法偿付的应付及预收款项等。期末应结转至事业结余科目，即借记其他收入科目，贷记事业结余科目。

说明5：增设事业支出、上缴上级支出、对附属单位补助等科目，分别核算地质事业单位开展专业活动及辅助活动发生的支出、按照财政部门或主管部门的规定上缴上级单位的支出、用财政补助之外的收入对附属单位补助发生的支出。

对于事业支出中的专项资金支出，期末应结转至非财政补助结转科目，即借记非财政补助结转科目，贷记事业收入科目。对于上缴上级支出、对附属单位补助等期末应结转至事业结余科目，即借记事业结余科目，贷记上缴上级支出、对附属单位补助科目。

增设其他支出科目，核算除事业支出、上缴上级支出、对附属单位补助、经营支出等以外的各项支出。其他支出具体包括投资损失、银行存款利息支出、现金盘亏损失、捐赠支出、资产处置损失等。期末将本科目发生额中的专项资金支出结转至非财政补助结转科目，即借记非财政补助结转科目，贷记其他支出科目；将本科目发生额中的非专项资金支出结转至事业结余科目，即借记事业结余科目，贷记其他收入科目。

说明6：保留经营收入科目。经营收入是地质事业单位在专业业务活动及辅助活动之外开展非独立核算经营活动取得的收入，一般表现为通过市场竞争取得或开具税务发票的业务收入，在经营收入科目中核算。对于除省财政以外的其他行政事业单位直接委托安排或开具行政事业单位资金往来结算收据、政府非税收入通用收据进行收款的业务收入则通过事业收入科目核算。地质事业单位设立的独立核算部门所上缴的收入，应在附属单位上缴收入科目核算。

经营支出是地质事业单位在专业业务活动及辅助活动之外开展非独立核算经营活动发生的支出。现行地勘单位会计制度中的管理费用（公用经费预算范围外的费用支出）、经营费用、经营成本和经营税金及附加等，在执行事业单位会计制度后，均属于经营支出科目核算的内容。经营成本反映地质事业单位从事市场地质项目、多种经营和其他业务等所发生的成本，一般应根据生产特点和管理需要组织成本核算，在销售收入实现时，应结转至经营支出——经营成本科目反映。管理费用（公用经费预算范围外的费用支出）、经营费用和经营税金及附加反映的内容一律在经营支出——经营费用科目反映。

说明7：取消以前年度损益调整科目，对于年终结账后发生的以前年度会计事项的调整和变更，涉及以前年度结余的，凡国家有规定的，从其规定；没有规定的，应直接通过事业基金科目核算，并在会计报表附注中说明。

说明8：现行地勘单位财务制度和地勘单位会计制度规定的节余与收益分配程序一般是：节余与收益总额（经营收益总额减所得税）抵减未弥补以前年度超支与亏损后的差额为可供分配的节余与收益，对于可供分配节余与收益应按下列顺序分配：应交上级节余与收益、提取地勘发展基金、提取公益金、提取奖金等，分配结束后不存在未分配的节余与收益。

执行事业单位会计制度后，应按照事业单位会计制度，执行非财政补助结余的分配，非财政补助结余包括经营结余和事业结余，其分配顺序是：计算应缴纳的企业所得税，计提职工福利基金和其他基金，将剩余资金转入事业基金科目。

12.3 地质事业单位财务报告

地质事业单位应按事业单位会计制度对外编制并提供财务报告，地质事业单位对外提供的财务报告包括：会计报表、会计报表附注和财务情况说明书。地质事业单位对外提供的会计报表至少应包括：资产负债表（月度、年度）、收入支出表（月度、年度）和财政拨款收入支出表（年度）。

12.3.1 资产负债表及编制

（1）资产负债表及格式

资产负债表是反映地质事业单位在某一特定日期（月末、年末）财务状况的会计报表。包括资产、负债和净资产会计要素，依据资产＝负债＋净资产会计恒等式编制，会计报表内的资产、负债依据流动性和重要性排列，净资产项目按是否由限定用途排列，将非限定用途的事业基金排在首位，其余项目按照规模大小和重要性的强弱依次排列。资产负债表的格式见表 12－3。

表 12－3　资产负债表

编制单位：　　　　　　　　　　　　　年　月　日　　　　　　　　　　　　　单位：元

资　产	期末余额	年初余额	负债和净资产	期末余额	年初余额
流动资产：			流动负债：		
货币资金			短期借款		
短期投资			应缴税费		
财政应返还额度			应缴国库款		
应收票据			应缴财政专户款：		
应收账款			应付职工薪酬		
预付账款			应付票据		
其他应收款			应付账款		
存　货			预收账款		
其他流动资产			其他应付款		
流动资产合计			其他流动负债		
非流动资产：			流动负债合计		
长期投资			非流动负债：		
固定资产			长期借款		
固定资产原价			长期应付款		
减：累计折旧			非流动负债合计：		
在建工程			负债合计：		
无形资产：			净资产：		
无形资产原价			事业基金		
减：累计摊销			流动资产基金		
待处置资产损溢：			专用基金		
非流动资产合计：			财政补助结转		
			财政补助结余		
			非财政补助结转：		
			非财政补助结余：		
			1. 事业结余		
			2. 经营结余		
			净资产合计：		
资产总计			负债和净资产合计：		

（2）资产负债表的编制

本表年初余额栏内各项数字，应当根据上年年末资产负债表期末余额栏内数字填列。

如果本年度资产负债表规定的各个项目的名称和内容同上年度不相一致，应对上年年末资产负债表各项目的名称和数字按照本年度的规定进行调整，填入本表年初余额栏内。

本表资产类项目期末余额栏各项目填列方法是：货币资金项目根据库存现金、银行存款、零余额账户用款额度科目的期末余额合计填列；其他流动资产项目应当根据长期投资等科目的期末余额分析填列；长期投资项目根据长期投资科目期末余额减去其中将于1年内（含1年）到期的长期债券投资余额后的金额填列；固定资产项目根据固定资产科目期末余额减去累计折旧科目期末余额后的金额填列；无形资产项目根据无形资产科目期末余额减去累计摊销科目期末余额后的金额填列。短期投资、财政应返还额度、应收票据、应收账款、预付账款、其他应收款、存货、固定资产原价、累计折旧、在建工程、无形资产原价、累计摊销、待处置资产损溢等项目根据对应会计科目的期末余额填列。

本表负债类项目期末余额栏各项目填列方法是：短期借款、应缴税费、应缴国库款、应缴财政专户款、应付职工薪酬、应付票据、应付账款、预收账款、其他应付款等项目根据对应会计科目的期末余额填列。其他流动负债项目根据长期借款、长期应付款等科目的期末余额分析填列；长期借款项目根据长期借款科目的期末余额减去其中将于1年内（含1年）到期的长期借款余额后的金额填列；长期应付款项目根据长期应付款科目的期末余额减去其中将于1年内（含1年）到期的长期应付款余额后的金额填列。

本表净资产类项目期末余额栏各项目填列方法是：事业基金、非流动资产基金、专用基金、财政补助结转、财政补助结余、非财政补助结转、事业结余、经营结余等项目根据对应会计科目的期末余额填列；非财政补助结余项目根据事业结余、经营结余科目的期末余额合计填列；事业结余项目根据事业结余科目的期末余额填列；经营结余项目根据经营结余科目的期末余额填列。

12.3.2　收入支出表及编制

（1）收入支出表及格式

收入支出表是反映地质事业单位在某一会计期间内各项收入、支出和结转结余情况，以及年末非财政补助结余的分配情况。收入支出表应当按照收入、支出或者费用的构成和非财政补助结余分配情况分项列示，收入支出表及格式见表12－4。

表12－4　收入支出表

编制单位：　　　　　　年　月　　　　　　单位：元

项　　目	本月数	本年累计数
一、本期财政补助结转结余		
财政补助收入		
减：事业支出（财政补助支出）		
二、本期事业结转结余		
（一）事业类收入		
1. 事业收入		
2. 上级补助收入		

续表

项　　目	本月数	本年累计数
3. 附属单位上缴收入		
4. 其他收入		
其中：捐赠收入		
减：（二）事业类支出		
1. 事业支出（非财政补助支出）		
2. 上缴上级支出		
3. 对附属单位补助支出		
4. 其他支出		
三、本期经营结余		
经营收入		
减：经营支出		
四、弥补以前年度亏损后的经营结余		
五、本年非财政补助结转结余		
减：非财政补助结转		
六、本年非财政补助结余		
减：应缴企业所得税		
减：提取专用基金		
七、转入事业基金		

（2）收入支出表的编制

如果是月份收入支出表，应填写各项目的本月数和本年累计数；如果是年度收入支出表时，应填写各项目的上年数和本年数。收入支出表本月数栏各项目的内容和填列方法：

本期财政补助结转结余项目根据本表中财政补助收入项目金额减去事业支出（财政补助支出）项目金额后的余额填列；财政补助收入项目根据财政补助收入科目的本期发生额填列；事业支出（财政补助支出）项目根据“事业支出——财政补助支出”科目的本期发生额填列，或者根据“事业支出——基本支出（财政补助支出）”“事业支出——项目支出（财政补助支出）”科目的本期发生额合计填列。

本期事业结转结余项目应当按照根据本表中事业类收入项目金额减去事业类支出项目金额后的余额填列；事业类收入项目应当按照本表中事业收入、上级补助收入、附属单位上缴收入、其他收入项目金额的合计数填列；事业收入项目根据事业收入科目的本期发生额填列；上级补助收入项目根据上级补助收入科目的本期发生额填列；附属单位上缴收入项目根据附属单位上缴收入科目的本期发生额填列；其他收入项目根据其他收入科目的本期发生额填列；捐赠收入项目根据其他收入科目所属相关明细科目的本期发生额填列。事业类支出项目应当按照本表中事业支出（非财政补助支出）、上缴上级支出、对附属单位补助支出、其他支出项目金额的合计数填列；事业支出（非财政补助支出）项目应当根据“事业支出——非财政专项资金支出”“事业支出——其他资金支出”科目的本期发生额合计填列，或者根据“事业支出——基本支出（其他资金支出）”“事业支出——项目支出（非财政专项资金支出、其他资金支出）”科目的本期发生额合计填列；上缴上级支出项目应当根据上缴上级支出科目的本期发生额填列；对附属单位补助支出项目应当根据对附属单位补助支出科目的本期发生额填列；其他支出项目应当根据其他支出科目的本期发生额填列。

本期经营结余项目按照本表中经营收入项目金额减去经营支出项目金额后的余额填列；经营收入项目应当根据经营收入科目的本期发生额填列；经营支出项目根据经营支出科目的本期发生额填列。

弥补以前年度亏损后的经营结余项目，根据经营结余科目年末转入非财政补助结余分配科目前的余额填列。

本年非财政补助结转结余项目，在本表中弥补以前年度亏损后的经营结余项目为正数的情况下，本项目应当按照本表中本期事业结转结余、弥补以前年度亏损后的经营结余项目金额的合计数填列；在本表中弥补以前年度亏损后的经营结余项目为负数，本项目应当按照本表中本期事业结转结余项目金额填列。非财政补助结转项目，反映事业单位本年除财政补助收支外的各专项资金收入减去各专项资金支出后的余额。本项目应当根据非财政补助结转科目本年贷方发生额中专项资金收入转入金额合计数减去本年借方发生额中专项资金支出转入金额合计数后的余额填列。

本年非财政补助结余项目，按照本表中本年非财政补助结转结余项目金额减去非财政补助结转项目金额后的金额填列；应缴企业所得税项目根据非财政补助结余分配科目的本年发生额分析填列；提取专用基金项目根据非财政补助结余分配科目的本年发生额分析填列。

转入事业基金项目按照本表中本年非财政补助结余项目金额减去应缴企业所得税、提取专用基金项目金额后的余额填列；如为负数，以“－”号填列。

弥补以前年度亏损后的经营结余、本年非财政补助结转结余、非财政补助结转、本年非财政补助结余、应缴企业所得税、提取专用基金、转入事业基金等项目，只有在编制年度收入支出表时才填列；编制月度收入支出表时，可以不设置上述7个项目。

12.3.3 财政补助收入支出表及编制

（1）财政补助收入支出表及格式

财政补助收入支出表是反映地质事业单位某一会计年度财政补助收入、支出、结转及结余情况，该表按年度编制。财政补助收入支出表格式见表12－5。

表12－5 财政补助收入支出表

编制单位　　　　　　　　　　　　年度　　　　　　　　　　　　单位：元

项　　目	本年数	上年数
一、年初财政补助结转结余		
（一）基本支出结转		
1. 人员经费		
2. 日常公用经费		

续表

项　　目	本年数	上年数
（二）项目支出结转		
××项目		
（三）项目支出结余		
二、调整年初财政补助结转结余		
（一）基本支出结转		
1. 人员经费		
2. 日常公用经费		
（二）项目支出结转		
××项目		
（三）项目支出结余		
三、本年归集调入财政补助结转结余		
（一）基本支出结转		
1. 人员经费		
2. 日常公用经费		
（二）项目支出结转		
××项目		
（三）项目支出结余		
四、本年上缴财政补助结转结余		
（一）基本支出结转		
1. 人员经费		
2. 日常公用经费		
（二）项目支出结转		
××项目		
（三）项目支出结余		
五、本年财政补助收入		
（一）基本支出		
1. 人员经费		
2. 日常公用经费		
（二）项目支出		
××项目		
六、本年财政补助支出		
（一）基本支出		
1. 人员经费		
2. 日常公用经费		
（二）项目支出结转		
××项目		

续表

项　　目	本年数	上年数
七、年末财政补助结转结余		
（一）基本支出结转		
1. 人员经费		
2. 日常公用经费		
（二）项目支出结转		
××项目		
（三）项目支出结余		

（2）财政补助收入支出表编制

本表各项目应填写上年数和本年数，上年数栏内各项数字应当根据上年度财政补助收入支出表本年数栏内数字填列，本表本年数栏各项目的内容和填列方法：

年初财政补助结转结余项目及其所属各明细项目，根据上年度财政补助收入支出表中年末财政补助结转结余项目及其所属各明细项目本年数栏的数字填列。

调整年初财政补助结转结余项目及其所属各明细项目，根据财政补助结转、财政补助结余科目及其所属明细科目的本年发生额分析填列。如调整减少年初财政补助结转结余，以“－”号填列。

本年归集调入财政补助结转结余项目及其所属各明细项目，根据财政补助结转、财政补助结余科目及其所属明细科目的本年发生额分析填列。

本年上缴财政补助结转结余项目及其所属各明细项目，根据财政补助结转、财政补助结余科目及其所属明细科目的本年发生额分析填列。

本年财政补助收入项目及其所属各明细项目，根据财政补助收入科目及其所属明细科目的本年发生额填列。

本年财政补助支出项目及其所属各明细项目，根据事业支出科目所属明细科目本年发生额中的财政补助支出数填列。

年末财政补助结转结余项目及其所属各明细项目，根据财政补助结转、财政补助结余科目及其所属明细科目的年末余额填列。

12.3.4 附注

依据事业单位会计制度，地质事业单位的会计报表附注至少应当披露下列内容：遵循事业单位会计准则、事业单位会计制度的声明；单位整体财务状况、业务活动情况的说明；会计报表中列示的重要项目的进一步说明，包括其主要构成、增减变动情况等；重要资产处置情况的说明；重大投资、借款活动的说明；以名义金额计量的资产名称、数量等情况，以及以名义金额计量理由的说明；以前年度结转结余调整情况的说明；有助于理解和分析会计报表需要说明的其他事项。

12.3.5 财务情况说明书

财务情况说明书是为了了解和评价地质事业单位财务财务状况和收支情况提供的书面

资料，主要说明地质事业单位收入、支出、结转、结余及其分配、资产负债变动、对外投资、资产出租出借、资产处置、固定资产投资、绩效考评的情况，对本期或下期财务状况发生重大影响事项、其他需要说明的事项。

参考文献

财政部国库司．2013．2013年度部门决算报表编制手册［M］．北京：经济科学出版社．

财政部会计司编写组．2011．小企业会计准则释义（2011）［M］．北京：中国财政经济出版社．

财政部会计司编写组．2013．小企业会计准则释疑2011［M］．北京：中国财政经济出版社．

河北省地勘局，河北省审计厅编写组．2008．地质勘查单位内部审计实用方法体系［M］．石家庄：河北人民出版社．

中国地质矿产经济学会．2003．资源·环境·产业［M］．北京：中国大地出版社．

中国注册会计师协会．2017a．2017年度注册会计师全国统一考试辅导教材：会计［M］．北京：中国财政经济出版社．

中国注册会计师协会．2017b．2017年度注册会计师全国统一考试辅导教材：税法［M］．北京：中国财政经济出版社．

中华人民共和国财政部．2012．2013年政府收支分类科目［M］．北京：中国财政经济出版社．

邓少元．2008．关于地质勘查单位会计制度转轨为事业单位会计制度相关问题初探［J］．中国煤炭地质，(20)：19－26．

范声华．1992．地质勘查单位经营管理概论［M］．北京：中国物价出版社．

范声华．1994．范声华地矿经济论文集［M］．北京：地质出版社

范声华，刘建勋．1989．地质项目管理［M］．贵阳：贵州人民出版社．

范声华，等．2000．矿业权价格评估［M］．北京：地质出版社．

韩爽，韩继深．2010．地质勘查单位会计制度亟待改革与创新［J］．中国国土资源经济，(4)：40－43．

刘建勋．1988．地质勘查单位会计［M］．武汉：中国地质大学出版社．

刘建勋，王惠铭．1988．地质勘查单位财务管理［M］．北京：地质出版社．

刘三昌．2007a．地勘单位探矿权之会计核算［J］．财会月刊，(18)：58－59．

刘三昌．2007b．对采矿权无形资产会计核算的探讨［J］．财会通讯，(12)：50－51．

刘三昌．2008．采矿权价款评估的理论、方法和参数［J］．资源与产业，(12)：16－19．

荣树新．2009．地勘单位会计制度的回顾与改革设想［J］．企业家天地：下旬刊，(1)：102－103．

卜文周，刘锡忠．2001．地勘会计制度历史回顾与今后修订趋向建议：兼议“戴事业单位帽子走企业路子”的会计模式［J］．中国国土资源经济，(7)：48－50．

卜文周，刘锡忠．2008a．对地勘单位会计制度两难选择的思考［J］．华北地质经济管理，(3)．

卜文周，刘锡忠，李彦磊．2008b．地勘单位矿业权的资产属性与规范核算的探讨［J］．中国国土资源经济，21（11)：37－39．

王文，王希凯，张润丽，等．2011．我国地质工作管理体制和运行机制研究［M］．北京：地质出版社．

杨明，李靖，卢凤娟，等．2014．政府与非营利组织会计［M］．北京：中国财政经济出版社．

袁小勇，张云，等．2012．小企业会计准则应用指南：解析、比较、案例及纳税处理［M］．北京：机械工业出版社．

曾绍金．2003．探矿权采矿权市场建设理论与实践［M］．北京：中国大地出版社．

赵景学，冯德志，卜文周．1997．地质勘查单位财务会计实用图解［M］．北京：地质出版社．

朱堂华．2012．地勘单位会计制度改革的必要性及其建议［J］．中国国土资源经济，25（1)：48－49．

朱堂华．2015．地质勘查单位会计核算与财务管理［M］．北京：地质出版社．

朱永明．1993．地质勘查单位会计［M］．北京：地质出版社．

后　　记

拙著《地质勘查单位会计制度改革研究》，历经十余年地质勘查单位会计知识的积累、两年的辛勤撰写，即将完稿付梓。

构建科学的地勘单位会计规范体系，需要考虑的领域极为广泛，诸如地矿行业的历史与现状、地质经济管理体制与运行机制、矿产资源法规、会计规范体系、地勘单位管理、地质项目管理、地质与矿床勘探、矿权交易与评估等。因此，提交一份满意的研究成果，除需要艰辛的付出和无私的奉献之外，还需要具备勇于担当的精神和坚实的地质学、管理学和会计学知识。

本书撰写恰逢我国地勘单位分类改革、地勘单位会计制度执行处于尴尬之境地，地勘单位会计制度存在诸多问题需要探究而该领域的研究成果又极为匮乏，研究难度可想而知。然而，为了河北地质大学“地经结合、工管渗透”办学特色的建设，为了传承本校会计学专业地质会计特色学科，为了建立科学的地勘单位会计规范等的坚定信念，激励我克服困难、勇往直前、朝着既定目标前进。

本书虽完成于今天，但其中的许多思想得益于河北地质学院（现河北地质大学）地质财务与会计专业的本科教育，地质学基础、矿床勘探学、水文地质学、经济学、地质勘查单位管理、地质项目管理、地质财务会计、地质财务管理、企业会计制度设计、资本论等课程所传授的地质、经济和地勘会计知识，为本书的研究提供了不可或缺的理论知识。值本书出版之际，深深地感谢我国地质经济学科的前辈刘路教授、孔珣教授、范声华教授、杨光英教授、张鸿云教授、刘建勋教授、蒲立民教授等，没有他们对经济学、管理学和地质会计学知识的分析和讲授，本书是难以完成的。本书得以出版，尤其需要感恩地质会计学科的创建者刘建勋教授，他对地勘会计和地勘财务管理知识的精湛讲授，使我至今记忆犹新、受益匪浅、终身受益。2007 年，我主讲“地勘单位会计”课程后，他又非常关心课程的开设情况，不厌其烦地回答我的问题，建议我结合地勘行业的特点考虑地勘单位会计制度的改革。

本书撰写过程中，河北地矿局卜文周原总经济师、山东地矿局韩继深总经济师、贵州地矿局朱堂华总经济师提供了许多宝贵的支撑资料，如卜总的《地勘财会审文集》，从中汲取了一些有益的思想。本书在定稿之前，还咨询了河北地矿局吴俊乔、河北地矿局贾英、宁夏地矿局杨小明、新疆地矿局袁欣荣、山西地矿局单学慧等同仁，依据他们的意见对个别问题做了最后修改。在此，向他们一并致谢，感谢他们无私的帮助。

还要特别感谢河北地质大学会计学院院长宋绍清教授对会计学专业开设地质学和地勘单位会计课程的坚持，没有这一坚持，会计学专业地勘会计学科的特色和优势就会失去，河北地质大学“地经结合、工管渗透”的办学特色就会黯然失色，本书的出版也就无从谈起。

最后感谢地质出版社的同仁对本书的评阅、审校，衷心感谢他们抽出宝贵时间，对本著作进行的斧正。

刘三昌

2017 年 11 月